国家社科基金
GUOJIA SHEKE JIJIN HOUQI ZIZHU XIANGMU
后期资助项目

美国地方政府回购公共服务问题研究

The Reverse Contracting-out in American Local Governments

杨安华 著

中国社会科学出版社

图书在版编目（CIP）数据

美国地方政府回购公共服务问题研究/杨安华著．—北京：中国社会科学出版社，2018.1
ISBN 978 - 7 - 5203 - 0085 - 8

Ⅰ.①美…　Ⅱ.①杨…　Ⅲ.①公共服务—政府采购制度—研究—美国　Ⅳ.①F817.123

中国版本图书馆 CIP 数据核字(2017)第 297219 号

出 版 人	赵剑英
责任编辑	卢小生
特约编辑	林　木
责任校对	周晓东
责任印制	王　超
出　　版	中国社会科学出版社
社　　址	北京鼓楼西大街甲 158 号
邮　　编	100720
网　　址	http://www.csspw.cn
发 行 部	010 - 84083685
门 市 部	010 - 84029450
经　　销	新华书店及其他书店
印　　刷	北京君升印刷有限公司
装　　订	廊坊市广阳区广增装订厂
版　　次	2018 年 1 月第 1 版
印　　次	2018 年 1 月第 1 次印刷
开　　本	710 × 1000　1/16
印　　张	15
插　　页	2
字　　数	298 千字
定　　价	68.00 元

凡购买中国社会科学出版社图书，如有质量问题请与本社营销中心联系调换
电话：010 - 84083683

国家社科基金后期资助项目

出版说明

后期资助项目是国家社科基金设立的一类重要项目，旨在鼓励广大社科研究者潜心治学，支持基础研究多出优秀成果。它是经过严格评审，从接近完成的科研成果中遴选立项的。为扩大后期资助项目的影响，更好地推动学术发展，促进成果转化，全国哲学社会科学规划办公室按照“统一设计、统一标识、统一版式、形成系列”的总体要求，组织出版国家社科基金后期资助项目成果。

全国哲学社会科学规划办公室

购买服务和回购服务两手抓两手都要硬（代序）

胡　伟

20世纪80年代以来，有关民营化与政府购买服务的研究可谓汗牛充栋，但对政府回购服务的研究却不多见，相关的系统研究更是少之又少。呈现在我们面前的《美国地方政府回购公共服务问题研究》算是对该领域进行系统性探索的第一部专著。在政府向社会购买服务已经成为新时期中国政府全面深化改革重要手段的当前，该书既显得颇为"超前"，却又弥足珍贵。它有助于我们全面理解与把握民营化的发展趋势，为我们全面认识政府购买服务可能存在的问题及如何解决这些问题，提供了行动指南，能让我们在该问题上看得更高、更远。

自从20世纪70年代末，撒切尔夫人在英国推行民营化改革之后，民营化迅速发展。而在新公共管理运动的推波助澜下，短短十几年时间内，民营化更是成为"席卷全世界的滚滚洪流"（萨瓦斯语），导致了全球范围的政府改革潮流，极大地改变了政府治理理念和模式，对全球公共管理产生了广泛而深远的影响。

如果说早期的民营化改革是以国有企业售卖和资产剥离等政府退出行为为主的话，那么，20世纪90年代以来，政府购买服务成为欧美发达国家的民营化主体。美国尤其如此。在这一阶段，政府如何向社会购买服务也就成为主流民营化研究学者关注的核心问题。但是，问题并非民营化倡导者想象得那么简单。在实践中，其倡导者所承诺的民营化能节省成本，提高服务效率和改进服务质量等美好愿景往往难以实现；相反，林林总总的民营化失败已成为常态，乃至于出现了"民营化危机"。如何规避这一危机？或者说，如果民营化服务不能节省成本，不能改进服务质量，公众对民营化服务不满意，该怎么办？主要做法之一就是将外包的服务收回，重新由政府提供，即回购服务。

正因为如此，该书将民营化描述为两个方向相反的动态过程：政府购买服务，即公共服务提供由公共部门向私营部门运动的过程，政府回购服务则是公共服务提供由私营部门返回到公共部门的过程。从政府购买服务到回购服务所反映的是当代西方国家市场化改革是一个包含了公共服务提供在公共与私营部门之间来回运动的动态的完整过程。前者旨在通过向社会购买服务的方式提高公共服务效率，而后者要解决的问题则是，如果民营化不能提高公共服务效率，失败了，是继续外包呢，还是收回？如果要收回，又该如何收回？如何保持地方政府的回购服务能力？等等。目前，有关民营化的研究主要还停留在前一个过程。而实践中民营化失败的情况比比皆是，故可以说，学术研究远远滞后于民营化发展实践。本书的研究向前大大迈了一步。

在我国，政府购买公共服务最近得到了前所未有的重视，已经成为新时期中国政府全面深化改革的关键举措之一，正在全国范围内加以实施推广。2013 年 9 月出台《关于政府向社会力量购买服务的指导意见》明确规定了政府购买服务的目标任务："十二五"时期，政府向社会力量购买服务工作在各地逐步推开，统一有效的购买服务平台和机制初步形成，相关制度法规建设取得明显进展，到 2020 年，在全国基本建立比较完善的政府向社会力量购买服务制度。《中共中央关于全面深化改革若干重大问题的决定》进一步指出，要"推广政府购买服务"，"凡属事务性管理服务，原则上都要向社会购买"。之后，财政部发布的《关于做好政府购买服务工作的有关问题的通知》指出，"推进政府购买服务是新时期全面深化改革的必然要求"。最近公布的《中共中央关于制定国民经济和社会发展第十三个五年规划的建议》强调，在公共服务供给上，"能由政府购买服务提供的，政府不再直接承办"。

尽管如此，政府购买服务在我国并非新鲜事物，只不过其发展并非一帆风顺。早在 20 世纪 90 年代中期，我国不少地方在实践中就已经开始尝试向社会购买公共服务等形式的市场化改革。如 1994 年，深圳罗湖区率先开始在环卫服务的提供上进行了购买尝试，1995 年，上海浦东新区也开始探索公共服务的政社合作方式。此后，北京、浙江、江苏、广东等地纷纷开始开展政府购买公共服务的探索，购买的形式多种多样。2002 年，我国正式颁布了《关于加快市政公用行业市场化进程的意见》，随之在全国迅速兴起了民营化改革热潮。但我国的民营化改革并非人们想象得那么顺利。正如一些专家所评论的，公共医疗卫生、基础教育等领域的市场化改革数年之后被视为一种失败，而在全国各地广泛推行的公交民营化改革更是全面受挫。此后，我国不少城市掀起了一股市政公用行业重归"国有化”的浪潮。至此，我国公共服务中的市场机制出现了大规模的回潮。挫折和反复把改革置于风口浪尖上，乃至于对市场导向的怀疑和否定日益成为社会舆论的主流。

在这样的大背景下，新一届中国政府再次高调推出政府购买服务政策，并上升为国家战略，将其作为全面深化改革的重要手段之一在全国实施推广。这表明了新一届中国政府全面深化改革的坚定决心。既然是国家战略，就得高瞻远瞩，能够看到未来的发展方向。其实，民营化改革的发展趋势，在早期实施民营化改革的欧美国家中已经得以充分体现，其中美国近40年来的民营化发展就为我们展示了公共管理改革的清晰图景。

美国作为全球大国，其民营化改革在一定意义上具有典型性。从发展历程来看，美国的民营化改革经历了20世纪八九十年代的发展高峰后，至20世纪90年代末，美国地方政府开始摆脱早期民营化意识形态的影响和对市场的膜拜，在公共服务供给上变得更加理性和务实；在对公共服务领域市场化作用进行反思的同时，开始回归公民权利，重新强调政府责任。其重要表现形式就是政府购买服务的式微与政府回购服务的兴起。如今，在美国地方政府，回购服务已成为与购买服务同样重要的工作。在早期实施民营化的国家中，其民营化发展道路大抵如此。看到了这一点，对近年来我国市场化改革过程中出现的一些反复或“回潮”现象，也就不难理解了，更不至于因此而否认我国市场化改革的方向。只不过各级政府在市场化改革过程中既要努力提高服务购买能力，也应对可能出现的种种问题有足够的准备，包括做好回购服务的准备。因此，可以说，通过美国民营化改革发展之路，很大程度上也就能够看到我国市场化改革的未来。

我们在实施以政府向社会购买服务为重要手段的市场化改革的过程中，各级政府不仅需要懂得如何购买服务，同时应该重视如何回购服务。美国民营化实践表明，服务外包之后，即便不成功，回购服务并非易事，成本非常高昂。因此，在我国全面实施推广政府购买服务的新一轮市场化改革进程中，既要求各级政府掌握购买服务的方法与技能，同时需要掌握回购服务的策略与方法。即各级政府不仅要知道在购买服务中买什么、怎么买，同时也要做好准备并保持服务提供能力，服务外包之后，如果失败了，或公众对政府购买的服务不满意，政府要有能力并知道该怎么买回来。非常关键的是，在中央政府层面，还需要在公共服务提供的这一动态过程中，通过购买服务和回购服务相结合的方式来刺激有利于社会效益的市场反应，既防止地方政府对市场的热情过度，又防止其对改革的敷衍塞责。同时在重要领域保持一定比例的政府提供服务，以免丧失服务提供能力和回购服务的能力，谨防购买服务过程中企业对政府的俘获。

从这个意义上说，各级政府要想在购买服务中成为“精明买主”，不仅要懂得如何购买服务，还要知道如何回购服务，坚持购买服务和回购服务两手抓，两手都要硬。唯其如此，我国新一轮市场化改革才不至于重复上一轮改革全面受挫的老路。

本书以美国地方政府回购服务为重点研究对象，对该问题做了很好的阐释。他山之石，可以攻玉。这也是本书的主要价值所在。

当然，作为该领域的第一本著述，本书对该问题的研究还只是初步的，对究竟应该如何回购服务等问题，还有待进行深入的探讨。期待作者和学界能够在本书的基础上不断深化研究，使这一问题的研究得到足够的关注，本书的价值就可以更加发扬光大了。

2015 年 11 月 5 日于上海

目　　录

第一章　导论

第一节　问题的提出

政府向社会购买公共服务已经成为新时期中国全面深化改革的重要手段。从国际上看，政府购买公共服务①与20世纪70年代兴起于新西兰的民营化运动紧密相关。该运动迅速导致全球范围的政府改革潮流，极大改变了政府治理理念和模式，对全球公共管理产生了广泛而深远的影响。

从历时看，这场民营化运动存在明显的前后分期，前期以国有企业售卖和资产剥离等政府退出行为为主，但是其重要性不断下降。② 20世纪90年代，民营化发展进入第二阶段。与前期重要的不同在于，以公私合作为基础的政府购买公共服务成为民营化主体。③ 而且，时间越是往后，政府向社会购买公共服务在民营化中所占比例越大。而20世纪90年代末以来，全球公共管理改革开始步入另一个阶段——后民营化时代。后民营化时代的重要表现形式是政府购买服务的式微和政府回购服务的兴起。④这一趋势在美国地方政府民营化发展中表现非常明显，但尚未引起学术界

---

① 更为准确的表达应该是"政府向社会购买公共服务"或"公共服务外部购买"，所对应的英文主要是outsourcing，为了表达的简洁，本书将其简称为"政府购买服务"或"购买服务"。

② 例如，20世纪90年代中后期，国有资产和国有企业的售卖收入在经合组织（OECD）国家中达到约1000亿美元，但随着存量的持续下降，2000年的销售收入只有1998年的1/5。参见Ladan Mahboobi，"Recent Privatization Trends in OECD Countries：2001"，*OECD Report*，8－June－2002。

③ 敬乂嘉：《中国公共服务外部购买的实证分析——一个国家转型的视角》，《管理世界》2007年第2期。

④ 杨安华：《回购公共服务：后民营化时代公共管理的新议题》，《政治学研究》2014年第5期。

充分重视。本书以美国地方政府回购公共服务问题为研究对象，在对近40年来美国民营发展进行历程时性考察的基础上，着力分析美国地方政府回购服务发展的动因，影响民营化方向运动（购买服务还是回购服务）的各种因素，以及政府购买公共服务在美国率先出现的原因等问题。之所以专门对这一问题展开研究，主要基于如下时代背景和现实考量。

一　全球公共管理改革已步入后民营化时代

20世纪70年代末，撒切尔夫人在英国推行民营化改革之后，民营化迅速发展。而在新公共管理运动的推波助澜下，短短的十几年时间，民营化便成为“席卷全世界的滚滚洪流”①，对全球公共管理产生了广泛而深远的影响。但时至20世纪末，公共管理市场化风光不再，全球公共管理开始进入“后民营化时代”。本书之所以提出“后民营化时代”这一概念，主要出于如下几个方面的判断：

首先，在时间序列上，自20世纪末以来，全球民营化发展高潮已逝。

20世纪七八十年代以来，民营化席卷全球。但较早实施市场化改革的欧美国家经历了20多年的发展高峰后，至20世纪末，民营化发展已经开始呈下降趋势②，甚至出现了急剧下降的态势。博尔托洛蒂（Bernardo Bortolotti）等在《民营化的挑战：一个国际分析》一书中对全球民营化发展的系统研究表明，20世纪90年代大规模的民营化发展周期已经结束，在1999年达到高峰（1770亿美元）之后，全球民营化的年均收入迅速下降了46%，2001年其价值仅有440亿美元。2002—2003年的数据也表明了这一发展态势。该数据已经返回到20世纪80年代后期的水平（当时撒切尔夫人将英国的公共服务民营化发展推向顶峰，但其他国家还处于观望状态）。而如今，民营化似乎已经穷途末路，欧洲尤其如此。③ 该书还以英国、欧洲大陆、大洋洲和亚洲、拉美、北非和中东为单元，对不同地区的民营化进行专门分析。结果表明，虽然世界各地民营化发展的水平与采用的方式和手段并非完全一致，但其结果在总体上均与这一趋势相吻合：

---

① ［美］E. S. 萨瓦斯：《民营化与公私部门的伙伴关系》，周志忍等译，中国人民大学出版社2002年版，第338页。

② 美国国际城市管理协会（ICMA）调查，学者博尔托洛蒂以及世界银行的研究均表明了这一趋势。相关研究可参见ICMA调查资料；Bernardo Bortolotti and Domenico Siniscalco, *The Challenges of Privatization: A International Analysis*, Oxford University Press, 2004, p. 2；以及2005年世界银行数据：World Bank Privatization Database（http://rru. worldbank. org/privatization）。

③ Bernardo Bortolotti and Domenico Siniscalco, *The Challenges of Privatization: A International Analysis*, Oxford University Press, 2004, p. 2.

经历了20世纪90年代的发展高峰之后，世界各地民营化发展总体呈下降趋势。世界银行对民营化的专项研究也表明了民营化的这一发展趋势。①即便在最先大规模实施民营化改革的英国，“民营化”一词也已经很不受欢迎。② 2011年其民营化水平为56.06%。③ 民营化服务的比例只略高于公共部门提供的服务。

总体而言，尽管20世纪八九十年代，人们对民营化的热情盛极一时，但如今这种热情已经消失殆尽，人们更倾向于谈论它的累累败绩。④ 美国康奈尔大学米尔德里德·E. 沃纳（Mildred E. Warner）的研究进一步表明，其中大多数最先实施市场化改革的国家（如澳大利亚、新西兰、英国和美国等），均出现了公共服务的民营化生产与供给向公共部门回归的重要趋势。⑤ 政府开始将一些不成功的外包服务收回，重新由政府自己生产或提供。而在2008年以来国际金融危机的冲击下，这种趋势进一步明显。⑥

其次，在对待民营化态度上，欧美发达国家已经摆脱了早期受民营化意识形态影响和对市场的顶礼膜拜，在对待市场作用上变得更加理性与务实⑦，并开始反思民营化改革给公共管理带来的负面影响。

20世纪八九十年代，人们对民营化热情盛极一时。市场神话曾被推崇到了极致，乃至学界、媒体、政府官员“怀着传教士一样的热情”推进这一市场化改革⑧，致使民营化浪潮迅速席卷全球。然而，早期“民营化运动背后的驱动力一直是政治理念，而非经过认真研究和评估后发现的

---

① 详情可见2005年世界银行数据：World Bank Privatization Database，http：//rru. worldbank. org/ privatization。

② Ernst Ulrich von Weizsäcker et al. eds. , *Limits to Privatization：How to Avoid Too Much of a Good Thing—A Report to the Club of Rome*，Taylor & Francis，2005.

③ José M. Alonso，J. Clifton and Díaz – Fuentes，“Did New Public Management Matter? An Empirical Analysis of the Outsourcing and Decentralization Effects on Public Sector Size”，*Public Management Review*，Vol. 17，No. 5，2015，pp. 643 – 660.

④ Gérard Roland ed. , *Privatization：Successes and Failure*，New York：Columbia University Press，2008.

⑤ Mildred E. Warner，“The Future of Local Government：21st Century Challenges”，*Public Administration Review*，Vol. 70，No. 6，2010.

⑥ 胡伟、杨安华：《西方国家公共服务转向的最新转向与趋势》，《政治学研究》2009年第3期。

⑦ Amir Hefetz，Mildred E. Warner，“Privatization and its Reverse：Explaining the Dynamics of the Government Contracting Process”，*Journal of Public Administration，Research and Theory*，Vol. 14，No. 2，2004.

⑧ Amita Singh，Questioning the New Public Management，*Public Administration Review*，Vol. 63，No. 1，2003.

惊人成就，民营化的基础就是私营部门优越性的信念。……其主要目的是向选民兜售政府的政策，而不是追求政府绩效的切实改进”。① 经历近 20 年的民营化试验之后，人们发现，民营化并非解决问题的万效灵丹，实施过程中亦是困难重重，问题不断。从而使人们开始摆脱意识形态的影响和对市场的过度迷信，对民营化的态度变得更加理性与务实。2007 年开始的金融危机，更是加重了人们对市场化作用的质疑以及对政府作用的重新强调。因此，“政府回购公共服务的发生是出于对实际因素的考量而非因为受任何意识形态的影响”。②

最后，反思民营化作用及有关政府回购服务的研究成果不断涌现。

与实践发展相适应，近年来反思民营化作用和有关政府回购服务的研究不断出现。美国知名公共管理学者唐纳德 · F. 凯特尔（Donald F. Kettl）在著名的《权力共享：公共治理与私人市场》一书中首次全面、客观地分析了政府购买服务实践中的问题和困境。在该书中，他将民营化的市场竞争处方形象描述为“竞争面纱”，同时指出，“竞争处方许诺了诸多美妙的效果，因而显得魅力无穷，但‘竞争面纱’背后的东西，我们只了解一小部分”。③ 澳大利亚莫纳什大学规制研究中心主任霍奇（Graeme A. Hodge）的《民营化绩效的国际审视》一书，以民营化“信念结构”与“经验知识”之间差异性为框架，分析了全球民营化改革有得有失、利弊共存的多样性与复杂性图景。④ 而罗马俱乐部报告《民营化的局限》将民营化置于广阔的全球背景之下，对不同产业部门、不同国家和地区的大量民营化案例进行了考察，得出的结论是民营化存在诸多局限。其基本推论是全球民营化活动存在好事过头的危险。⑤ 最近由诺贝尔经济学奖获得者斯蒂格利茨（Joseph E. Stiglitz）参与撰写并作序的《民营

---

① Graeme A. Hodge, *Privatization*: *An International Review of Performance*, Boulder, Co.: Westview Press, 2000, p. 226.

② APSE, *Insourcing Update*: *The Value of Returning Local Authority Services In – house in an Era of Budget Constraints*, May 14, 2011, http://www.unison.org.uk/acrobat/2012.pdf, accessed Nov. 5, 2013.

③ [美] 唐纳德 · F. 凯特尔：《权力共享：公共治理与私人市场》，孙迎春译，北京大学出版社 2009 年版，第 166 页。

④ Graeme A. Hodge, *Privatization*: *An International Review of Performance*, Boulder, Co.: Westview Press, 2000.

⑤ 参见 Ernst Ulrich von Weizsäcker et al. eds., *Limits to Privatization*: *How to Avoid Too Much of a Good Thing—A Report to the Club of Rome*, Taylor & Francis, 2005。

化：成功与失败》一书，对民营化的成功与失败做了全面的总结和反思。①

除此之外，相关专门研究团队和组织也不断出现。如康奈尔大学华纳及其领衔的来自全球多个国家的研究团队在反思民营化作用基础上，开始对全球范围的政府回购服务问题展开研究。美国国际城市管理协会（ICMA）调查②始于1992年就已经开始关注政府回购服务问题。为了调查该问题，从2002年开始，该调查还专门增设了一个问题——“哪些因素在你们回购服务的决定中起了作用”？英国格林威治大学霍尔（Davis Hall）领衔的公共服务国际研究中心（PSI）将欧洲国家政府回购服务作为核心研究领域。英国卓越公共服务学会（APSE）也将政府回购服务作为重要内容。③ 欧洲重新市政化追踪者网专门对全球各地尤其是供水领域的政府回购服务事件进行追踪研究，以使能够提供满足人们需要的安全用水。④美国公共利益网也非常重视政府回购服务问题。⑤

可见，市场化改革相对成熟的欧美国家在观念上和实际行动中均已进入民营化反思阶段。通过对民营化的反思，人们开始重新审视市场作用和政府功能。这意味着较早实施民营化改革的欧美国家已经步入后民营化时代。后民营化时代的重要特征是，欧美各国开始摆脱意识形态影响和对市场的顶礼膜拜，在公共服务提供上变得更加理性和务实；在对公共服务领域市场化作用进行反思的同时，开始回归公民权利，重新强调政府责任。

---

① Gérard Roland eds., *Privatization: Successes and Failure*, New York: Columbia University Press, 2008.

② 美国国际城市管理协会（ICMA）调查始于1982年，每五年在全美范围内进行一次有关公共服务提供方式的大规模专项调查，其调查的样本涵盖了全美25000人口的所有县（约1600个）和10000以上人口的所有城市（约3300个）。同时还包括人口在2500—10000人的城市和10000—25000人的县中抽取1/4的随机性样本。主要调查内容为公共工程和交通与公用事业等六大领域中67项服务的政府直接提供和六项替代性方式。

③ 卓越公共服务学会是英国一个知名的非营利组织，它与遍布全英国的300多个议会合作，以推动地方政府在公共服务提供方面迈向以卓越为宗旨。该协会也是英国地方政府一线服务最重要的专业性组织，为一线的公共服务提供者打造了一个专业性服务网络平台。

④ 该网站得出的一个重要结论就是“全球重新市政化浪潮已然来临”，2013年3月12日，参见该网站 http://www.remunicipalisation.org/front/page/remunicipalisation, accessed May 1, 2014。

⑤ 美国公共利益网是一个专门针对民营化与可靠签约的综合资源中心。旨在为公众、公共官员、政策咨询组织与研究人员提供信息、思想和其他相关资源，以保障与私营团体所签订公共合同的公开性、公正性、管理有方与有效监控，从而使这些合同能够满足社区的长期需要。该中心有一句响亮的口号“准确掌握民营化风险，确保对公共职能的民主控制”！相关详情可参见该网站，http://www.inthepublicinterest.org。

其重要表现形式就是政府购买服务的式微与政府回购服务的兴起。地方政府将回购服务作为解决合同失败的基本机制之一。如今，政府回购服务已变得跟购买服务一样普遍。它让地方政府领导者得以管理市场，并在一定时期内维持竞争和设立标杆。① 政府购买服务已经成为后民营化时代公共服务提供的基本形态。在后民营化时代，回购服务既是政府购买服务的基本环节，也是规避市场化改革风险的重要保障。

二 政府回购服务：民营化过程中“一个存在已久却被严重忽视”的问题

民营化是当代政府管理的新理念，是当代社会治理的重大战略和政府改革的主流方向之一。② 市场化是全球公共管理改革的一个核心要素。③ 然而，经历了多年民营化试验之后，民营化的逆向发展成为世界民营化发展的一种新取向。从民营化到逆民营化的发展展示了民营化改革的更为完整的图景，反映了民营化发展的动态性和混合性特征，以及当代西方民主国家政府与市场关系的规律性运动。目前，学界看到的往往只是前者，而忽视了后者。

1992 年，奥斯本和盖布勒在其著名的《再造政府》一书中宣称，运用市场机制提供服务能节省成本和提高服务质量，并告诫政府管理者，政府的职能是“掌舵而非划桨”。④ 如今，该书出版至今已经 20 多年，西方公共服务的民营化更是走过了 30 多个年头，然而结果显示，市场的作用并没有当初奥斯本和盖布勒等人所预期的那么大。30 多年来，西方国家虽然广泛运用包括完全合同外包在内的各种“替代性服务提供方式”，但

---

① Mildred Warner and Amir Hefetz, “In – Sourcing and Outsourcing: The Dynamics of Privatization among US Municipalities 2002 – 2007”, *Journal of the American Planning Association*, Vol. 78, No. 3, 2012, pp. 313 – 327; George C. Homsy and Mildred E. Warner, “Cooperative Competition: The Growing Reform”, in *The Municipal Year Book* 2014, Washington D. C.: ICMA Press, 2014, pp. 53 – 65.

② ［美］E. S. 萨瓦斯：《民营化与公私部门的伙伴关系》，周志忍等译，中国人民大学出版社2002 年版；周志忍：《认识市场化改革的新视角》，《中国行政管理》2009 年第 3 期；周志忍：《深化行政改革需要深入思考的三个问题》，《中国行政管理》2010 年第 1 期。

③ Donald Kettl, *The Global Public Management Revolution* (2nd Edition), Washington D. C.: Brookings Institution, 2005; Christopher Pollitt and Geert Bouckaert, *Public Management Reform: A Comparative Analysis*, Oxford: Oxford University Press, 2000; ［美］詹姆斯·佩里：《战胜全球公共管理革命的神话》，《公共行政评论》2009 年第 3 期。

④ David E. Osborne and Ted Gaebler, *Reinventing Government: How the Entrepreneurial Spirit is Transforming the Public Sector*, Reading, M. A.: Addison – Wesley, 1992.

值得注意的是，政府的直接提供依然一直是占主导地位的公共服务供给方式，民营化的增长颇为有限。这一状况在美国尤其如此。经历了 20 世纪 90 年代发展高峰之后，民营化总体呈下降态势，而且还出现了民营化的逆向发展趋势。为什么？

一般而论，民营化是指政府将公共服务提供的职能让渡给企业、非营利组织等社会力量，让这些社会力量参与公共服务的提供，其中，最基本也是最重要的形式是政府购买公共服务，在美国尤其如此。而且，20 世纪 70 年代末至今，时间越是往后，这一趋势越是凸显。政府购买公共服务（又称合同外包），国内外文献对此问题展开了广泛而系统的研究。

然而，绝大多数研究一直集中于研究政府为什么和怎样实施民营化，大都是围绕"买什么""谁来买""向谁买"以及"怎么买"等问题而展开。显然，这仅仅展示了服务市场动态决策过程和民营化研究的部分图景，即民营化的"前效应"问题。但是，如果政府向社会购买服务之后不能获得效率，或民众对政府购买的服务不满意时，将会发生什么？是维持民营化服务吗？抑或应该维持民营化服务？还是应该将服务收回（回购服务）？政府回购民营化服务的内在动力又是什么？是哪些因素影响民营化的发展方向？是公共服务由公共部门向私营部门运动（购买服务），还是公共服务由私营部门向公共部门运动（回购服务）？等等。这些"后效应"问题都是民营化研究不可或缺的重要问题。近年来，这些问题虽然开始引起学术界重视，但政府回购公共服务仍然是"一个几乎完全被学术界忽略了的重要研究领域"。①

民营化改革是西方国家 20 世纪 80 年代以来行政改革的主要趋势之一。民营化的核心理念及做法是在公共服务提供领域中引入市场机制，打破政府的垄断地位，构建政府、私营、第三部门多维互动的公共服务新秩序，以实现三者之间角色的重新安排及功能互补。民营化的实质就是打破原有制度安排，重塑利益格局的制度演变过程。在这场运动中，各国政府纷纷尝试将新的理论用于实践，改革原来主要由政府提供公共服务的传统方式，引入市场机制，形成除公共部门提供之外的多种可替代的服务方式。从西方各国的民营化实践和民营化理论总结来看，这些可供选择的民营化方式大体有 30 多种，其中主要采取政府购买服务（或称"合同外包"）、公私合作、特许经营和凭单制作等形式，而政府购买服务是其中

① Scott Lamothe, Meeyoung Lamothe and R. C. Feiock, "Examining Local Government Service Delivery Arrangements Over Time", *Urban Affairs Review*, Vol. 44, No. 1, 2008, pp. 27 – 56.

最为普遍也是重要的制度安排。① 30 多年来，该领域发生了一些重大变化。包括早期以国有企业售卖等纯私有化比例的下降，政府购买服务所占比例的上升。而其中非常重要的变化之一，则是回购公共服务的兴起与发展。②

政府回购公共服务的发展，一方面表明现实环境中公共服务提供的复杂性和动态性特征；另一方面也表明经历了一定时间的民营化试验之后，民营化的意识形态特征逐步淡出，人们对待民营化的态度变得更加理性与务实，地方政府管理者开始走出市场万能的错误认识，重新认识和重视服务提供的公共作用。在复杂的现实环境中，政府管理者既通过购买服务方式提供公共服务，同时又将一些失败的外包服务收回。③

然而，长期以来，在有关民营化与政府购买公共服务争论中，公共选择理论一直占主导地位，很少有人关注政府购买公共服务的动态性和混合（公私部门）性特征。④ 民营化一直被视为一种通向市场的单行道过程，绝大多数研究只看到公共服务提供由公共部门向私营部门运动的民营化过程，而看不到公共服务由私营部门向公共部门运动的过程（即逆民营化）（见图 1－1）。从公共服务民营化到逆民营化的发展表明了民营化发展的动态性与公共服务提供方式的混合性与多样性特征。民营化的这些特性一直未能引起学术界的足够重视。民营化研究的这种状况充分说明，理论研究已经落后于民营化发展实践，难以满足民营化实践发展的需要。

就美国而言，从 30 多年来的长时段考察，美国地方政府民营化的动态发展向我们展示了现代国家公共服务市场化改革的完整图景。美国国际城市管理协会（ICMA）40 余年的历时性调查表明，一是美国地方政府层

---

① E. S. Savas, *Privatization and Public－private Partnerships*, New York: Chatham House, 2000.

② 相近的叫法有逆向外包和收回外包服务等。颇为有趣的是，Deloitte 和 Touche 对《财富》前 500 强中的 25 家企业的调查报告表明，私营企业外包也显示出与政府服务外包一样的发展趋势。近年来，很多私营部门也纷纷将大量外包工作收回，其原因是维持有关服务的内部知识和能力，以确保提供的可靠性和成本控制。他们发现，经过一段时间的外包试验之后，外包并非如曾经想象得那样有效。详情参见 Deloitte Consulting, *Calling a Change in the Outsourcing Market*, New York, N. Y.: Deloitte Consulting, 2005, 2012。

③ Amir Hefetz, Mildred E. Warner, "Privatization and Its Reverse: Explaining the Dynamics of the Government Contracting Process", *Journal of Public Administration Research and Theory*, Vol. 14, No. 2, 2004, pp. 171－190.

④ Barry Bozeman, "Public－Value Failure: When Efficient Markets May Not Do", *Public Administration Review*, 2002, 62 (2), pp. 145－161; AmirHefetz and Mildred E. Warner, "Beyond the Market vs. Planning Dichotomy: Understanding Privatisation and its Reverse in US Cities", *Local Government Studies*, Vol. 33, No. 4, 2007, pp. 555－572.

面的民营化发展一直非常平缓。1982 年与 2012 年政府部门直接提供的服务分别为 57% 和 58% 。二是政府回购服务也并非新鲜事物，它几乎与民营化和政府购买服务同时发生。只不过最近才变得更加显著。该调查显示，早在 1982—1988 年，回购公共服务就在美国地方政府发生了，平均每个地方政府的回购服务数量为 7. 1 项；1988—1992 年这一数量为 5. 3 项。在此后每五年一次的调查中，均反映了回购服务在地方政府服务提供中的不同比例。1997—2002 年，在美国地方政府所有形式的服务提供方式中，政府回购服务的比例已经达到了 18%，占所有服务提供的近 25% 。① 此时，它已经不再只是一种简单的现象，而很自然地成为一种替代性服务提供方式。② 正因为如此，有学者呼吁："是到了超越简单的市场失灵与政府失灵框架，而关注影响政府购买行为所有因素的时候了。民营化不是单行道，政府管理者应该选择购买服务和回购服务，以在地方市场的约束条件下寻求效率和民声（公民表达）的平衡。"③

2000 年以来，国际上虽然有少数学者注意到政府回购服务问题，并就其出现的原因、影响因素等问题做了一些分析，但缺乏深入系统的研究。"政府回购服务兴起的原因是什么？影响民营化方向发展（购买服务还是回购服务）的因素又有哪些？政府回购服务何以率先发生在美国？它是否反映了当代西方国家治理理念的新变化？政府回购服务的兴起与发展对世界各国政府改革与民营化发展提供了哪些启示？" 等等问题，都有待于进一步探索和研究。政府回购服务仍然是 "一个存在已久却被学术界严重忽视" 的领域。④

---

① Amir Hefetz, Mildred E. Warner, "Beyond the Market vs. Planning Dichotomy: Understanding Privatisation and its Reverse in US Cities", *Local Government Studies*, Vol. 33, No. 4, 2007.

② Amir Hefetz and Mildred E. Warner, "Privatization and Its Reverse: Explaining the Dynamics of the Government Contracting Process", *Journal of Public Administration Research and Theory*, Vol. 14, No. 2, 2004; Mildred E. Warnerand Robert Hebdon, "Local government restructuring: Privatization and its alternatives", *Journal of Policy Analysis and Management*, Vol. 20, No. 2, 2001; Yijia Jing, *State Prison Privatization in the US: A Study of the Causes and Magnitude*, Dissertation Presented in Partial Fulfillment of the Requirement for the Degree Doctor of Philosophy in the Graduate School of The Ohio State University, 2005.

③ Amir Hefetz and Mildred E. Warner, "Privatization and Its Reverse: Explaining the Dynamics of the Government Contracting Process", *Journal of Public Administration Research and Theory*, Vol. 14, No. 2, 2004; Scott Lamothe, Meeyoung Lamothe and R. C. Feiock, "Examining Local Government Service Delivery Arrangements Over Time", *Urban Affairs Review*, Vol. 44, No. 1, 2008.

④ Mildred E. Warner, Amir Hefetz, "Insourcing and Outsourcing: The Dynamics of Privatization Among U. S. Municipalities 2002 - 2007", *Journal of the American Planning Association*, Vol. 78, No. 3, 2012.

三 新一届中国政府将购买服务作为新时期全面深化改革的重要手段

2013年11月12日，中国共产党第十八届中央委员会第三次全体会议通过的《中共中央关于全面深化改革若干重大问题的决定》提出，“紧紧围绕使市场在资源配置中起决定性作用深化经济体制改革”，“积极稳妥从广度和深度上推进市场化改革”。① 其关键性举措就是政府向社会购买公共服务。这是中国第一次在国家战略层面提出政府购买公共服务的改革任务。②

早在2002年，我国就颁布了《关于加快市政公用行业市场化进程的意见》（建城〔2002〕272号）。之后很快兴起了民营化改革热潮。但我国民营化改革并非人们想象得那么顺利。数年之后，“公共医疗卫生、基础教育等领域的市场化改革被视为一种失败”。③ 而在全国各地广泛推行的公交民营化改革更是全面受挫。④ 如今，我国不少城市正掀起一股市政公用行业重归“国有化”浪潮。⑤ 或许是对上一轮民营化改革受挫的回应，我国新一届政府强调要积极稳妥推动市场化改革。党的十八大强调，要加强和创新社会管理，改进政府提供公共服务方式。李克强总理于2013年7月31日主持召开国务院常务会议，专门研究推进政府向社会力量购买公共服务。随之出台《关于政府向社会力量购买服务的指导意见》明确规定政府购买服务的目标任务：“十二五”时期，政府向社会力量购买服务工作在各地逐步推开，统一有效的购买服务平台和机制初步形成，相关制度法规建设取得明显进展，到2020年，在全国基本建立比较完善的政府向社会力量购买服务制度。⑥《中共中央关于全面深化改革若干重大问题的决定》进一步指出，要“推广政府购买服务”，“凡属事务性管理服务，原则上都要向社会购买”。之后，财政部发布的《关于做好政府购买服务工作的有关问题的通知》指出，“推进政府购买服务是新时期全面深化改革的必然要求”。2014年1月16日，全国政府购买服务工作会

---

① 《中共中央关于全面深化改革若干重大问题的决定》，《人民日报》2013年11月16日第2版。

② 李军鹏：《政府购买公共服务的学理因由、典型模式与推进策略》，《改革》2013年第12期。

③ 周志忍：《认识市场化改革的新视角》，《中国行政管理》2009年第3期。

④ 黄小伟：《十年轮回重归公益——北京公交真的姓“公”了》，《南方周末》2007年10月18日C14版。

⑤ 李克诚：《市政公用“国有化”回潮》，《南风窗》2012年第21期。

⑥ 国务院办公厅：《关于政府向社会力量购买服务的指导意见》（国办发〔2013〕96号），2013年9月30日。

议召开。会议指出，“政府购买服务今年将在全国面上推开”。显然，政府购买服务已成为我国全面深化改革的一项关键性举措。政府购买公共服务正迈向制度化。

与此相呼应，在我国学术界，政府购买服务也从“一个很少被人关注”① 的领域迅速发展成为“热词”。② 最近有关国外政府购买服务做法的研究大量出现，旨在通过对国外相关经验的总结，为我国政府购买服务提供借鉴。这些研究对美国、英国、德国、法国、荷兰、新西兰、澳大利亚与韩国等政府购买服务的经验进行了总结。③ 遗憾的是，从这些研究引用的文献看，它们运用的大都是2000年以前的资料，未能反映最新进展。而且对国外公共服务民营化改革缺乏历时性考察和跟踪研究。因而难以对这场经历了30多年的改革有深入全面的认识。尤其不足的是，这些直接针对政府购买服务的研究，对近年来出现的政府回购服务问题似乎视而不见。

殊不知，在较早实施市场化改革的欧美国家，经历了20世纪八九十年代的发展高峰后，至20世纪末，公共服务民营化已经开始呈下降趋势，其中不少国家还出现了以回购服务为主要形式的民营化逆向发展趋势。④ 而在2008年以来国际金融危机冲击下，这种趋势进一步明显。最近，政府回购服务成为民营化发展的新取向。相对于政府购买服务是政府或其他公共部门将公共服务的提供让渡给私营部门的过程而言，回购服务则是公共服务提供由私营部门返回到公共部门的过程，亦即政府收回民营化服务的过程。⑤ 那么，政府回购服务为何会在这些市场化改革颇为成熟的欧美

① Yijia Jiag, “Outsourcing in China: An Exploratory Assessment”, *Public Administration and Development*, Vol. 28, No. 2, 2008, pp. 119 – 128.

② 乐佳超：《政府购买服务成为“热词”》，《中国政府采购报》2014年2月18日。

③ 这方面的代表性研究包括：贾西津主笔的《中国政府购买公共服务研究终期报告》，亚洲开发银行，2009年6月；王浦劬等著的《政府向社会组织购买公共服务研究——中国与全球经验分析》，北京大学出版社2010年版；以及黄浩明主笔的《政府购买社会组织公共服务情况调查及建议》2012年2月28日。魏中龙等著的《政府购买服务的理论与实践研究》，中国人民大学出版社2014年版；张汝立等著的《外国政府购买社会公共服务研究》，社会科学文献出版社2014年版。

④ 胡伟、杨安华：《西方国家公共服务转向的最新转向与趋势》，《政治学研究》2009年第3期。

⑤ 在我国，“政府购买公共服务”的英语通常翻译为government purchases of public services。而在英语国家则通常用outsourcing表达。与其相近的表达还有公共服务民营化、合同外包等。其含义大致相同，即把原来由某政府机构直接向社会公众提供的一部分公共服务项目转变为通过社会公开招标、政府直接拨款等方式和程序，交给有资质的社会组织、企业、机构等供应商承担公共服务的提供，同时政府从公共预算中根据民营供应商提供公共服务的数量和质量支付费用。

国家出现？其背后隐含着哪些深层次原因？我国政府购买服务需要从中吸取哪些经验与教训，从而使新一轮市场化改革既能更具广度和深度又能“积极稳妥”推进？显然，在政府购买服务作为一项国家战略即将在我国全面推行之际，对美国地方政府回购服务做一番深入考察，以便对该问题有更为全面的把握，并剖析其发生的深层次原因，对我国政府购买服务这一战略的理性实施，具有非常重要的现实意义。

因此，无论从国际层面看，还是从国内层面看，政府回购公共服务都是民营化发展进程中一个十分值得关注和研究的问题，它代表了民营化发展的最新取向与民营化研究的最前沿领域。对该问题进行深入系统研究，有助于我们准确全面理解民营化发展的实质，把握世界民营化的发展方向与趋势，为新一届政府顺利推广实施政府购买服务战略提供借鉴与参考。

第二节　文献述评

政府回购服务是民营化进程中的一种新取向和新问题。因此，对该问题的研究必须置于民营化这一大视野下展开。民营化研究发端于20世纪70年代末的欧美，勃兴于20世纪80年代。目前，欧美学者对公共服务民营化研究已经进入比较成熟的阶段，形成了较为成熟的研究方法和多角度、多学科的研究视角。而从我国研究状况来看，近年来学术界也从政治学、公共管理学与经济学等各学科对民营化展开了研究，取得了大量研究成果。但主要围绕的是“如何民营化”与“如何进行服务购买”等“前效应”问题，对政府回购公共服务问题研究非常有限。

一　国内研究现状

20世纪90年代以来，民营化开始引起我国学术界的广泛关注，我国学者纷纷从经济学、政治学与公共管理学等不同学科角度对民营化展开了不同程度研究，取得了不少成果。

在政治学与公共管理学领域，学者们从西方国家公共行政改革的视角，对主要西方国家行政改革过程中的民营化问题给予了较多的关注。中国台湾学者对西方国家民营化的研究早于大陆学者。其中，詹中原在《民营化政策：公共行政理论与实务之分析》对国外民营化的理论与实践做了较为系统的分析①；李宗勋编著的《政府委外经营：理论与实务》一书，是我国学者第一部关于公共服务合同外包系统研究的著作，该书对西方国家公共服务合同外包的背景、理论基础进行了较为系统的分析，并对英国、美国等西方国家公共服务合同外包的经验做了初步总结。②

大陆较早关注西方国家民营化改革问题的是周志忍、宋世明、于军与毛寿龙等公共管理学者。其中，国家行政学院编译的《西方国家行政改革述评》、周志忍的《当代国外行政改革比较研究》、宋世明的《美国行政改革研究》、于军的《英国地方政府行政改革研究》与毛寿龙等的《西方政府治道变革》等著作，以及左然的《当代国际公共行政的发展与改革》、汪玉凯的《美国行政改革的最新发展及其启示》和周志忍的《当代政府管理的新理念》等论文，从行政改革视角对西方国家民营化做了比较详细的介绍和分析。③ 丁煌和定明捷从民营化概念的基本内涵入手，对西方民营化改革原因、条件和特点以及我国民营化改革实践及障碍进行初步分析。④

侯万军和金三林对英国、美国和日本三国公共事业民营化改革做了比较研究，总结了构建独立的市场主体、引入竞争机制和独立的政府管制机构等民营化国际经验。⑤ 杨代福和李和中在《公共服务合同出租：英国、美国经验及对我国行政改革的启示》一文中，对英美合同外包的背景、形式、范围与绩效等方面的共同点做了比较，同时也对英美两国在合同外包中的不同做了简要分析。⑥ 赵成根在其专著《新公共管理改革：不断塑造新的平衡》中，对国外公共服务合同外包的绩效等问题做了较为详细

---

① 詹中原：《民营化政策：公共行政理论与实务之分析》，（台北）五南图书出版有限公司 1994 年版。

② 李宗勋：《政府委外经营：理论与实务》，（台北）智胜文化事业有限公司 2002 年版。

③ 这些论著分别为：周志忍：《当代国外行政改革比较研究》，国家行政学院出版社 1999 年版；宋世明：《美国行政改革研究》，国家行政学院出版社 1999 年版；于军：《英国地方政府行政改革研究》，国家行政学院出版社 1999 年版；毛寿龙等：《西方政府治道变革》，国家行政学院出版社 1999 年版；左然：《当代国际公共行政的发展与改革》，《中国行政管理》1997 年第 10 期；汪玉凯：《美国行政改革的最新发展及其启示》，《政治学研究》1998 年第 1 期；周志忍：《当代政府管理的新理念》，《北京大学学报》（哲学社会科学版）2005 年第 3 期。

④ 丁煌、定明捷：《西方国家民营化改革及其对我国的启示》，《国际技术经济研究》2003 年第 3 期。

⑤ 侯万军、金三林：《公用事业民营化的国际经验及其启示》，《经济管理》2005 年第 11 期。

⑥ 杨代福、李和中：《公共服务合同出租：英国、美国经验及对我国行政改革的启示》，《天津行政学院学报》2003 年第 2 期。

的分析。[①] 敬乂嘉在美国俄亥俄州立大学的博士学位论文《美国州级监狱民营化：一项有关原因及程度的研究》中，对美国州一层级的监狱民营化的原因、运作与管理等问题做了系统研究[②]，并以美国民营化实践为例，探讨政府对于广义民营化政策工具的管理。[③] 罗敏夏的《私人监狱公司：靠囚犯也能挣钱》一文对美国私人监狱的最新情况做了介绍。[④] 毛寿龙与陈建国在《经济合作与发展组织国家公共服务民营化研究》一文中，对经济合作与发展组织国家的公共服务民营化做了较为全面的分析与介绍。[⑤]

张汝立等在《外国政府购买社会公共服务研究》一书中，对美国、英国与法国等政府购买社会公共服务的背景、法规与政策、运行机制、重点购买领域及项目等进行了介绍，并分析了这些国家已经取得的经验和成效。[⑥] 常江在《美国政府购买服务制度及其启示》中分析了美国政府购买服务制度，指出合同外包是美国最为主要的政府购买服务方式。[⑦] 王浦劬与萨拉蒙等在《政府向社会组织购买公共服务研究——中国与全球经验分析》一书中，针对社会组织在承接和提供公共服务过程中存在的不足，分析了其客观体制根源和主观能动原因，从政府与社会心态、构建制度体系、加强政社合作、扩展资金来源、增强社会组织责任感、培育专业社会工作者等方面，提出了加强社会组织建设与管理、发挥社会组织功能与优势的努力方向和具体建议。[⑧]

句华《美国地方政府公共服务合同外包的新趋势与启示》一文对美国地方政府公共服务合同外包的最新进展做了分析。[⑨] 刘波等在《公共服务外包决策的影响因素研究》一文中分析了服务特性、环境因素以及政

---

① 赵成根：《新公共管理改革：不断塑造新的平衡》，北京大学出版社 2007 年版。

② Yijia Jing, *State Prison Privatization in the US*: *A Study of the Causes and Magnitude*. Dissertation Presented in Partial Fulfillment of the Requirement for the Degree Doctor of Philosophy in the Graduate School of The Ohio State University, 2005.

③ 敬乂嘉：《美国政府对民营化的管理》，载《复旦公共行政评论》第二辑，上海人民出版社 2006 年版。

④ 罗敏夏：《私人监狱公司：靠囚犯也能挣钱》，《南方周末》2012 年 8 月 30 日。

⑤ 毛寿龙、陈建国：《经济合作与发展组织国家公共服务民营化研究》（上），《兰州大学学报》（社会科学版）2009 年第 5 期；毛寿龙、陈建国：《经济合作与发展组织国家公共服务民营化研究》（下），《兰州大学学报》（社会科学版）2009 年第 6 期。

⑥ 张汝立等：《外国政府购买社会公共服务研究》，社会科学文献出版社 2014 年版。

⑦ 常江：《美国政府购买服务制度及其启示》，《政治与法律》2014 年第 1 期。

⑧ 王浦劬等：《政府向社会组织购买公共服务研究——中国与全球经验分析》，北京大学出版社 2010 年版。

⑨ 句华：《美国地方政府公共服务合同外包的新趋势与启示》，《中国行政管理》2008 年第 7 期。

府能力对公共服务外包决策的影响。① 笔者在《西方国家公共服务转向的最新进展与趋势——基于美国地方政府民营化发展的纵向考察》、《政府购买服务还是回购服务——基于 2000 年以来欧美发达国家政府回购服务的考察》以及《回购公共服务：后民营化时代公共管理的新议题》等系列论文中，对欧美发达国家政府回购公共服务的时代背景与最新进展等问题做了初步探讨。②

在经济学领域，王俊豪与王廷惠等对国外民营化问题做了较为系统的论述。王俊豪在其专著《英国政府管制体制改革研究》中，对英国民营化改革做了论述；在《英国公用事业的民营化改革及其经验教训》一文中，对英国公用事业民营化改革的经济、政治原因、形式以及政府管制立法、执法和社会监督组成的管制框架进行了分析，总结了英国民营化改革的经验教训，其中包括：法律制度是公用事业民营化改革的准则，政企分离是公用事业民营化改革的关键，竞争是提高公用事业经济效率的根本途径，有效竞争是制定公用事业管制政策的目标导向，政府应按照经济原理制定公用事业的管制价格。③ 王廷惠有关美国监狱民营化的系列研究对美国监狱私有化原因、问题、前景以及政府在监狱私有化中的作用做了专门论述。④

这些研究成果对于人们认识与了解西方民营化的发展与研究状况很有帮助。但总体来说，国内对于西方国家民营化问题研究还不深入，而对西方国家民营化的发展进程和趋势，缺乏定量分析和追踪研究。现有的研究使用的资料大都过于陈旧，即便是相关领域卓有成就的研究者的研究成果也是如此，如这方面的代表性著作有：周志忍（1999）的《当代国外行政改革比较研究》、宋世明（1999）的《美国行政改革研究》、于军

---

① 刘波、崔鹏鹏、赵云云：《公共服务外包决策的影响因素研究》，《公共管理学报》2010 年第 2 期。

② 详情可参见胡伟、杨安华《西方国家公共服务转向的最新进展与趋势——基于美国地方政府民营化发展的纵向考察》，《政治学研究》2009 年第 3 期；杨安华《政府购买服务还是回购服务——基于 2000 年以来欧美发达国家政府回购服务的考察》，《公共管理学报》2014 年第 3 期；杨安华《回购公共服务：后民营化时代公共管理的新议题》，《政治学研究》2014 年第 5 期。

③ 王俊豪：《英国政府管制体制改革研究》，上海三联书店 1998 年版；《英国公用事业的民营化改革及其经验教训》，《公共管理学报》2006 年第 1 期。

④ 其主要成果包括《美国监狱私有化的原因研究》（《财贸研究》2004 年第 9 期）、《美国监狱签约外包简评》（《国家行政学院学报》2004 年第 5 期）、《美国监狱私有化：目标与效果分析》（《中国行政管理》2005 年第 6 期）与《美国监狱私有化的实践分析》（《美国研究》2007 年第 3 期）等。

(1999) 的《英国地方政府行政改革研究》与毛寿龙等 (2000) 的《西方政府治道变革》等，所论及的基本上是20世纪90年代中期之前的情况；王俊豪有关英国民营化的研究所使用的文献也大都如此。这显然不能反映西方国家民营化发展的最新进展了，因为自20世纪90年代中期以来，西方国家民营化已经发生了很大变化，总体上开始转型。它们在反思以新自由主义为理论基础和新公共管理为主要内容的第一轮改革基础上，开始进入第二轮改革，改革重点已经从结构性分权、机构裁减和设立单一职能的机构转向整体政府①，并趋向整合治理。而英国则是整体政府的首创国家，强制性竞争招标在1998年便已被废除。

另外，目前国内对民营化的认识还存在不少误区，已有研究还是建立在民营化是通往私人市场单行道过程的基础之上，看不到从民营化到逆民营化，从购买服务到回购服务的动态发展过程。相关研究大都是围绕为何与如何民营化，都还停留在对民营化"前效应"问题的分析，而对实施民营化服务之后问题，即民营化"后效应"问题，如以回购服务为主要形式的民营化逆向发展问题，只有少数学者有所关注。例如，句华教授在《美国地方政府公共服务合同外包的新趋势与启示》一文中关注到美国地方政府的逆向合同承包问题，着重分析了美国地方政府公共服务合同外包的发展趋势及原因。② 黄锦荣和叶林在《公共服务"逆向合同承包"的制度选择逻辑——以广州市环卫服务改革为例》一文中关注到广州市环卫服务改革的政府回购服务现象，并从交易费用理论和中国基层政府激励结构两个方面分析了发生该现象的原因。③ 这算是国内学术界对我国这一现象进行专门研究的第一篇文献。陈思融和章贵桥在《民营化、逆民营化与政府规制革新》一文中对近年来我国公交事业由民营重新收归国营现象进行了分析。④

二 国外研究现状

20世纪80年代民营化广泛开展以来，国外民营化问题进行了系统而

① Tom Christensen and Per Lægreid, "Rebalancing the State: Reregulation and the Reassertion of the Centre", In Tom Christensen and Per Lægreid (eds.), *Autonomy and Regulation: Coping with Agencies in the Modern State*, Cheltenham: Edward Elgar, 2006.

② 句华：《美国地方政府公共服务合同外包的新趋势与启示》，《中国行政管理》2008年第7期。

③ 黄锦荣、叶林：《公共服务"逆向合同承包"的制度选择逻辑——以广州市环卫服务改革为例》，《公共行政评论》2011年第5期。

④ 陈思融、章贵桥：《民营化、逆民营化与政府规制革新》，《中国行政管理》2013年第10期。

深入的研究。现有的文献主要围绕“为什么要民营化”与“如何民营化”展开；对政府购买服务的研究，国外学者围绕政府购买服务的时代背景与理论渊源、动因、决策过程、签约过程、成效评估、对责任与公平的影响、腐败及其防范与治理、合同管理等问题展开了不同程度的研究。这些问题实际上都是围绕“为何购买”“购买什么”“何时购买”以及“如何购买”等问题展开的，经过30多年的发展，取得了大量研究成果，对民营化理论与实践的发展起到了很好的推动作用。

然而，细看文献不难发现，早期民营化研究大都是个案研究，如萨瓦斯与多姆伯格（Simon Domberger）等①，而缺乏对民营化发展的历时性考察，他们的研究还停留在从少数个案中所反映出民营化对效率的提高与费用节省的认识之上。② 而且，由于他们过于相信民营化的积极面，因而看不到民营化可能存在的诸多不足，也难以对这些问题做出客观分析。③ 因此，知名民营化研究者霍奇指出：“民营化运动背后的驱动力一直是政治

---

① E. S. 萨瓦斯的相关研究可参见 E. S. Savas, The Organisation and Eficiency of Solid Waste Collection, Lexington Books, Mass Toronto, 1977; *Privatization: The Key to Better Government*, Chatham, N. J.: Chatham House, 1993; “Its Time To Privatise”, *Government Union Review*, Vol. 14, No. 1, 1987, pp. 37 – 52; *Privatization and Public – private Partnerships*, New York: Chatham House, 2000；多姆伯格等学者的研究分别是：Simon Domberger et al., “Competitive Tendering and Efficiency: The Case of Refuse Collection”, *Fiscal Studies*, Vol. 7, No. 4, 1986, pp. 69 – 87; Simon Domberger et al., “The Impact of Competitive Tendering on the Costs of Hospital Domestic Services”, *FiscalStudies*, Vol. 8, No. 4, 1987, pp. 39 – 54; Simon Domberger et al., “Competitive Tendering Policies in the Public and Private Sectors”, *AJPA*, Vol. 52, No. 4, 1993, pp. 401 – 15; James C. McDavid, “The Canadian Experience with Privatising Residential Solid Waste Collection Services”, *Public Administration Review*, Vol. 45, No. 19, 1985, pp. 602 – 608; H. B. Milward et al., “What Does the Hollow State Look Like?”, In *Public Management: The State of the Art*, edited by Barry Bozeman, San Francisco, C. A.: Jossey – Bass, 1993, pp. 309 – 22。

② 当然，在早期研究者当中，也有少数研究者发现了民营化在成本节省上的种种困难。他们还发现，民营化即使为地方政府省了钱，但这些钱是从什么地方省出来的呢？他们的调查结果都认为是对人的私有化——也就是说，从工资和福利中省出来的。参见 Rowan Miranda, “Privatization and the Budget – maximizing Bureaucrat”, *Public Productivity and Management Review*, Vol. 17 (Summer) 1994, pp. 355 – 369; John D. Donhue, *The Privatization Decision: Public and Private Means.* New York: Basic Books, 1989, p. 131; Hohn Rehfuss, *Contracting out in Government: A Guide to Work with Outside Contractors to Supply Public Services*, San Francisco, CA: Jossey – Bass, 1989, p. 201。而国际知名的公共行政学者尼古拉斯·亨利则进一步指出，事实上，所有严谨的研究都证明了这一点。参见［美］尼古拉斯·亨利《公共行政学》，项龙译，华夏出版社2002年版，第343页。

③ 我国学术界也开始意识到这一点，如周志忍指出，因为萨瓦斯作为民营化的积极倡导者，其观点存在明显局限性，需要用批评者的观点和研究的新成果予以“中和”，才可能获得整体图景和系统观点。参见周志忍《认识市场化改革的新视角》，《中国行政管理》2009年第3期。

理念，而非认真研究和评估后发现的惊人成就，民营化的基础就是私营部门优越性的信念。……其主要目的看来是向选民兜售政府的政策，而不是追求政府绩效的切实改进。”① 最近，学术界开始理性分析民营化得与失。如在《民营化：成功与失败》一书中，罗兰（Gérard Roland）等通过对西欧、中东欧和独联体、非洲、拉丁美洲及南亚民营化的分析，指出民营化虽然不乏成功的案例，但更通常的情形是，绩效更差，令倡导者大跌眼镜，有些地方还引发了巨大的社会动乱。②

20世纪90年代中期开始，国际民营化实践发生了不小变化。首先，民营化已经从早期的以国有资产售卖为主要形式发展到以政府购买服务为主要方式。其次，民营化发展高潮已经过去。经历了20世纪90年代的发展高潮之后，从20世纪90年代末开始，国际民营化的发展急剧回落，其比例几近回到了20世纪80年代后期的水平。少数敏感的学者通过对民营化的跨国研究发现了这一变化。③ 而通过这些综合研究，对早期有关民营化能提高效率和节省费用的观点提出了更多质疑，如贝尔和华纳对从1965—2006年所有有关垃圾收集和供水服务效率与成本的计量经济学分析显示，其中大部分研究并没有发现公私部门之间存在成本和效率的差异。该研究结果还显示，私人提供能节省成本的往往是早年的研究，这表明，民营化服务提供即使能够节省成本和提高效率，也难以持续，时间的推移会削弱任何可能获得的效率。④ 最后，政府回购服务出现且逐渐发展成为在民营化进程中的一种重要现象，只有少数学者看到了该现象的重要性并对此展开专门研究。⑤

长期以来，在有关政府购买服务与民营化的争论中，公共选择理论一直占主导地位，很少有人关注公共服务合同外包的动态性和混合（公私

---

① Graeme A. Hodge, *Privatization: An International Review of Performance*, Boulder, Co.: Westview Press, 2000.

② Gérard Roland (ed.), *Privatization: Successes and Failures*. New York: Columbia University Press, 2008.

③ 这些学者及其研究主要包括：Bel 和 Warner（2006，2008）、Bortolotti 和 Siniscalco（2004）、Bourbeau（2004）、Hebdon 和 Jalette（2008）、Hefetz 和 Warner（2004）、Warner 和 Hebdon（2001）。

④ Germà Bel, X. Fageda and M. E. Warner, "Is Private Production of Public Services Cheaper than Public Production? A Meta-regression Analysis of Solid Waste and Water Services", *Journal of Policy Analysis and Management*, Vol. 9, No. 3, 2010, pp. 553-577.

⑤ 颇为遗憾的是，民营化大师萨瓦斯作为民营化研究的开拓者和系统研究者，虽然围绕民营化问题出版与发表了大量论著，但对回购服务问题都未曾提及。近著《城市民营化：成功、失败与教训》仍未关注民营化的逆向发展趋势，未对政府回购服务问题做出研究。

部门）性特征。① 公共服务民营化一直被视为一种通向市场的单向过程，绝大多数研究只看到政府购买服务。② 虽然有些研究已经意识到政府回购服务的可能性③，但并未对此做出专门研究。2000 年以来，政府回购服务现象才开始引起学术界关注。

最先对政府回购服务做出直接实证研究并将其视为一种服务提供方式的是华纳和霍布顿，在其具有开创性意义的《地方政府重构：民营化及其可替代方式》一文中，他们从地方政府重构的角度，看到了回购服务在地方政府重构中的重要地位，并以纽约州为例，首次对政府回购服务问题做了专门论述。④ 不过，他们的研究还只是局限于纽约州。随后，贺菲茨和华纳运用国际城市管理协会（ICMA）1992—1997 年的调查数据⑤，对政府回购服务问题做了跨城市研究。他们将 ICMA 5 年的调查数据进行前后对比，建立了一个纵向数据库专门分析政府购买服务的动态性发展。他们发现，1992—1997 年的回购服务已达到新合同外包的 2/3（分别为 11%∶18%）。他们还对影响回购服务发展方向的四大因素，即委托—代理问题、政府管理、监督和公民参与以及市场结构做了回归分析。⑥ 贺菲茨和华纳继续运用该方法，对 ICMA 1997—2002 年的调查数据进行了分

① George A. Boyne，"Competitive Tendering in Local Government：A Review of Theory and Evidence"，*Public Administration*，2002，76（4），pp. 695 – 712；Amir Hefetz and Mildred E. Warner，"Beyond the Market vs. Planning Dichotomy：Understanding Privatisation and its Reverse in US Cities"．*Local Government Studies*，Vol. 33，No. 4，2007.

② George A. Boyne，"Bureaucratic Theory Meets Reality：Public Choice and Service Contracting on US Local Government"，*Public Administration Review*，Vol. 58，No. 6，1998，pp. 474 – 84；Werner Z. Hirsch，"Contracting out by Urban Governments—A Review"，*Urban Affairs Review*，Vol. 30，No. 3，1995，pp. 458 – 472.

③ 如 Kodrzycki 和 López – de – Silanes 等在其研究过程中，早在 20 世纪 90 年代后期就发现了这一问题。详情可参见 Yolanda K. Kodrzycki，"Fiscal Pressure and the Privatization of Local Services"，*New England Economic Review*（January/February）1998，pp. 39 – 50；F. López – de – Silanes，A. Shleifer and R. Vishny，"Privatization in the United States"，*Rand Journal of Economics*，Vol. 28，No. 3，1997，pp. 447 – 471。

④ Mildred E. Warner and Robert Hebdon，"Local Government Restructuring：Privatization and Its Alternatives"，*Journal of Policy Analysis and Management*，Vol. 20，No. 2，2001，pp. 315 – 336.

⑤ 国际城市管理协会（International City/County Management Association，ICMA）的前身是国际市府经理协会，成立于 1914 年。如今拥有成员近 8000 人，其所做的决定影响着数千个大小社区。协会的使命是通过发展和培育专业的地方政府管理来缔造优秀的地方政府。详情可参见联合会网站：http：//icma. org。

⑥ Amir Hefetz and Mildred E. Warner，"Privatization and Its Reverse：Explaining the Dynamics of the Government Contracting Process"，*Journal of Public Administration Research and Theory*，Vol. 14，No. 2，2004.

析，进一步发现，前一阶段，即 1992—1997 年，新购买的比例要比回购服务高近一倍（18%∶11%）。而下一阶段，即 1997—2002 年，这一比例已经发生了逆转，回购服务超过了新购买的服务，前者上升为 18%，后者下降到 12%。回购服务的比例首次超过新购买的服务①，而且达到了新购买服务的 2 倍。②

贺菲茨和华纳通过对新公共管理与交易成本理论不足的分析，结合新公共管理、交易成本与新公共服务和沟通性规划理论，提出了社会选择理论框架，他们试图将市场、政府和协商融合为一种更为广泛的理论。③ 他们指出，20 世纪最后几十年见证了通过在地方政府服务提供中加大市场作用的深刻试验，然而，这一试验并不能提供充分的效率、公平或公民表达标准，从而导致形势的逆转和政府回购服务或撤包的出现。美国学者拉莫斯（Lamothe）夫妇等对此也做了专门研究。与贺菲茨和华纳有所不同的是，他们以惯性、服务的性质、承包商的类型和辖区特征四大影响选择服务提供方式的因素为变量，以 2002 年为参照物，将 1997 年美国地方政府服务提供方式与之进行比较，分析不同时期美国地方政府服务提供方式的发展变化。④

近期，一些比较研究开始出现。类似于国际城市管理协会（ICMA）对美国地方政府调查的两项调查于 2003—2005 年和 2004 年分别在西班牙和加拿大进行。西班牙学者贝尔（Germà Bel）分析了民营化在美国和西班牙的差别，结果发现，与美国相比，虽然西班牙的福利国家性质更为明显，西班牙的民营化程度却比美国更高，但其政府回购现象却几乎尚未发生。⑤ 加拿大的调查结果显示，加拿大出现政府回购服务的原因与美国这

---

① 新购买，或称新外包，是指过去完全由政府提供而现在通过外包方式（包括公私混合提供和完全承包）提供的服务。参见 Amir Hefetz and Mildred E. Warner，"Privatization and Its Reverse: Explaining the Dynamics of the Government Contracting Process"，*Journal of Public Administration Research and Theory*，Vol. 14，No. 2，2004。

② Amir Hefetz and Mildred E. Warner，"Beyond the Market vs. Planning Dichotomy: Understanding Privatisation and its Reverse in US Cities"，*Local Government Studies*，Vol. 33，No. 4，2007.

③ 贺菲茨和华纳最先提出了社会选择理论框架，他们试图将市场、政府和协商融合为一种更为全面的框架之内。参见 Amir Hefetz and Mildred E. Warner，"Beyond the Market vs. Planning Dichotomy: Understanding Privatisation and its Reverse in US Cities"，*Local Government Studies*，Vol. 33，No. 4，2007。

④ Scott Lamothe，Meeyoung Lamothe and R. C. Feiock，"Examining Local Government Service Delivery Arrangements Over Time"，*Urban Affairs Review*，Vol. 44，No. 1，2008.

⑤ Germà Bel，*Economíay Política de la Privatización Local*（*Economics and Politics of Local Privatization*），Madrid: Marcial Pons，2006.

项调查显示出来的原因排名完全一致。① 但加拿大的民营化的发展状况却与美国大不一样。例如，虽然加拿大的社区主义更加强烈，民众对政府更加信任，工会化密度②比美国更高，但加拿大的民营化比例却比美国更高，而政府回购服务也不那么明显。在2002年的调查中，ICMA增加了一个问题，即“为什么管理者会将以前的外包服务购回政府”？调查结果表明，其首要原因是服务质量问题、无费用节省、改进内部过程和公民支持将工作收回政府。③ 华纳进一步从理论上对民营化逆向发展的原因进行了分析。④

这一批学者与民营化的积极倡导者如萨瓦斯等主要从效率的角度看待民营化所不同的是，他们对待民营化的更为理性和保守，不仅能从效率的角度看待民营化，同时更加注重从责任与公平的角度审视民营化的发展。在他们看来，民营化并不是让政府外包而撒手不管，相反，政府必须作为市场参与者在动态过程中直接提供服务和向社会购买服务，以保持政府在公共服务供给中的积极参与。⑤

虽然对政府回购服务问题做了一些有益探讨，但该问题还没有引起学术界的足够重视，研究尚处于起步阶段，主要局限于美国。不仅大型的跨国研究尚未开始，就连国家层面的研究也非常缺乏。对政府回购服务在美国得到较快发展的原因缺乏深入分析。而在对影响民营化运动方向（购买服务或回购服务）因素的分析方面，虽然做了一些工作，但现有的研究都是从各自的角度出发，以并不全面的变量建立分析模型，得出了一些互不一致，甚至相互矛盾的结论。因而存在严重的只见树木不见森林的现象。对政府购买服务为何率先出现在美国，以及与工会化密度更高的欧洲国家相比，虽然美国更加注重市场竞争，但其政府回购服务比重却更高等

---

① Robert Hebdon and Patrice Jalette, “The Restructuring of Municipal Services: A Canada – United States Comparison”, *Environment and Planning C: Government and Policy*, Vol. 26, 2008, pp. 144 – 158.

② 工会化密度测量的是员工中工会成员的比例。

③ Mildred E. Warner and Amir Hefetz, “Pragmatism over Politics: Alternative Service Delivery in Local Government, 1992 – 2002”, *The Municipal Year Book* 2004, Washington D. C.: International City County Management Association, 2004, pp. 8 – 16.

④ Mildred E. Warner, “Reversing Privatization, Rebalancing Government Reform: Markets, Deliberation and Planning”, *Policy and Society*, Vol. 27, No. 2, 2008, pp. 163 – 174.

⑤ Amir Hefetz and Mildred E. Warner, “Privatization and Its Reverse: Explaining the Dynamics of the Government Contracting Process”, *Journal of Public Administration Research and Theory*, Vol. 14, No. 2, 2004.

问题①，至今还没有人能提出合理的解释，相关主流理论如公共选择和交易成本理论的解释力也显得颇为不足。

总之，对政府回购服务问题的研究国外虽然取得了一些成果，但还是零散的，系统研究尚未出现。另外，现有研究缺乏有说服力的理论框架。虽然贺菲茨和华纳试图提出包含市场与计划的社会选择理论框架，但还很不完善，没有完全厘清框架中涵盖的各理论之间的关系，而且他们将沟通性规划理论纳入该框架，显得过于牵强。而他们在该框架下所建立的分析模型过于复杂，但分析变量却不够全面，不能充分说明民营化方向的发展变化。因此，对民营化进程中这一“存在已久却被学术界严重忽视”的问题展开深入而系统的研究，成为摆在学术界面前的重要课题。本书以美国地方政府回购服务为研究对象，试图对这一问题做出进一步探讨，以求教于学界同人。

第三节　研究范围和核心概念界定

一　研究范围

本书以美国地方政府为研究范围，并将其回购公共服务作为重点研究对象，旨在通过对美国地方政府回购公共服务问题的考察与分析，探讨30多年全球民营化发展规律。之所以选择美国地方政府作为研究范围，主要出于以下考虑。

首先，选择美国是因为作为世界大国和民营化改革积极倡导者，美国的民营化改革具有典型性意义。② 而国际城市管理协会对美国地方政府公共服务提供长期持续的完整调查为我们的研究提供了较为充足的资料和数据。国际城市管理协会调查始于1982年，此后每五年调查一次。该调查在时间的持续性和内容的广泛性为我们考察美国地方政府公共服务提供的发展变化提供了完整数据。

其次，政府回购公共服务在美国表现得最为明显，美国地方政府公共

① 即便是与美国毗邻的加拿大，虽然与美国相比更加注重合作型市场经济，工会化密度也远远高于美国，但回购服务也不明显。详情参见 Robert Hebdon and Patrice Jalette, “The Restructuring of Municipal Services: A Canada – United States Comparison”, *Environment and Planning C: Government and Policy*, Vol. 26, 2008。

② 敬乂嘉：《合作治理：再造公共服务的逻辑》，天津人民出版社2009年版。

服务由公共提供到民营化，再到收回民营化服务的动态发展过程为我们提供了当代公共管理改革尤其是民营化发展的完整图景，比较全面地反映了民营化试验的发展趋势和未来走向。美国地方政府的民营化试验为我们提供了一个难得的、系统的研究一个新机制诞生和发展的机会。

再次，之所以选择地方政府作为研究范围，主要是因为：第一，变革首先都发生在地方。① 在欧美，地方政府被视为民主政治训练的场所、公民道德和意识培养的基地、切合公民需求的公共产品和服务提供者、中央政府集权倾向的制衡者之一。② 在美国，虽然各地区、各层级地方政府组织形式互不相同，但无论地方政府组织方式如何，在提供关键服务方面都扮演着重要的角色。③ 而地方政府一直是美国自主治理试验中不可分割的一部分。④ 民营化改革也是如此，众多的地方政府为美国民营化试验提供了广阔的平台和空间。第二，现有的大部分研究都集中在地方政府，这为我们做进一步研究提供了便利。也许是由于地方政府的相关资料更容易获得的原因，目前有关美国民营化的研究大都集中在地方层次的政府，而对回购服务问题的研究更是停留在地方政府层面。⑤

最后，地方政府民营化的发展变化更能体现基层政府管理者和民众对公共服务提供方式务实的选择，而主要不是出于政治因素的考虑。在美国，经历了十多年的民营化试验之后，地方政府管理者和民众走出了对民营化的迷信心理，对民营化的态度变得更为理性与务实。所以，“当民营化在国家和州的层次上主要表现为一项政治工程的同时，在地方层次，城市管理者已经意识到了需要在效率及其对市场管理与公民满意度造成的挑战之间做出平衡”。⑥

---

① Robert Hebdon and Patrice Jalette, “The Restructuring of Municipal Services: A Canada - United States Comparison”, *Environment and Planning C: Government and Policy*, Vol. 26, 2008.

② ［美］文森特·奥斯特罗姆等：《美国地方政府》，井敏、陈幽泓译，北京大学出版社 2005 年版，中文版前言。其实，这种情况在我国大抵也是如此，政府体制或管理创新大都发端于基层政府。

③ Elinor Ostrom, Robert Bish and Vincent Ostrom, *Local government in the United States*, San Francisco: ICS Press, 1988, p. 1.

④ Ibid., Preface.

⑤ 从该领域的主要发起人之一的 Amir Hefetz 博士那里得知，由于难以获得州和联邦政府的完整资料，目前还没有学者对美国州与联邦政府层面的回购服务问题进行研究，广泛的跨国比较研究也尚未开始。

⑥ Mildred E. Warner and Amir Hefetz, “Managing Markets for Public Service: The Role of Mixed Public/Private Delivery of City Services”, *Public Administration Review*, Vol. 68, No. 1, 2008, pp. 150 - 161.

二　核心概念界定

（一）地方政府

本书所说地方政府是指除联邦与州之外的所有政府形式。

在西方文献中，地方政府与“地方主管机构”、“地方委员会”、“市政当局”交替使用，有时被简单地称为“次级中央政府机构”。除极少数外，当今世界绝大部分国家都在国内设有不同层级和不同类型的地方政府，以保证国家行政管理的稳定性、有序性和效能性。① 地方政府已成为国家结构形式的重要组成部分，但是，由于国体和国家结构形式的不同，各国对地方政府的理解也不尽相同，在联邦制国家联邦制下的成员国或州（邦）政府作为中间政府，而地方政府则指成员政府下的分支机构。

在美国，州不是地方政府，不是由联邦划分的次级行政单位，而是组成联邦的单位或成员政府。而州以下县、自治市、乡、镇、市镇、村镇以及各种特别地域性政府才是地方政府。美国的地方政府是一个构成要素和内部关系都非常复杂并且很难界定的结构。② 美国公民要解决的一个基本挑战性问题就是，需要思考地方政府的本质，思考地方治理体系和如何重组、改革或调整以应付变化着的迫切需求。③ 美国是一个有许多政府的国家：除联邦政府和50个州政府之外，还有87849个地方政府，其中县政府16506个，市政府13522个，镇政府3034个，学校特别区政府19431个，特别区政府35356个。④ 需要指出的是，在美国的这些众多的地方政府中，所有形式、所有层次政府之间都没有行政隶属关系，各级政府原则自主治理。这种根植于美国复杂的地方政府体系中的自治原则，集中表现为政府采取什么样的组织形式、治理模式、管辖范围等都是辖区内公民自主选择的结果。⑤

---

① 对于现代国家治理而言，设置地方政府的必要性在于有利于在全国范围进行有效统治和管理，有利于地方区域的政治稳定和社会发展，从而为全国的政治稳定和社会发展奠定基础；现代化对政府管理提出诸多要求，远远超过中央政府的承受能力，客观上要求地方政府承担更多的地方性事务管理工作；地方政府由于贴近社区和基层，了解社区和基层民众的真实需求，可以在公共政策领域及时做出回应，在提供地方性公共服务方面具有得天独厚的优势。参见杨宏山《府际关系论》，中国社会科学出版社2005年版，第13—14页。

② Vincent Ostrom, Robert Bish and Elinor Ostrom, *Local Government in the United States*, San Francisco: ICS Press, 1988, p. 1.

③ ［美］文森特·奥斯特罗姆等：《美国地方政府》，井敏、陈幽泓译，北京大学出版社2005年版，第215页。

④ 参见美国统计署网站 US Census Bureau, 2003. http://www.census.gov。

⑤ 国内学者对美国地方政府治理体系比较完整的论述，可参见井敏《“百纳被”——美国地方政府治理体系》，《学习时报》2008年10月20日第6版。

与其他很多国家相比，美国地方政府自治观念更加深入人心，美国地方居民在地方事务上具有较高参与水平。① 在《论美国的民主》一书中，托克维尔将美国的地方政府看作是“传播民主的学校”。地方自治制度为美国民主奠定了基础，它教会人民如何利用自己的能力达成他们共同的福利，而同时又保持他们自身的自由。② 地方事务“最终的决定权是由公民在参与各种代表不同利益团体的集体事务中行使的”③，即托克维尔所认为的“主权在民”。或许正是因为这种更高程度的地方自治和民众参与，而使美国地方政府服务提供模式的选择更具灵活性：它使地方政府可以更为灵活地尝试包括合同外包在内的各种替代性公共服务提供方式，而在实施这些方式过程中，一旦发现问题，或对其感到不满意的时候，又可以灵活地将其终止而改用其他方式，如将不满意的外包服务收回，而重新由政府自己提供。

（二）公共服务

政府存在的价值在于为公众提供服务。这种服务即公共服务。公共服务就是为国民提供公共产品的服务。公共产品又分为核心公共产品和混合公共产品两大类，核心公共产品（如国防、外交、国家机关管理、国家安全等），由政府提供和生产；混合公共产品（如基础设施、市政公用设施、城市规划、社会福利、公共教育、环境保护、消防救灾等），可以由私人部门和非政府组织参与提供。因此，公共服务通常是指政府满足社会公共需要、提供公共产品的服务行为的总称。④ 公共产品和公共服务是指为整个社会共同消费的产品和服务，其提供者主要是政府。正因为如此，理论界通常将公共产品和公共服务连用，称为公共产品与服务。本书中的“公共服务”，也是基于这样的认识。

（三）民营化与逆民营化

长期以来，“民营化”这一术语已经变得很混乱了。在各种相关文献中，学者们从多种不同角度和方式对民营化进行界定。如英国著名学者亚当·斯密研究院创始人皮里（Madsen Pirie）在《肢解国家：民营化的理论与实践》一书中就对22种民营化定义做了区分。⑤ 民营化大师萨瓦斯

---

① 托克维尔于19世纪30年代早期访问美国时就发现，美国地方居民在地方事务上具有较高的参与水平。参见［法］托克维尔《论美国的民主》，商务印书馆1997年版。

② ［美］文森特·奥斯特罗姆等：《美国地方政府》，井敏、陈幽泓译，北京大学出版社2005年版，第26页。

③ 同上书，第22页。

④ 唐铁汉、李军鹏：《公共服务的理论演变与发展过程》，《新视野》2005年第6期。

⑤ Madsen Pirie, *Dismantling the State: The Theory and Practice of Privatization*, Dallas: National Center for Policy Analysis, 1985.

在其新著《城市民营化：成功、失败与教训》一书中，也从九个方面对民营化概念做了分析，并最终将其总结为“民营化是缩减政府作用与加大私营组织作用以满足民众的需求的行为”。[①] 罗兰等认为，民营化是国有企业向私有企业转制。[②] OECD 所做的民营化定义更为宽泛，认为民营化指的是将政府或国家资产、公司的所有权、控制权及经营运作等转移到私人投资者手中。[③] 日本学者远山嘉博则从狭义、广义和最广义三个方面分析了民营化的内容。他指出：狭义的民营化应是解除国有化或私有化，也就是所有权的私营化；广义的民营化则不仅仅限于所有权的转移，而且将其扩大到市场加入的自由化，引入竞争、解除管制等概念；而最广义的民营化则是指将包括医疗、卫生或教育等原本由政府提供服务的全部或者部分让渡给民间来参与。[④]

本书不想对此做出更多论述，我们更愿意采用一些学者从广义而非狭义上对民营化所做的界定。[⑤] 从狭义上看，民营化是指将公共服务部门完全售卖给私营组织。[⑥] 这是政府的退出行为，其运用会随着政府资产存量的减少而式微。这一定义更加适合欧洲国家，因为欧洲国家的民营化更主要的是出售国有资产。

而广义的民营化通常不缩减政府职能范围，而是通过政治过程而认定政府具有最终供给或监管责任的物品或服务，同政府签订合同的市场和社会单位生产，以替代政府的直接提供。与狭义民营化相比，广义民营化让

---

① E. S. Savas, *Privatization in the City*: *Successes*, *Failures*, *Lessons*, Washington D. C.: CQ Press, 2005; B. Schwartz, *The Paradox of Choice*, New York: Harper Collins, 2003.

② Gérard Roland (ed.), *Privatization*: *Successes and Failures*. New York: Columbia University Press, 2008.

③ OECD, Privatisation of Utilities and Infrastructure: Methods and Constraints, 1997.

④ 转引自林淑馨《民营化与第三部门：日本铁路改革经验的反思》，《公共行政评论》2004 年第 11 期。

⑤ 从广义上界定民营化的主要研究包括：Kenneth Kernaghan and David Siegel, *Public Administration in Canada*: *A Text*, 4th ed. Scarborough: Nelson, 1999; Jeffrey Jacobs and Charles Howe, "Key Issue and Experience in US Water Services Privatization", *International Journal of Water Resources Development*, Vol. 21, No. 1, 2005; Elliott Sclar, *You Don't Always Get What You Pay for*: *The Economics of Privatization*, Ithaca: Cornell University Press, 2000。

⑥ David S. Saal and David Parker, "The Impact of Privatization and Regulation on the Water and Sewerage Industry in England and Wales: A Translog Cost Function Model", *Managerial and Decision Economic*, Vol. 21, No. 6, 2000; Reimut Zohlnhöfer and Herbert Obinger, "Selling off the 'family silver': The Politics of Privatization", *World Political Science Review*, Vol. 2, No. 1, 2005; Zohlnhoöfer, Herbert Obingerand Frieder Wolf, "Partisan Politics, Globalization and the Determinants of Privatization Proceeds in Advanced Democracies (1990 – 2000)", *Governance*: *An International Journal of Policy*, *Administration*, *and Institutions*, Vol. 21, No. 1, 2008.

渡的是生产而非供给或监管责任，其目的在于更好地提供服务。① 广义民营化更加适合美国的情况。因为在美国，由于国有资产非常有限，“民营化”已经成为与其核心内容—合同外包—通用术语，二者在不同环境中都是正确的。② 在美国，除少量的特许经营、凭单、补贴和志愿服务之外，合同外包占民营化所有服务提供的80%以上③，以出售企业为主要形式的民营化在美国政府很少出现（部分原因在于美国政府的企业规模很小）④，而不像英国等欧洲国家那样存在大量售卖国有资产或公共企业的情况，合同外包是最常用的民营化方式。⑤ 自20世纪80年代实施民营化改革以来，时间越是往后，这种情况越是明显。因而在美国，无论是在学

---

① 敬乂嘉：《美国政府对民营化的管理》，载《复旦公共行政评论》第二辑，上海人民出版社2006年版；Elliott Sclar, *You Don't Always Get What You Pay for: The Economics of Privatization*, Ithaca: Cornell University Press, 2000。

② John A. Bourbeau, *Has Outsoursing /Contracting Out Saved Money and/or Improved Service Quality?* A Dissertation Submitted to the Faculty of the Virginia Polytechnic Institute and State University, 2004; Amir Hefetz and Mildred E. Warner, "Privatization and Its Reverse: Explaining the Dynamics of the Government Contracting Process", *Journal of Public Administration Research and Theory*, Vol. 14, No. 2, 2004.

③ Scott Lamothe and Meeyoung Lamothe, "The dynamics of local service delivery arrangements and the role of nonprofits", *International Journal of Public Administration*, Vol. 29, No. (10/11), 2006, pp. 769 - 797; Mildred E. Warnerand AmirHefetz, "Uneven Markets: Privatization and Public Service Delivery in U. S. Cities", Proceedings of the International Forum for Research and Development, pre conference to U. N. Habitat II New York, NY June 4 - 6, 2001. Chi 和 Jasper 的研究表明，在美国的州政府层级，几乎所有的州政府都从事某些形式的民营化，其中合同外包在所有民营化形式中所占的比例在80%以上。参见 K. Keon, S. Chi and C. Jasper, Private Practices: A Review of Privatization in State Government, Lexington, KY: Council of State Governments, 1998, pp. 13 - 14。尼古拉斯·亨利将美国地方政府的民营化归纳为三种主要方式：出售资产、设施私有化和合同外包（Henry, 2004）。他同时指出，前两种方法在美国都不普遍，所占比例不大。而出售资产在美国是一种不受欢迎的民营化方法。如 ICMA 1988 年调查显示，5年内只有24%的市、县出售过资产，而且只有21%的计划在今后的两年中出售政府资产。大多数地方政府出售的资产是荒地或过时的设施，而这样做的主要动机并不是改进政府的服务，而是平衡预算。参见 David Irwin, Privatization in America, *Municipal Year Book*, 1988, Washington D. C.: International City/County Management Association。

④ E. S. Savas, *Privatization and Public - private Partnerships*, New York: Chatham House, 2000, p. 17.

⑤ Mildred E. Warner and Amir Hefetz, "Insourcing and Outsourcing: The Dynamics of Privatization Among U. S. Municipalities 2002 - 2007", *Journal of the American Planning Association*, Vol. 78, No. 3, 2012; Mildred E. Warner and J. Clifton, "Marketisation, Public Services and the City: The Potential for Polanyian Counter Movements", *Cambridge Journal of Regions, Economy and Society*, No. 7, 2014, pp. 45 - 61. 如调查显示，1982—1997 年，地方政府在选择替代性服务提供方式时，90%的服务使用合同外包。

术界还是在实践中，合同外包常与民营化等同起来。① 民营化与合同外包往往相互混用，并不做特别区分。

本书所说的民营化，也是广义的民营化概念，主要是指公共服务提供由政府或其他公共部门向私营部门运动的过程，即图 1－1 中公共服务提供由公共部门向私营部门运动的过程。而公共服务提供由私营部门返回公共部门的过程。或者说，公共服务提供由私营部门向公共部门运动的过程，即为逆民营化。②

长期以来，主流民营化研究者关注的是公共服务提供由公共部门向私营部门运动的过程，而忽略了实施民营化服务之后，如果政府对私营部门的提供不满意将会发生的事情。其中很有可能发生的是回购服务，即将以前民营化的服务收回，重新由政府自己提供。也就是说，当代公共服务提供是一个在公共与私营部门之间来回运动的动态过程，而不仅仅是通往市场的单行过程（见图 1－1）。只不过在一定时期内各自所占比例会有所不同，二者是一种此消彼长的关系。从西方国家 30 多年的历史看，20 世纪八九十年代中期，公共服务提供由公共部门向私营部门运动是主要趋势，而 20 世纪 90 年代后期以来，公共服务提供由私营部门重新返回到公共部门的趋势逐步凸显。从民营化到逆民营化已经成为公共服务提供的新取向。学界将公共服务提供由私营部门返回到公共部门的过程称为逆民营化。这一过程是本书试图探讨的核心问题。

公共服务的民营化又被称为公共服务的市场化。我们认为，公共服务的市场化与民营化在内涵上是基本一致的，“就是指打破政府垄断公共服务供给的局面，引入私营部门、第三部门等力量和资源，通过竞争等市场机制来促进公共服务供给的多元化、多中心局面，增强企业、社会组织、社区以及家庭等多元主体在公共服务供给中的参与和影响。一方面增加公共服务供给的多样性和多层次性，改进所供给的公共服务与市场的需求和

---

① 为什么在美国，民营化改革常常被称为内涵和外延都要小得多的合同外包呢？这是因为，与其他发达国家相比较而言，美国是市场化程度相对较高的国家，政府资产所占份额相对要低。在 20 世纪 70 年代，美国国有企业劳动力所占比重只有 1.5%，而其他西方国家的这一比例则平均为 6.7%。因而，在这场民营化改革的浪潮中，美国很少像其他发达国家那样出售或转让国有资产，而是更多地采用了公共服务合同外包的方式。尤其是在州政府和地方政府中，合同外包的应用更为普遍。可参见 Elisaberth R. Gerber，Christianne K. Hall and James R. Hines，“*Privatization：Issues in Local and State Service Provision*”，*Policy Report*，No. 1，2004；Simon Domberger，*The Contracting Organization：A Strategic Guide to Outsourcing*，Oxford University Press，1998。

② 公共服务提供由私营部门返回到公共部门的过程显然已经不再属于民营化，为了表达方便与简洁，目前的研究将其称为“reverse privatization”，本书沿用这一称谓，称为“逆民营化”。

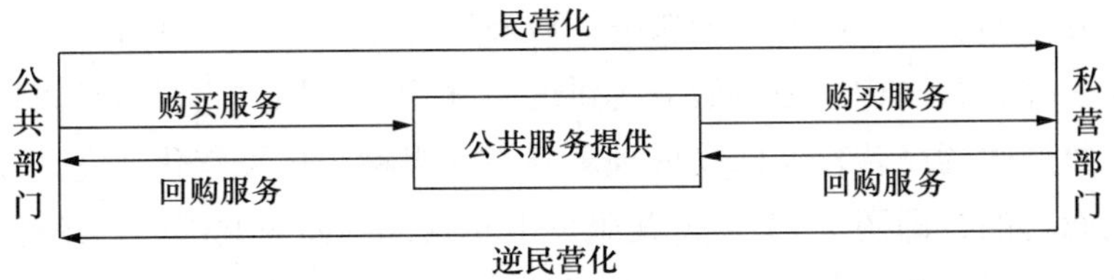

图 1-1 购买服务与回购服务/民营化与逆民营化模型

资料来源：笔者自制。

偏好之间的默契性；另一方面通过多元主体的竞争等互动机制提高公共服务供给的效率，从而更好地满足公众对公共服务的需求”。① 但本书主要使用“公共服务民营化”一词，为了表达方便与简洁，本书通常将这一概念略称为“民营化”。

（四）购买服务与回购服务

为了表达简洁，本书将“政府购买公共服务”简称为“政府购买服务”或“购买服务”。其更为直观的说法是“公共服务外部购买”。② 与通常所说的“公共服务合同外包”的含义基本一致。即政府通过与私营部门组织（包括营利的和非营利的）签订合同的形式提供公共服务的民营化方式。与资产售卖不同，政府购买服务通常不缩减政府职能的范围，而是通过政治过程认定政府具有最终供给责任的服务，由政府从市场和社会组织购买，而非通过政府雇员提供。该过程中，政府让渡的是生产过程，而承担了服务购买者、委托人和监管人的角色。③

与政府购买服务相反的概念是政府回购服务，或称收回外包、撤包，是相对于政府回购服务而言，指的是政府将以前向外部购买的服务收回，或中止外包合同而重新由政府提供的服务供给方式④，或称内部化服务提供。⑤ 本书赞同美国康奈尔大学贺菲茨和华纳将政府回购服务视为一种服

---

① 毛寿龙、陈建国：《经济合作与发展组织国家公共服务民营化研究》（上），《兰州大学学报》（社会科学版）2009 年第 5 期。

② 其相对应的英文是 Public Service Outsourcing 或 Government Outsourcing，通常简称为 Outsourcing。

③ 敬乂嘉：《中国公共服务外部购买的实证分析——一个国家转型的视角》，《管理世界》2007 年第 2 期。

④ Amir Hefetz and Mildred E. Warner, “Privatization and Its Reverse: Explaining the Dynamics of the Government Contracting Process”, *Journal of Public Administration Research and Theory*, Vol. 14, No. 2, 2004; Trevor L. Brown, Matthew Potoski and David M. Van Slyke, “Changing Modes of Service Delivery: How Past Choices Structure Future Choices”, *Environment and Planning C: Government and Policy*, Vol. 26, 2008, pp. 127 - 143.

⑤ Scott Lamothe and Meeyoung Lamothe, “The Dynamics of Local Service Delivery Arrangements and the Role of Nonprofits”, *International Journal of Public Administration*, Vol. 29, No. (10/11), 2006.

务生产方式的观点，政府回购服务同政府购买服务与政府间合作等服务提供方式一样，共同构成公共服务提供的多样化替代性方式。这种以回购服务为主要形式的民营化逆向发展现象被学术界称为逆民营化。它是相对于民营化而言的，即图 1－1 中公共服务由私营部门向公共部门运动的过程。在美国情境中，“民营化”与“合同外包”在不同场合可以混用，同样，“逆民营化”与“回购服务”也经常混用。为了表达的需要，本书还将其与“收回外包”“撤包”“内部化”（服务）与“民营化的逆向发展”交替使用。

（五）公共服务的提供与生产

本书在论述美国地方政府回购服务问题过程中，以区分公共服务（包括公共产品和服务）的提供（或称“供给”）与生产①为逻辑基础。区分公共服务提供与生产可以追溯到公共财政学家理查德·A. 马斯格雷夫 1959 年对公共需求的供应和公共需求的提供所做的区分。1961 年，奥斯特罗姆夫妇对这种概念上的区分做了进一步延伸，他们明确指出，服务提供或安排与服务提供之间的区别是明显且十分重要的，二者需要加以区分。② 服务提供（service provision 或 service delivery）是指政府通过征税和支出决策，决定适当类型的服务及其供给水平并安排生产和监督生产，是一系列集体选择行为的总称，是地方政府必须承担的一系列职责和义务。服务生产则是如何将一系列的输入资源转化为产品和服务的技术过程。即将投入转换为产出。他们认为，公共服务的提供者，并不必然是服务的生产者。“一个地方性的提供单位能够组织自己的提供单位，必然建立一个地方政府机构，但它也能够从额外的提供者那里购买服务，或者加入其他提供单位所组织的共同服务的安排中去”。③ 显然，公共服务的提供者并不等于生产者。另外，提供者和生产者可以是同一个单位或机构，也可以是不同单位或机构。特定公共产品或公共服务到底应该由谁来生

---

① 关于服务提供与服务生产的区分，可参见［美］文森特·奥斯特罗姆和埃莉诺·奥斯特罗姆的相关系列研究；也可参见国内学者万鹏飞在《美国地方政府》（北京大学出版社 2005 年版）的“中文版序”中所做的相关论述。

② Vincent Ostrom, Charles M. Tiebout and Robert Warren, “The Organization of Government in Metropolitan Area: A Theoretical Inquiry”, *American Political Science Review*, Vol. 55, 1961, pp. 831－842. 萨瓦斯更是认为，对于这二者的区分是整个民营化概念的核心，是政府角色界定的基础。参见 E. S. Savas, *Privatization and Public－Private Partnerships*. New York: Chatham House, 2000, p. 66。

③ 参见［美］迈克尔·麦金尼斯《多中心体制与地方公共经济》，毛寿龙译，上海三联书店 2000 年版，第 423 页。

产。换言之，公共物品或者公共服务的提供者或生产者是否应当分离，取决于分离与否的核算成本。①

同文森特·奥斯特罗姆等将提供良好的公共产品和服务视为地方政府的主要职责一样，本书也持这一观点，认为提供公共服务是政府的天然职责。服务生产则是如何将一系列的输入资源转换为产品和服务的技术过程，即将投入转换为产出。传统和常见的提供方式是由政府自己的官员和雇员来从事。地方政府既是供应单位，也是生产单位。这种方式通常称为直接生产或内部生产。②

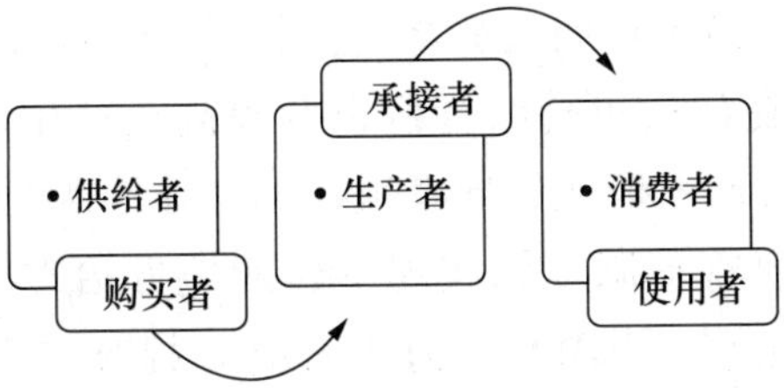

图 1－2 服务提供——生产框架

资料来源：王浦劬等：《政府向社会组织购买公共服务研究——中国与全球经验分析》，北京大学出版社 2010 年版。

图 1－2 较为完整地表达了这一关系。公共服务提供与生产概念的区分成为当代公共经济的理论基础，也成为本书的重要理论框架。这种区分，有助于促进政府内部分工——选举官员承担服务提供方面的职责，而公务员或雇员则主要和服务提供方面相联系。更为重要的意义还在于，启发人们超越传统的单一提供模式，寻求多样化的服务提供方式。

本书在对美国地方政府回购服务问题的研究中，也是以区分公共服务提供和生产作为逻辑起点。但是，为了表达的方便，在对这一概念的使用上，本书除少数特别之处外，通常还是用“服务提供”而不是“服务生产”，因为无论是在美国还是在中国语境中，前者都更加常用。

① 王浦劬等：《政府向社会组织购买公共服务研究——中国与全球经验分析》，北京大学出版社 2010 年版，第 9 页。

② ［美］文森特·奥斯特罗姆等：《美国地方政府》，井敏、陈幽泓译，北京大学出版社 2005 年版。

第四节　资料来源和研究方法

一　资料来源

本书资料来源以美国国际城市管理协会（ICMA）1982—2012 年的 7 次调查数据为基础，纵向对比分析了美国地方政府服务提供方式的发展变化，尤其是政府回购服务的发展变化。国际城市管理协会对美国地方政府公共服务民营化发展做了长期追踪调查。美国国际城市管理协会，成立于 1914 年，是一个旨在建设可持续社区以及提高全球生活质量、在全球具有广泛影响力的地方政府职业领导者组织。宗旨是在全球范围内，培育和发展专业的地方政府管理制度以实现卓越的地方治理。为创建可持续社区、提高全球生活质量，ICMA 致力于研究和提高专业化的地方政府管理。ICMA 为全球近 9000 多个城、镇和县的市政官、相关组织及个人提供会员支持、数据和信息、着眼于成效的同行间协助、职业培训、出版服务等。从小乡镇到大都市，协会会员所做出的管理决策影响数以百万计的居民。

ICMA 于 1982 年发起了一项名为“替代性服务提供方式”的全国性调查（以下简称 ICMA 调查）。此后每五年在全美范围内进行一次有关公共服务提供方式的大规模专项调查，其调查对象涵盖了人口为 25000 以上所有的县和人口超过 10000 的所有城市，主要调查内容为公共工程和交通、公用事业、公共安全、公园和休闲、文化艺术工程，以及辅助服务 6 大领域中 60 多项服务的公共直接提供方式和 6 项可选性服务提供方式①，这 6 项可选性服务提供方式分别是外包给营利组织、外包给非营利组织、政府间合作、特许经营、补贴和志愿服务。该调查设计的连贯性及其对服务和可选择性提供机制涵盖的广泛性，使之成为追踪地方政府在不同时期选择与利用可选择服务提供方式的最为可靠的资料来源。

对有关西班牙的资料，则利用西班牙巴塞罗那大学 2003—2005 年所做的调查资料。这次调查是在 2003—2005 年完成的，在西班牙巴塞罗那大学知名经济学教授 Germà Bel 的倡导和主持下，巴塞罗那大学在 2003—

① ICMA 2002 年之前的调查为 64 项服务，而从 2002 年开始，该项调查增加了 3 项服务，共为 67 项。具体内容参见附表 1。

2005 年也做了一次西班牙市政服务调查。调查主要集中在垃圾收集和供水两个领域，它提供了居民在 30000 人以上所有城市（216 个）、居民人口在 10000—30000 万的一半城市（216 个）以及居民人口在 2000—10000 万的 8%（124 个）的城市的信息。西班牙调查将合同外包分为五种形式：内部提供（纯公共部门提供）、公共公司（私人法规下的公共部门提供）、混合公司（公私共同拥有所有权）、私人提供（纯私人提供）和公私混合提供（像美国那样将服务提供在公共与私人提供商之间分开，处于平等的竞争平台）。为了提高与 ICMA 调查设计的可比性，西班牙调查也增加了一个政府回购服务问题。

另外，我们还将利用目前相关研究的一些资料，如该领域的主要研究者贺菲茨和华纳对 ICMA 调查数据的一些统计分析结果①；布朗和波托斯基（Brown and Potoski）在 2003 年对 64 项服务的资产专用性和可测性平均分值所做的计算，以测量资产专用性和可测性对民营化方向发展的影响。②

二　研究方法

罗伯特·帕特南指出，谨慎的社会科学研究者必须依靠多元化来增强单一工具的力量，并弥补其不足。③ 这是本书研究使用的基本方法。为了理解一种新现象的发展，以及隐藏在其背后的深层次原因与各方面相关因素，需要运用多种方法。

（一）文献分析法

这是本书运用的基本方法。一方面，通过文献梳理，厘清国内外民营化的研究现状，包括进展与存在的不足，为本书研究打下坚实的基础。另一方面，通过文献梳理，分析世界民营化的发展状况，进而分析美国尤其是美国地方政府层级的民营化发展状况，并在此基础上，进一步分析美国地方政府回购服务的发展变化。

---

① 相关研究主要体现在他们合作的两篇文章：Amir Hefetz and Mildred E. Warner，“Privatization and Its Reverse：Explaining the Dynamics of the Government Contracting Process”，*Journal of Public Administration Research and Theory*，Vol. 14，No. 2，2004；Amir Hefetz and Mildred E. Warner，“Beyond the Market vs. Planning Dichotomy：Understanding Privatisation and its Reverse in US Cities”，*Local Government Studies*，Vol. 33，No. 4，2007。

② 参见 Trevor L. Brown and Matthew Potoski，“Contract – Management Capacity in Municipal and Country Governments”，*Public Administration Review*，Vol. 63，No. 2，2003，pp. 153 – 160。

③ ［美］罗伯特·帕特南：《使民主运转起来》，王列、赖海榕译，江西人民出版社 2006 年版，第 12 页。

（二）比较分析法

比较分析法是对那些需要做对比分析的研究而言，是一种必不可少而且有效的方法，通常包括纵向比较和横向比较。这是本书运用的主要研究方法。

首先，在纵向比较方面，本书运用ICMA 1982—2012年的7次调查数据，主要比较了20世纪80年代以来美国地方政府民营化的发展变化，在此基础上，考察了美国地方政府回购服务的兴起与发展。并以1992—1997年、1997—2002年和2002—2007年三个时间段民营化的发展作为重点研究对象，深入分析政府回购服务的发展变化。纵向比较所得的结果，为本书对美国地方政府回购服务问题的研究提供了坚实的基础。

其次，在横向比较方面，主要分析美国民营化发展的特殊性以及政府回购服务率先在美国出现的原因。通过对回购服务原因的分析发现，为什么很多国家的回购服务并不像美国那么明显？甚至回购服务现象根本尚未出现？难道美国民营化存在的那些问题，如缺乏效率、难以带来成本节省与合同规格问题等，其他国家不存在吗？如果民营化普遍存在的问题在其他国家同样存在的话，那么，与其他国家相比，美国的民营化有何不一样？是什么因素导致回购服务在美国率先出现？并成为一种重要的服务提供方式？我们认为，与其他国家相比，美国民营化发展所以显示出一种更具动态性的发展态势，回购服务成为民营化中的一种显著特征，一定是因为美国民营化发展过程中存在某种与其他国家不一样的特征，正是这种特征使美国民营化发展呈现出一条不同于其他国家的道路。

通过运用横向比较法，对美国和西班牙供水和固体垃圾收集进行系统比较之后发现，美国和西班牙在两国公共部门组织和改革上民营化发展存在明显不同。而正是这种大环境造成了两国民营化发展道路的差异，使美国采用更高比例的回购服务，以使市场变得更具竞争性，西班牙却难有回购服务生存的土壤。

另外，为了检视目前主流理论在民营化问题上的解释力时，本书还将美国与加拿大和欧洲国家民营化发展进行了比较分析。比较结果显示，当前主流理论如公共选择与交易成本理论虽然能部分地解释民营化发展问题，但是，在很多方面，如回购服务问题、各国民营化发展的差异等问题上，也表明了这些主流理论解释力的明显不足。本书还对美国与中国民营化进行比较分析。

（三）案例研究方法

为了考察政府回购服务何以会发生，以及如何发生，本书还采用案例研究法。一方面以美国亚特兰大和加拿大哈密尔顿水务民营化案例为重点对象，对该问题做出更为微观的考察与分析；另一方面通过对广州环卫服务、上海公交服务与郑州城管服务回购为重点个案，分析了我国政府回购服务的基本情况。

（四）定性分析与定量分析方法

为了考察30多年来美国地方政府民营化的发展变化，定量分析显然是必不可少的。本书与目前的其他相关研究一样，也运用了这一分析方法。主要运用ICMA 1982—2012年的7次调查数据，本书清晰展示了30多年来美国地方政府公共服务提供中公共部门提供持续发展和民营化有限增长的状况，厘清了美国地方政府回购服务的兴起与发展状况。为我们的进一步研究提供了基础。而通过对美国与西班牙供水和固体垃圾收集的定量分析，则清晰地发现了两国在这两种服务提供方面的差异，为理论假设提供了支持。具体而言，主要运用了如下两种方法：

（1）配对分析。运用ICMA在1982—2012年期间所做的7次调查数据，通过配对分析考察30多年来美国地方政府公共服务民营化的发展演变，在此基础上分析其回购服务发展状况。

（2）Logit分析和概率回归模型法。以协商型社会选择理论分析框架，选择数据与建立模型，确定概念框架与模型变量，并运用Logit分析和概率回归模型对该概念框架进行检验，综合分析影响民营化方向变化的具体因素，以及适合采用购买服务与回购服务的具体情境。

然而，需要指出的是，已有研究主要使用定量方法，本书采用定量分析与定性分析相结合的研究方法。

这是因为，虽然定量方法的优势毋庸置疑，但其不足也不可小觑，尤其是过于依赖数学模型时，难免就会出现只见树木不见森林的问题，而在刚刚兴起的回购服务研究领域，这一问题已经颇为突出，由于过分依赖定量模型，以至于得出了一些互不一致甚至相互矛盾、前后矛盾的研究结论。关于这一点，本书在前文中已经有所提及，并且在后面的分析中将继续指出。

著名思想家罗素曾指出，“不要以为有了实证方法，思辨就不重要了……从一个假的前提出发，什么都能推断出来”。社会科学研究中这种对定量模型的过分依赖而对理论思考的忽略被称为“唯技术主义”。[①] 基

① 张康之也指出，20世纪80年代始，技术主义的研究路线炽热灼人，公共行政研究的“唯技术主义”放弃了理论思考和理论创新的追求，陶醉于一个又一个技术性方案的设计。参见张康之《论公共行政研究中的理论创新》，《浙江社会科学》2009年第1期。

于对目前这种研究现状的警觉，本书在研究方法上，尤其是对影响民营化发展方向（购买服务还是回购服务）因素分析方面，有意不做模型，而在现有研究基础上，主要运用逻辑推理方法，试图能够对影响民营化发展方向的因素做出更加全面的分析，以便对美国地方政府出现的回购服务问题，对民营化的动态发展有一个更为清晰和全面的总体性把握。

第五节 研究框架和主要内容

20 世纪 70 年代末以来，在世界范围内掀起了波涛汹涌的行政改革浪潮。民营化则成为这次全球性行政改革浪潮的重要工具，短短十几年时间，民营化便成为“席卷全世界的滚滚洪流”。[①] 但经历了 20 世纪 90 年代的发展高峰期之后，世界民营化发展普遍减速，政府回购服务成为民营化发展新的取向，其中以美国地方政府回购公共服务最为明显。

本书第一章对民营化研究文献进行评述，提出研究的问题：绝大多数研究者却看不到这一动态过程，一直集中于研究地方政府公共服务民营化的实施过程，大都是围绕“为何民营化”与“如何民营化”等问题而展开。这仅仅展示了服务市场动态决策过程和民营化研究的部分图景，即民营化“前效应”。但是，对民营化的“后效应”缺乏充分关注和系统研究，这些问题包括如果服务民营化之后不能获得效率，或民众对民营化服务不满意时，将会发生什么？是维持民营化服务吗？抑或应该维持民营化服务？还是应该将服务收回？政府收回民营化服务的内在动力又是什么？哪些因素影响着民营化的发展方向（购买服务还是回购服务）？同时还对“地方政府”、“民营化”与“逆民营化”等核心概念做了界定，并介绍了文章的主要资料来源和研究方法和主要内容。

第二章在对民营化历史及其哲学基础进行简要分析的基础上，运用 ICMA 调查资料考察 30 多年来美国地方政府民营化的发展变化，结果显示，美国地方政府公共服务提供的状况是，公共部门提供的持续发展和民营化服务的有限增长。民营化的发展速度并非很多人想象得那么快。另外，与民营化相伴而生的是，政府回购服务的兴起与发展，并且在 1997 年之后，这一增长趋势变得更加显著。

---

① ［美］E. S. 萨瓦斯：《民营化与公私部门的伙伴关系》，周志忍等译，中国人民大学出版社 2002 年版，第 338 页。

第三章论述美国地方政府回购服务兴起的动因。主要从四个方面进行分析：一是20世纪90年代中期之后国际时代背景的变化动摇了民营化的理论根基；二是公共行政理论转换则为回购服务的兴起与发展提供了理论基础；三是合同失败，则成为回购服务形成的直接动因；四是分析政府内部过程的改进以及公共服务的公共价值需求也推动着政府回购服务的发展。

第四章论述影响民营化（购买服务还是回购服务）发展的具体因素。是哪些具体因素导致民营化方向的运动？它们为什么会影响民营化的方向？又是如何影响民营化方向的？本章主要依据ICMA 1992—2007年调查数据，分1992—1997年、1997—2002年和2002—2007年三个时间段进行配对分析，同时参照其他相关资料与研究的分析，以新外包和回购服务为主要参数，并结合其他类型的服务提供方式，来考察影响民营化方向发展的主要因素。本章重点分析了服务特性、辖区特征及其相互作用对民营化方向的影响，同时分析了意识形态、惯性（过去的服务提供方式）、生产商类型、服务提供方式以及公民表达等因素对民营化方向发展的影响做了分析。

第五章通过对美国与西班牙供水和固体垃圾收集服务对比分析，进一步分析美国地方政府回购服务兴起的原因。为什么其他国家的政府回购服务并不像美国那么明显？甚至回购服务现象尚未出现？难道美国民营化存在的缺乏效率、难以带来成本节省与合同条款问题等，其他国家不存在吗？如果民营化普遍存在的问题在其他国家同样存在的话，那么，与其他国家相比，美国的民营化有何不一样？是什么因素导致回购服务在美国率先出现？并成为一种重要的服务提供方式？故本章通过比较美国与西班牙地方政府固体垃圾收集和供水的制度安排，来进一步论述美国民营化不同于其他国家的特殊性或差异性，并探讨这些特性是如何影响美国民营化方向发展，使美国的民营化发展更具动态性，回购服务成为美国民营化进程中的重要服务提供方式。

第六章通过案例对政府回购服务已经成为民营化运动兴起之后全球公共管理发展的一种十分重要现象进行深入分析。何以如此？欧美发达国家类似于政府购买服务的市场化改革，受新公共管理理论、公共选择理论的影响和新公共管理运动的推动。这些理论关注节约公共服务成本，强调市场机制的优越性，认为企业效率高于政府，用政府购买服务等市场化手段提供公共服务能够节省成本和改进服务质量。然而，经历了30多年的民营化试验之后，越来越多的研究表明，民营化倡导者有关私营企业参与公共服务提供能降低成本和提高效率等承诺均未真正实现；相反，林林总总的民营化失败已成为常态，乃至于出现了“民营化危机”。这种民营化危机一方面导致了公众对民营化的质疑与反对；另一方面也直接引发了学术界对民营化成效的进一步研究。那么，民营化推动者的承诺实现了吗？民营化究竟有没有使民众的生活变得更美好？政府何以要购回外包服务？本章以美国亚特兰大和加拿大哈密尔顿水务民营化案例为重点对象，对该问题做出更为微观的考察与分析。

第七章首先通过对比美国与加拿大、西班牙等欧洲国家民营化的发展状况，对主要理论公共选择与交易成本理论的解释力做出进一步检视；其次对 2008 年以来由美国次贷危机引发并迅速波及全球的金融危机对世界民营化发展可能产生的影响与未来民营化发展趋势进行了分析。

第八章在对本书研究结论做出总结的基础上，着力阐述美国地方政府回购公共服务对全球市场化改革的借鉴与启示，同时分析这一现象的出现对民营化研究的启示。

第九章对我国政府购买服务实践进行分析，同时以广州环卫服务、上海公交服务与郑州城管服务回购为重点个案，分析我国政府回购服务的基本情况。在此基础上，从理念、观念、战略与战术上提出在后民营化时代背景下我国政府购买服务的基本方略。

第二章　民营化的发展与政府回购服务的兴起

本章考察美国地方政府30多年来民营化的演进，包括分析民营化的历史，民营化发展的哲学基础，考察地方政府服务提供方式的发展变化，分析公共部门提供方式持续发展与民营化缓慢增长的原因，进而考察政府回购服务的发展状况。

第一节　民营化的历史演进

在美国，尽管民营化历史悠久，甚至美国建国之前就已经出现。但其发展历史跌宕起伏。如在19世纪末，就有人尖锐地指出：公共服务“合同制几乎没有任何可取之处。不管用什么理由为它辩护，都无法消除其罪恶”。① 一直到20世纪80年代早期，英国保守党人撒切尔夫人当政并大力实施政府改革，民营化才成为一个现代词汇。该词最先由世界著名管理学家彼得·德鲁克于1969年所创。② 德鲁克在其名著《断裂年代》一书中指出：“政府应该将更多的时间用于治理，而在提供产品上花更少的时间，应该从私营部门中购买服务，并停止生产与提供。”③ 此后，“民营化”便开始成为一个在全世界普遍使用的并为100多个国家政府改革的核心工具术语。④ 不过，直到20世纪80年代中期，它才正式出现在英语

---

① 转引自 Moshe Adler，“Been There，Done That：The Privatization of Street Cleaning in Nineteenth Century New York”，*The New Labor Forum*，Spring/Summer 1999，pp. 88 – 99。

② Daniel Yergin and Joseph Stanislaw，*The Commanding Heights*，*The Battle Between Government and the Marketplace That Is Remaking the Modern World*，Simon and Schuster，New York，1998，p. 114.

③ Peter R. Drucker，*The Age of Discontinuity*，Harper and Row，New York，NY. 1969.

④ William Megginson and Jeffrey Netter，“From State to Market：A Survey of Empirical Studies on Privatization”，*AEA and Journal of Economic Literature*，Vol. 39，2001，pp. 321 – 389.

词典。①

虽然“民营化”是一个新词，但公共服务的私人提供在西方国家并非新鲜事物。② 正如霍奇所言，《圣经》中的征税者马修、英格兰18世纪的路灯维修、19世纪的铁路等，都是这方面的例证③。萨瓦斯更是认为，“运用私营部门力量满足公众需求的做法可以说与家庭一样历史悠久”。④

在古希腊，政府拥有土地、森林和矿产，但将这些自然资源的开采外包给私人和公司。⑤ 美国历史学家索贝尔（Robert Sobel）指出，在罗马共和国，国家的所有经济需要均由公共或私人的个体和公司完成。⑥ 美国俄克拉荷马大学金融研究中心主任罗迪乐利（Rodinelli）研究发现，到工业革命时代，“私营部门……也在提供公共产品和服务中发挥重要作用”。⑦

在美国，政府向外部购买服务在建国之前就已存在，当乔治·华盛顿率领殖民军抗击英军的时候，他就一直从供应商那里购买武器和给养。⑧ 1889年开始，佛蒙特州便允许那些没有高级中学的市镇为其学生提供凭单（Vouchers），有了这样的凭单，这些地区的学生就可以在本州或外州费用相当的任何非地区性高中上学。1985年，全美大约25%的州的学生使用这种教育凭单制度。圣弗朗西斯科在1932年就将垃圾收集工作民营化了。⑨ 哥伦比亚大学阿德勒（Moshe Adler）在其具有历史意义的重要文献《19世纪纽约街道清扫服务民营化》一文中，对纽约市街道清扫合同外包做了深入考察，将其外包的历史追溯到了19世纪早期。⑩ 联邦政府

---

① Phillip J. Cooper, *Governing by Contract: Challenges and Opportunities for Public Managers*, Washington D. C.: CQ Press, 2002.

② Demetra Smith Nightengale and Nancy Pindus, "Privatization of Public Social Services: A Background Paper", *The Urban Institut*, October 15, 1997, p. 2.

③ Graeme A. Hodge, *Privatization: An International Review of Performance.* Boulder, Colo, Westview Press, 2000.

④ ［美］E. S. 萨瓦斯：《民营化与公私部门的伙伴关系》，周志忍等译，中国人民大学出版社2002年版，第14页。

⑤ 转引自 William Megginson and Jeffrey Netter, "From State to Market: A Survey of Empirical Studies on Privatization", *AEA and Journal of Economic Literature*, Vol. 39, 2001。

⑥ Robert Sobel, *The Pursuit of Wealth. McGraw Hill*, New York, 2000, p. 21.

⑦ 转引自 William Megginson and Jeffrey Netter, "From State to Market: A Survey of Empirical Studies on Privatization", *AEA and Journal of Economic Literature*, Vol. 39, 2001。

⑧ Donald Kettl, *Sharing Power: Public Governance and Private Market*, Washington D. C.: Brookings Institution, 1993, p. 6.

⑨ David F. Linowes, "Privatization: Toward More Effective Government", Illini Books edition, University of Illinois Press, Champaign, Illinois, 1988, pp. 25 – 26.

⑩ Moshe Adler, "Been There, Done That: The Privatization of Street Cleaning in Nineteenth Century New York", *The New Labor Forum*, Spring/Summer 1999, pp. 88 – 99.

在第二次世界大战之后实施的每一项主要政策和计划，都是以公私伙伴关系方式进行管理的，这些政策和计划包括公共卫生、环境清洁和维护、脱贫计划和岗位培训、州际高速公路和污水处理等。[①]

1955 年艾森豪威尔执政期间，美国政府正式发布一项规定："如果某些产品或服务能够通过正常商业渠道从私营企业那里采购获得，联邦政府不得开展或直接从事此类商业性活动。"[②] 这一政策最先成为美国"预算局通知"，后来又发展为存在于 20 世纪末 20 多年的《管理预算局第 A - 76 号商业活动项目通知》（Management and Budget's Circular A - 76 Commercial Activities program，以下简称《A - 76 号通知》）。卡特政府在 1979 年重新修订了该通知，新的《A - 76 号通知》明确重申了 1955 年的原则："在一个民主、自由的企业体制中，政府不应该与它的公民展开竞争。具有个人自由和创新意识的私有企业制度是国家经济实力的主要源泉。依据这一原则，政府的政策已经是依靠竞争性私营企业生产政府需要的产品和服务，这一政策在未来也将如此。"[③] 布鲁金斯研究院教授、《政府的真实规模》的作者保罗·赖特（Paul Light）指出，该项政策的出台是由于"艾森豪威尔政府特别担心不断扩大的联邦政府会抢夺私营部门的工作"。[④] 不过，颇具讽刺意味的是，该工具后来所做的却是与其初衷完全相反的事情。

1983 年，美国政府再次修订《A - 76 号通知》。修订后的《A - 76 号通知》对政府购买服务设立了一套十分复杂的程序。该通知要求各政府机构列出可以由私人承包商完成的各种工作。被确定为"政府本质上所固有的"活动。也就是说，"与公共利益密切相关而且只能由联邦政府雇员授权从事的"活动，是不能被外包出去的。[⑤]

同样的政策重复了 33 年，当总统民营化委员会报告《民营化：走向一种更为有效的政府》公布之后，该报告指出，联邦政府应该更加广泛地追求以竞争性招标过程的合同外包，行政部门可以将其作为减小代价而

---

① Donald Kettl, *Sharing Power: Public Governance and Private Market*, Washington D. C.: Brookings Institution, 1993, p. 4.

② Ibid.; David F. Linowes, *Privatization, Toward More Effective Government*, Illini Books edition, University of Illinois Press, Champaign, Illinois, 1988.

③ Federal Register 44 (April 5, 1979), pp. 20557 - 20558，转引自 Donald Kettl, *Sharing Power: Public Governance and Private Market*, Washington D. C.: Brookings Institution, 1993, p. 42。

④ Paul Light, "The FAIR Act Is Still Unfair", *Government Executive*, December 1, 2000.

⑤ Donald Kettl, *Sharing Power: Public Governance and Private Market*, Washington D. C.: Brookings Institution, 1993, p. 43.

获得同样甚至更好服务水平的手段。①

另外，美国《政府竞争法案》规定的自由并入了《联邦活动清单改革法（FAIR）》，持“更小的政府才是更好的政府”理念的立法人员日益为形成了 34688 个职位的联邦机构而气愤不已，因为有研究表明这些职位可能在 1994—1997 年被民营化，而其中只有 420 个职位会从国防部分出。《联邦活动清单改革法（FAIR）》要求各部门每年都要公布各自商业活动与完成这些活动的雇员的名单。对一个部门而言，要想使它的一些职位不上 FAIR 名单，唯一方法是将其定义为“与公共利益直接相关而只能由政府雇员直接操作”，而宣布它们“天然是政府的一部分”。其意思何在有待广泛而公开的解释。民主党总统候选人德尼斯·卡斯尼奇（Dennis Kucinich）宣称 FAIR 成了“逐步拆除我党”方案的组成部分之一。②

英国首相撒切尔夫人之所以支持民营化，很大程度是出于对她所认为的中央集权制存在缺陷的反应。这些缺陷包括沉重的税收负担、大量浪费的超负荷官僚机构和赤字等。③ 人们对自由市场和自主的要求开始取得胜利，公众开始将选票投向持有想让资本主义运转起来思想的官员。此时，人们开始认为全面民营化的时代将会来临④，并且已经做好了准备。不仅欧洲是这样，美洲也如此。如美国，这种想法作为“国家绩效评估”的一部分，是要在 5 年内削减 252000 个职位，以压缩政府规模。⑤

美国府际关系顾问委员会（ACIR）于 1976 年公布了一份名为《务实的联邦主义：职能责任的重新任命》。克莱姆森大学尤班克斯（Francis Eubanks）等认为，该报告的目的在于为那些能正确运行的辖区推出一个分配政府职能的项目。这些“转让的职能”期望由地方向区域再向州所在辖区流转，因为越是小的地方，受到的预算限制越严格。这就是连锁方式可以形成规模经济的思想，因此可以增加效率并减少成本。然而，尤班

① David F. Linowes, *Privatization*, *Toward More Effective Government*, Illini Books edition, University of Illinois Press, Champaign, Illinois, 1988, p. 2.

② Paul Light, “All's Not Always FAIR”, *Government Executive*, May 1, 1999, p. 9.

③ William Megginson and Jeffrey Netter, “From State to Market: A Survey of Empirical Studies on Privatization”, *AEA and Journal of Economic Literature*, Vol. 39, 2001.

④ Lawrence Reed, “The Privatization Revolution”, Adapted from Remarks for the Future of American Business, A Shevano Institute for National Leadership Seminar, Indianapolis, IN, May 21, 1997, p. 1.

⑤ 参见“From Red Tape to Results: Creating a Government that Works Better and Costs Less”, 1993, Preface, p. 3。

克斯等还认为，当里根政府掌政时，在哪一级政府应该为哪些职能负责，他们却完全走上了相反方向。① 在20世纪80年代，里根的新联邦主义所削减的联邦对州和地方政府的财政资助数量，与赋予它们对上级所负的责任很不相称，所强调的是自上而下的转变。同时，像加利福尼亚《第十三号提案》② 这样的法律大大削弱了州和其他地方政府提高税收的能力。波士顿联邦储备银行所做的一项研究证明，地方政府面临的这些财政压力成为它们20世纪90年代早期的沉重债务负担。③ 因此，地方政府被迫寻找减少开支的出路，并变得更有效率。而此时，民营化已经在英国与新西兰如火如荼地展开。受英国尤其是新西兰民营化示范作用的影响，于是，自20世纪80年代以来，民营化便成为美国各类政府推动改革的重要工具，而在美国广泛实施。1992年奥斯本和盖布勒出版《再造政府》一书。作者在该书中宣称并承诺，运用市场机制提供服务能节省成本、确保质量和增强公民参与，从而达到对传统官僚制政府进行再造的目的。该书的出版影响了大量政府管理者，为美国乃至全世界民营化的进一步发展起到了推波助澜的作用。④

第二节 民营化的哲学基础

随着公共哲学在美国的全面发展，从自由放任到进步主义，到利益集团政治，再到公共选择理论，再回到具有更多控制的自由放任，即被称为经济进步主义。

直到19世纪晚期，个人主义和自由市场放任经济学一道，与社会达尔文主义都是美国公共哲学思想的主导流派。人们允许亚当·斯密那只“看不见的手”自由运行，因为大家相信扩大的私人产权和市场力量能够

---

① Francis M. Eubanks and Fred Peccini, *Privatization*, Department of Construction Science and Management. Clemson University, Clemson, South Carolina, 1994, p. 1.

② 《第十三号提案》(Proposition 13)：在美国，人们对物业税的抗争在1978年达到了顶点，但是加利福尼亚州选民通过了划时代的《第十三号提案》。该法律规定，房屋价值的评估值——最初由购买价决定——每年的增幅不得超过2%，直到房屋转售；根据该评估征收的物业税每年不能超过1%。参见侯一麟《逆周期财政政策与预算的多年度视角》，《公共管理研究》2008年第5卷，第263页。

③ Yolanda K. Kodrzycki, "Fiscal Pressure and the Privatization of Local Services", *New England Economic Review* (January/February) 1998, pp. 39 - 50.

④ Mildred E. Warner and Robert Hebdon, "Local Government Restructuring: Privatization and Its Alternatives", *Journal of Policy Analysis and Management*, Vol. 20, No. 2, 2001.

最大限度地带来公共善，政府只能是小规模和有效率的。亚当·斯密之后的两个世纪，他的观点仍然是“更小规模的政府才是更有效率的政府”的民营化的支持者给出的主要理由之一。不幸的是，后来，一些经济学者解释亚当·斯密的经济思想时，其资本主义思想中的个人主义精神得到了弘扬，只看到他那只“看不见的手”，而其中国家财富和公共利益的思想却被严重忽略。罗斯福以来的大政府思想，也受到激进保守主义思潮的猛烈攻击。政府改革不是改造和完善规制，推动公共利益，而是认为公共利益并不存在，个人利益的最大化，就是公共利益的最大化。这些思潮，事实上也是对美国建国的思想基础——以洛克为代表的自由主义的一种挑战。①

随着时间的变化，这些哲学思想鼓励了一些过于激进的行为，如美国政府在“富有时代”蔓延的任人唯亲和腐败现象。出于对这些问题的回应，一种作为弥补的力量开始出现。这一相反力量的最大特征就是进步主义，它主张由“科学管理”思想的弗里德里克·泰罗带入商业领域，而弗兰克·古立克则将它带入政府。据进步主义的著名评论员、美国行政学者瓦尔多（Dwight Waldo）所言，这些人“……推断，在科学运用到人类事务领域，就像它被用于自然界那样之前，充满激情的一天就不会出现。……当解决隐藏在神秘科学中的问题的技术最终出现时，一种简单的乐观主义将会随处可见”。② 除了运用习惯、传统、不经意的观点，或普通感觉，进步主义还寻求将科学思想运用于决策。

进步理论将政府分为政治与行政两个部分。他们认为，一方面，前者仍然是大量主观问题衍生之所，因而不适合用科学方法加以解答；另一方面，政府行政部门的大多数工作可以由职业人员和专家运用科学加以操作，并使之朝着人类进步的方向迈进。

正是这种运用科学来解决政府行政问题的进步主义信仰，成为将民营化作为能给政府带来更大效率的基础。成功的民营化依赖所有的政治和其他建立在成本与收益精确计算之上的理性决策所忽略的非理性因素的影响。不幸的是，公共行政人员所做的关于是否实施民营化的决定比不是建立在进步主义者所厌恶的非理性因素更多。

随后，进步主义迎来了诋毁者。瓦尔多发现，政府的实际做法包含政

---

① 蓝志勇：《公共政策的缺失与当前世界性经济危机》，《公共管理学报》2009 年第 1 期。

② Dwight Waldo, *The Administrative State: A Study of the Political Theory of American Public Administration*, Holmes and Meier, 1st Edition, New York, 1984, p. 12.

治与行政中完全相互交错的“无缝隙网络”，行政—政治二分法并非一种能够持久的哲学思想。[①] 美国弗吉尼亚理工大学的诺顿（Norton Long）认为，公共行政人员中的技术专家虽然很重要，但政治技巧也同样重要。[②] 诺贝尔经济学奖获得者赫伯特·西蒙将进步公共行政人员运用的那些科学原则谴责为不过是并不实用的“行政谚语”，其中一部分还是相互矛盾的。[③] 查尔斯·林德布罗姆指出，与科学运作大不相同的是，政府运作的规范路径是通过渐进的“试错过程”，没有明确目标和高明的计划。[④]

美国著名政治学者罗伯特·达尔指出，进步主义完全错了。在他看来，科学、理性和效率与美国政府如何运转并不相干。而利益集团政治才是使多元的美国社会达成一致的满意方法，他还说，“在过去的几个世纪中，似乎有了一个高度稳定的系统”。[⑤] 西奥多·J. 罗威（Theodore J. Lowi）在这一讨论又中增加了一点。他说，国会制定政策，而冷漠的公共行政人员执行这些政策的民主政府理论最好留在高中课本中。但罗威同时指出，他创造的“利益集团自由主义”这个词来源于政府的合法性，将其改编为形容私人利益集团的工具。[⑥] 当民营化成为一个集团与另一个集团争斗的工具时，这些利益集团变得随处可见。例如，只要民营化成为可能，那么工会化政府的工人——就像费城市长伦德尔（Edward G. Rendell）所说的那样，被隔离的“无激励职工”，承包商之间的冲突也就不可避免。[⑦]

20 世纪 60 年代，民营化倾向开始兴起，哈耶克、米尔顿·弗里德曼

---

① ［美］O. C. 麦克斯怀特等：《公共行政的合法性：一种话语的分析》，吴琼译，中国人民大学出版社 2009 年版，第 170 页。

② Norton Long, “Power and Administration”, *Public Administration Review*, Vol. 9, No. 4, 1949, pp. 257 – 264.

③ ［美］赫伯特·西蒙：《管理行为：对行政组织决策过程的研究》，机械工业出版社 2006 年版。

④ Charles A. Lindbloom, “The Science of Muddling Through”, *Public Administration Review*, Vol. 19, No. 2, 1959, pp. 79 – 88.

⑤ Robert Dahl, *Who Governs? Democracy and Power in an American City*, Yale University Press, New Haven, CT. 1961, p. 311.

⑥ Theodore J. Lowi, *The End of Liberalism: Ideology, Policy, and the Crisis of Public Authority*, Norton, New York, 1969, p. 3.

⑦ 转引自 Daniel Yergin and J. Stanislaw, *The Commanding Heights: The Battle Between Government and the Marketplace That Is Remaking the Modern World*. Simon and Schuster, New York, 1998, p. 359。

等著名新自由主义经济学家为之鸣锣开道。① 而他们的经典著作，则为民营化的发展奠定了理论基础。② 20 世纪 70 年代以后，随着新自由主义成为主流经济学思潮并在其推动下，民营化开始在世界范围内得到大规模发展。

20 世纪 70 年代，西方国家出现失业和通货膨胀并存的“滞胀”局面，凯恩斯主义所倡导的国家干预无法阻止世界任何地方的经济危机已变得日益明显，新自由主义重新抬头，并成功地填补了这道意识形态的鸿沟。其主要思想是：在政府和市场的关系问题上，反对凯恩斯主义的国家干预政策，相信不受干扰的市场机制是最有效率的资源配置方式，主张实行“自由化”、“私有化”和国家干预最小化。在金融问题上信奉所谓的“有效市场假说”，认为各种资产价格是对该资产所代表的各种信息的完全反映，只要信息是公开、透明的，金融市场就不可能产生泡沫。在国际经济和金融秩序上主张减少政府干预和管制，提倡自由贸易和资本在国际间尽可能不受限制的自由流动。新自由主义的这些主张迎合了此时陷入多方困境的西方各国领导者，成为他们推行改革的大旗，如撒切尔夫人就宣称自己是新自由主义者，推行的国有化改革就是大规模私有化。

受哈耶克和弗里德曼等所倡导的新自由主义思想影响，为了回应利益集团政治理论，由布坎南领衔的一群经济学家发展了一种“公共选择”学派思想。该学派进一步从理论上论证了政府的局限性和民营化的积极作用。其主要信条是利益集团政治会造成很大的非理性无效率，如使用社会资源中的“搭便车”现象。这是因为一个有着共同利益的团体会与其他并未需要的穷困团体形成联合，向政府施压，从而为他们提供更多产品和服务，这些服务的成本会被其他纳税人分摊。同样的，官僚们总是寻求预算最大化和获得最大权力、薪水和其他所得。同时，每个利益集团都没有兴趣去反对其他利益集团的要求，因为每一个个体的要求对影响整个预算和税收形势都是十分渺茫的。然而，这种反向的非激励却会发生在收入的平等上。当到了需要提高总体税收时，所有利益集团则都会反对。而且，由于未来的税收没有当前税收让人感觉那么心痛，就形成了一种偏向于通过借钱而不是直接征税的方式提高政府税收的办法。公共选择理论预测政

---

① ［德］魏伯乐、［美］奥兰・扬、［瑞士］马塞厄斯・芬格主编：《私有化的局限》，王小卫等译，上海三联书店 2006 年版，第 6 页。

② ［美］E. S. 萨瓦斯：《民营化与公私部门的伙伴关系》，周志忍等译，中国人民大学出版社 2002 年版，第 14 页。

府的预算赤字会不断扩大，该预言在20世纪80年代与当今似乎均已成为现实。

深受哈耶克和弗里德曼影响的公共选择学派认为，由利益集团政治带来的经济非理性远比私营部门多。这是因为，“通过民主制度完成的政治交换也是一种特殊的交换方式。但如其他任何物物交换体系一样，政治交易缺乏一种共同货币（而不是政治权力）或价格来使交换体系变得理性化。与在私人市场中完成的交换相比，由利益集团交易完成的资源配置也许并不比与市场经济相关的物物交换经济来得更为理性或有效率”。总之，利益集团自由主义不能让政府获得有效的资源配置，由于它因短视与利益集团、政治家和官僚的自利联合而导致政府规模增长和过度预算。换言之，民营化并不必然导致利益集团政治的衰亡，因为承包商会与其他任何集团一样游说更大的预算。①

公共选择学派对当代民营化运动的贡献在于阐明了利益集团政治的无效率，表明了竞争市场带来服务效率，而垄断（如由非民营化的政府机构所操作）则滋生无效率。正如凯恩斯等指出的，私营部门才是解决这些无效率的答案所在，虽然还指出存在政府干预私营部门，即所谓的通过逆向所得税、凭单、课税扣除和货币政策控制宏观经济的不稳定。② 最近，大多数主流经济学家认为，由政府参与经济环境很难有保障，而有时候这种干预所能带来的好处远比坏处多。③ 他们指出，如果效率是目的，那么最好将政府打造得尽可能像私营部门那样。民营化就是大政府在带来这些效率方面失败的反映。

另外，以公共选择为核心理论基础，主张摒弃官僚制和将企业管理方法运用到政府管理的新公共管理也成为民营化的重要思想根源。④ 而交易

---

① Paur Starr, “The Meaning of Privatization”, *Yale Law and Policy Review*, Vol. 6, No. 1, 1988, pp. 6 – 41.

② 转引自 John A. Bourbeau, *Has outsoursing /contracting out saved money and/or improved service quality?* A dissertation submitted to the Faculty of the Virginia Polytechnic Institute and State University, 2004, p. 41。

③ 在这方面，诺贝尔经济学奖获得者斯蒂格利茨却是个例外。在西方主流经济学家中，他对市场作用的认识一直持谨慎态度。长期以来，基于对民营化过程中出现的种种问题的认识，他对世界银行等国际组织所推行的华盛顿共识提出了严厉批评，还发起了放慢民营化步伐并对民营化更加谨慎的计划。参见 Joseph E. Stiglitz, *Globalization and its Discontents.* New York/London: W. W. Norton/Penguin, 2002。

④ 萨瓦斯更是认为，“民营化显然属于新公共管理的主张，体现了新公共管理的所有特征……从这个意义上讲，民营化就是新公共管理”。参见［美］E. S. 萨瓦斯《民营化与公私部门的伙伴关系》，周志忍等译，中国人民大学出版社 2002 年版，第 2 页。莱恩（Lane 2000）则将新公共管理直接界定为合同制，是合同外包和政府内部承包的综合。

成本理论也为民营化发展提供了理论依据。这些思想正是当代民营化的思想根源。①

世界各国的领导者们和一些国际性组织则以此为理论依据和思想武器，在全世界范围大刀阔斧地推行民营化改革。

如今，民营化改革在当代政府改革中的重要地位毋庸置疑。从波及范围看，民营化改革发生于世界各个角落，“似乎成了魅力非凡的旗帜，在很多竞选纲领中占据核心地位”。从其影响看，市场化改革导致了政府管理模式的转换。美国宾夕法尼亚州立大学劳瑞（David Lowery）指出，到了20世纪90年代，公共选择已经取代进步主义而成了新的理论正统模式，成为公共服务中的主导性制度安排。即使准市场模式的怀疑者也发出了这样的感慨：公共选择理论和准市场模式在全球取得了“近乎霸权的地位”，传统政府模式几乎“成了一种历史文物，就如同中世纪的基尔特工会一样与现代问题的解决毫不相干”。②

第三节　地方政府民营化的平缓发展

一　公共部门服务提供的持续发展和民营化的有限增长

从30多年来民营化发展数据来看，美国地方政府民营化的发展速度并非人们想象得那么快，它所显示出来的是一种比较平缓的发展态势，公共部门提供服务一直在各种可替代服务提供方式中占主导地位和绝对优势。

ICMA对美国地方政府民营化的调查显示了民营化这种平缓的发展态势，即使在20世纪80年代大规模实施民营化改革以来，美国地方政府直接提供的服务一直占据最重要地位，长期在60%左右徘徊（见图2－1）。其中，1982年大约占57%，1992年大约占54%，1997年大约占50%，

① 澳大利亚学者霍奇（Graeme A. Hodge）还就影响民营化运动的思想基础从代理理论、交易成本理论和产权理论等方面做了进一步分析。详情参见Graeme A. Hodge, *Privatization: An International Review of Performance*, Boulder, Colo, Westview Press, 2000, pp. 35－46。

② David Lowery, “Answering the Public Choice Challenge: A Neoprogressive Research Agenda”, *Governance: An International Journal of Policy and Administration*, Vol. 12, No. 1, 1999, pp. 29－55.

2002 年大约占 59%，2007 年大约占 52%（见图 2-2）。① 这一数据显示，公共部门提供服务的比重不仅没有大幅度下降；相反，还一直处于持续发展的状态。而 1997 年之后，公共部门提供的比重还开始上升，其中，2002 年公共部门提供的比重超过 1982 年，占所有服务提供方式的近 60%。另外，1982 年美国地方政府民营化（即公共服务完全外包，外包对象包括私营部门、非营利部门及其他地方政府，即政府间合作）占所有服务的 34%，而 1992 年、1997 年的这一比重分别是 28% 和 33%。而且增长是不稳定的，同 1992 年相比，1997 年民营化比重还有所下降，仅为 28%。2002 年其比重更是急剧下降，仅为 18%（见图 2-1）。② 因此，虽然 2007 年的比重上升快，达到 30%，但总体来看，1997 年之前，美国公共服务合同外包比重有限增长，而 1997 年之后，合同外包比重呈下降趋势。因此，1997 年被学者称为美国民营化发展的"分水岭"。合同外包在 1997 年达到顶峰后，如今混合提供和公共部门提供比例增加。这与国际民营化的发展情况基本吻合。图 2-2 清晰地显示了美国 1982—2012 年间美国地方政府民营化的平缓发展态势。该图为直观起见，只描绘了对营利性民营化，即外包对象为营利组织的合同外包。

美国地方政府民营化与国际民营化发展趋势总体保持一致。国际民营化的发展高峰期也是 20 世纪 90 年代。1999 年之后，民营化的发展速度普遍下降，甚至出现了急剧下降的态势。学者博尔托洛蒂（Bernardo Bortolotti）

---

① 如果未标明，该部分相关数据表示出自 International City/County Management Association, *Profile of Alternative Service Delivery Approaches*, *US Municipalities*, Washington D. C., 1982, 1988, 1992, 1997, 2002, 2007。

② 2007 年英国诺丁汉大学中国研究所教授郑永年在《联合早报》上发表的《要预防中国思维的美国化》一文中指出："中国内部改革的很多方面深受美国的影响，例如新自由主义。在政府层面的这种盛行于美国学术界的经济学说对中国的影响远远大于美国本身的影响。中国在包括医疗卫生、社会福利、教育等方面的产业化和各种变相的私有化，要比美国更为激进。……有人说，在整个 20 世纪 90 年代，中国是新自由主义最大的试验场，这并非耸人听闻。"从 30 多年来美国地方政府民营化发展看，郑教授的判断是很有道理的。著名自由主义者弗朗西斯·福山在其 2004 年的新著《国家构建：21 世纪的国家治理与世界秩序》中，开始提倡建构强有力的国家，指出，"国家构建是当今国际社会最重要的命题之一，因为软弱无能国家或失败国家已成为当今世界许多严重问题（从贫困、艾滋病、毒品到恐怖主义）的根源"。在这本书中，他提出了一个问题：没有任何公民组织，非政府组织能代替国家和政府的权威，因为它们只有在一个有效运作的国家的体制，政府权威体制下，才能扮演可以扮演的角色，妄想所有这些自由市场可以取代政府的经济职能，非政府组织、公民组织可以代替国家，这是个极大的幻想，会把整个人类推到一个非常危险的灾难之中（福山，2007）。即使像美国这样崇尚自由市场，市场化改革的法制环境堪称完善的国家，其民营化增长非常有限，而公共服务的公共部门提供一直占主导地位。从这一点来看，足以为盲目推崇民营化的发展中国家提出警示。

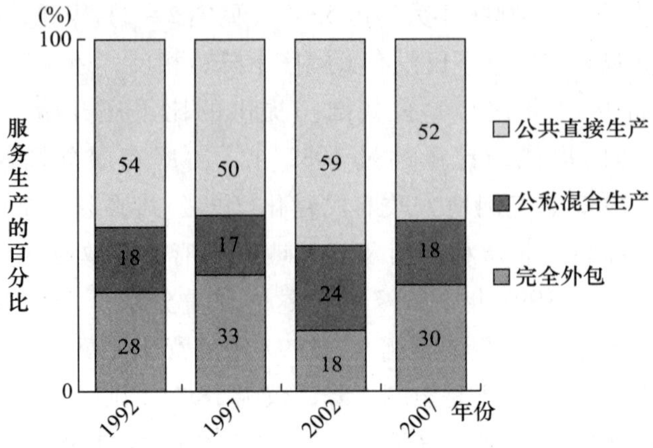

图 2－1　美国地方政府服务提供构成（1992—2007 年）

资料来源：International City/County Management Association，*Profile of Alternative Service Delivery Approaches*，*US Municipalities*，Washington D. C.，1992，1997，2002，2007。

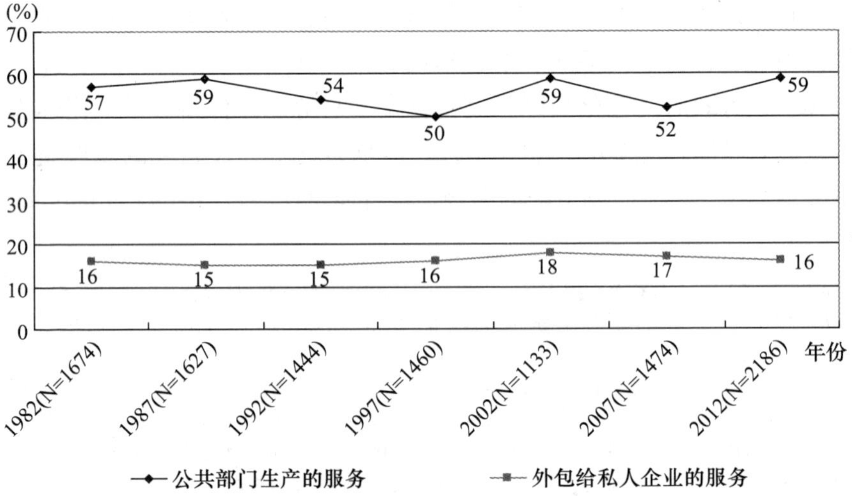

图 2－2　美国地方政府民营化的平缓发展（1982—2012 年）

资料来源：International City/County Management Association，*Profile of Alternative Service Delivery Approaches*，*US Municipalities*，Washington D. C.，1992，1997，2002，2007，2012。

等在《民营化的挑战》一书中，通过对全球民营化发展的系统研究表明，20 世纪 90 年代，大规模的民营化发展周期已经结束了，在 1999 年达到高峰（1770 亿美元）之后，全球民营化的年均收入迅速下降 46%，2001 年其价值仅有 440 亿美元。2002—2003 年数据也表明了这一逆向发展态势（见图2－3）。该数字返回到了20世纪80年代后期的水平（当时撒切尔夫人将英国的公共服务民营化发展推向了顶峰，但其他国家还处于观望状态）。而如今，民营化似乎已经穷途末路了，欧洲尤其如此。① 他们还以英国、欧洲大陆、拉丁美洲、中东和北非、亚洲与大洋洲为单元对不同地区的民营化做了分析。结果显示，虽然世界各地民营化发展程度与采用方法并不完全一致，但其结果在总体上均与这一趋势相吻合，经历了20世纪90年代的发展高峰之后，世界各地民营化发展均呈下降趋势。②

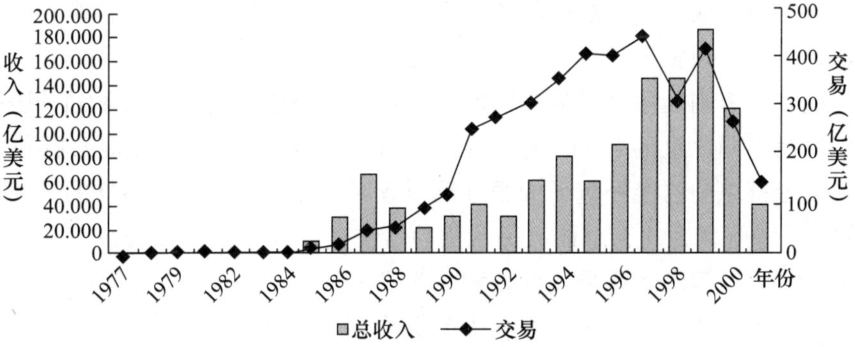

图2－3　世界民营化的发展态势（1977—2001年）

资料来源：Bernardo Bortolotti and Domenico Siniscalco, *The Challenges of Privatization*：*A International Analysis*, Oxford University Press, 2004, p. 2。

图2－2与图2－3所显示的民营化发展态势并不完全一致，图2－2显示出20世纪90年代美国民营化发展态势要比图2－3所显示的世界民营化发展平缓很多。这是因为，图2－3中的民营化包含所有形式的民营化，而图2－2中的民营化仅仅只是公共服务民营化，而且是营利性的民营化。如果除去出售国有企业等其他民营化形式，图2－3民营化的发展态势会平缓得多。

二　公共服务民营化增长缓慢的原因

如何解释美国地方政府公共部门提供的持续发展和民营化发展所显示出的这种平缓态势？为什么政府的传统服务提供一直在各种服务提供方式

① Bernardo Bortolotti and Domenico Siniscalco, *The Challenges of Privatization*：*A International Analysis*, Oxford Universiuy Press, 2004, p. 2.

② 世界银行对民营化的专项研究也表明了世界民营化的这一发展趋势。详情可参见2005年世界银行数据：World Bank Privatization Database（http：//rru. worldbank. org/privatization）。

中占主导地位？过去的理论提供了两种可能答案：政府失败或准市场失败。政府失败可以解释为什么民营化在可能适合的时候也并未发生。一些研究还表明，公共服务的传统提供方式之所以能够持续，是因为公务员反对民营化①，但近期研究的结果似乎很难支持这一观点。

理论上看，民营化试图通过将服务的提供从服务生产中分离的方式解决政府失败，这样可能为公民/消费者提供更多的选择。当地方政府将服务外包时，政府仍然保持对财政和服务提供负责，但是，服务的生产由私人公司或非营利组织来完成。这些合同并不总是在真正的竞争性市场中形成的，从而形成了不正确的服务条款，成本的节省通常是以牺牲服务质量为代价，或者损害了公共价值。

地方政府则运用多种战略以使这些问题最小化。它们会对不同的服务领域采用不同比重的合同外包，对同一服务领域则运用公私混合提供方式，或者将以前已经外包了的服务重新收回。运用这一形式多样的重组战略②，可以解释为什么总体上民营化的增长速度并不快，因为民营化只不过是地方政府管理者所采用的多种策略之一。

最近的一些研究认为，公共服务供给方式的重组在公共部门和私营部门之间作出非黑即白选择的传统观点提出了挑战，并在理论与经验上为理解地方政府重组行为的复杂性提供了基础。③ 另外，已有研究显示，意识形态未能决定服务提供的方式。而且，如其他研究表明的那样，地方政府变得越来越务实，务实的地方政府采用多种方案，它们已经意识到，为了

---

① Robert A. McGuire, Robert L. Ohsfeldt and T. Norman Van Cott, "The determinants of the choice between public and private production of publicly funded service", *Public Choice*, Vol. 54, No. 3, 1987, pp. 211 – 230；［美］E. S. 萨瓦斯：《民营化与公私部门的伙伴关系》，周志忍等译，中国人民大学出版社 2002 年版。

② 相关文献将地方政府服务提供多种可选方式的运用称为地方政府重组（Local Government restructuring）或地方政府民营化重组（Local Government Restructuring Privatization）。相关文献可参见 Ballard and Warner（2000）；Brown, Potoski and Van Slyke（2008）；Hefetz and Warner（2004）；Lamothe, Lamothe and Feiock（2008）。

③ 相关的主要研究有：Michael J. Ballard and Mildred E. Warner, "Taking the High Road: Local Government Restructuring and the Quest for Quality", in AFSCME (eds.), *Power Tools for Fighting Privatization*, Washington D. C.: American Federation of State, County and Municipal Employees, 2000；Trevor L. Brown, Matthew Potoski and David M. Van Slyke, "Changing Modes of Service Delivery: how past choices structure future choices", *Environment and Planning C: Government and Policy*, Vol. 26, 2008；Amir Hefetz and Mildred E. Warner, "Privatization and Its Reverse: Explaining the Dynamics of the Government Contracting Process", *Journal of Public Administration Research and Theory*, Vol. 14, No. 2, 2004；［德］魏伯乐等主编：《私有化的局限》，王小卫等译，上海三联书店 2006 年版。

经济效率、服务质量和对社区价值负责，需要加强市场建设①，而不只是民营化。

民营化运动源自对关于服务提供的政治选择能与服务提供的实际机制相分离的认识。② 民营化被用于是解决政府失败问题的方法之一。政府对服务提供的垄断、官僚制无视公民需求与公共官员预算最大化，都是民营化支持者声称可以解决政府失败的重要理由。③ 公共部门参与和市场管制的收益都可以通过运用合同将提供从生产中分离的准市场来实现。

不可避免的是，合同和准市场也会造成自身的失败。学者劳瑞提出了三类准市场失败：市场信息失败、偏好错误和偏好替代。④ 一类市场信息失败是由缺乏竞争造成的，这是因为能够实际提供多种公共服务的供应商通常很有限。如果民营化只是以私人垄断代替公共垄断，那么，签订合同之后，成本节省就可能消失。另一类市场信息失败是由于在合同条款和监督中缺乏信息和高额的交易成本所造成的。合同条款与监督困难会使服务提供未能符合公众偏好。而当公民的偏好与政府提供的集体偏好不一致时，就会造成第三类市场失败“公民消费者”可能按照种族或收入，而不是效率或公平选择服务，政府提供者如果提供前一种服务，往往会增加公民选择的机会。

（一）民营化的低增长与政府失败的关系

理论上说，造成政府无效率、官僚化少回应、政府垄断服务提供以及委托—代理等问题也会使政府不愿意实施民营化。然而，已有研究和 ICMA 调查数据难以支持该观点。⑤

---

① Werner Z. Hirsch, "Contracting out by urban governments—A review", *Urban Affairs Review*, Vol. 30, No. 3, 1995; Mildred E. Warner and Robert Hebdon, "Local government restructuring: Privatization and its alternatives", *Journal of Policy Analysis and Management*, Vol. 20, No. 2, 2001.

② George A. Boyne, "Competition and local government: A public choice perspective", *Urban Studies*, Vol. 334, No. 5, 1996, pp. 703 – 721; Ronald J. Oakerson, "Local public economies: Provision, production, and governance", *Intergovernmental Perspective*, Vol. 13, No. (3/4), 1987, pp. 13, 20 – 25.

③ William D. Eggers and J. O'Leary, *Revolution at the Roots: Making Our Government Smaller, Better, and Closer to Home*. New York, NY: Free Press, 1995; ［美］E. S. 萨瓦斯：《民营化与公私部门的伙伴关系》，周志忍等译，中国人民大学出版社 2002 年版。

④ David Lowery, "Consumer Overeignty and Quasi – market Failure", *Journal of Public Administration Research and Theory*, Vol. 8, No. (2), 1998, pp. 137 – 172.

⑤ William D. Eggersand J. O'Leary, *Revolution at the Roots: Making Our Government Smaller, Better, and Closer to Home*, New York, NY: Free Press, 1995; ［美］E. S. 萨瓦斯：《民营化与公私部门的伙伴关系》，周志忍等译，中国人民大学出版社 2002 年版。

第一，人们更加信任由政府而不是私营企业提供服务。总体而言，人们对将公共服务交给私营企业仍然持怀疑态度。一项对美国全国性调查中，问人们对所选的六项服务，即停车管理、街道清扫、公园和游泳、垃圾收运救护车和医院，由政府和私营企业来提供服务，谁的效率更高？回复者只认为医院一项服务私营企业比地方政府提供的效率更高，而且，持这种看法的人数只高出一个百分比。虽然文化程度越高的被调查者对私营企业提供有效地方服务的信任程度越高（其中，大学生认为，这六项服务中有三项私营企业提供效率会更高），但这仍然表明，即使在这个世界上最主要的资本主义国家的美国，人们总体上还是更加信任由政府而不是私营企业来提供服务。① 这可以部分地解释为什么长期以来美国地方政府服务的公共部门提供一直是最主要的服务提供方式。

第二，政府购买公共服务并非新现象。为什么民营化增长很少的原因之一就是地方政府购买服务并不是新现象。在美国，很多服务早在 19 世纪就已外包，回购服务只不过是作为阻止腐败而发起的“好政府”运动一部分。② 哥伦比亚大学赫尼格（Jeffrey Henig）指出，地方政府的合同外包是一种长期存在的实践，如今将其命名为“民营化”只不过是公共选择理论的倡导者为其主张提供经验支持的一种努力罢了。③ 图 2－1 中所显示的 20 世纪 80 年代以来美国民营化的发展速度之所以很缓慢，主要是因为 1982 年政府购买服务的基数本来就已经很高了。事实上，美国联邦政府在第二次世界大战之后实施的每一项主要政策和计划，都是以公私伙伴关系的方式进行管理的，这些政策和计划包括公共卫生、环境清洁和维护、脱贫计划和岗位培训、州际高速公路和污水处理等。④ 1972—1982 年，地方政府外包给私营组织的服务价值增长了 2 倍，从 220 亿美元上升到 650 亿美元。⑤

第三，财政压力减小。近年来，财政压力减小可以对民营化缺乏增长做一些解释。地方政府重组服务提供的压力部分是由担心财政压力和相信

---

① 详情参见 U. S. Advisory Commission Intergovernmental Relations, *Changing Public Anttitudes on Government and Taxes*, Washingdon D. C.: U. S. Government Printing Office, 1985, pp. 25－29。

② Moshe Adler, “Been There, Done That: The Privatization of Street Cleaning in Nineteenth Century New York”, *The New Labor Forum*, No. 4, (Spring/Summer) 1999, pp. 88－99.

③ Jeffrey Henig, “Privatization in the United States: Theory and Practice”, *Political Science Quarterly*, Vol. 104, No. (4), 1989－90, pp. 649－670.

④ Donald Kettl, *Sharing Power: Public Governance and Private Market*, Washington D. C.: Brookings Institution, 1993, p. 4.

⑤ Ibid., p. 5.

私人提供者会遵守市场竞争法则，从而比政府效率更高的观点所引起的。所以，如果民营化提供者带来了效率，我们期望看到萧条时期（1982 年）或地方政府财政压力大的时期（1992 年）的民营化比例更高。但事实上，民营化发展比重的上下波动确实反映了总体经济的循环。1988 年开始，ICMA 对地方政府的财政压力、税收压力和成本控制的关注做了追踪研究。然而，除财政压力是例外之外，在 1992 年上升了，调查中政府所做的回复表明，他们将其百分比作为重组决定的重要因素，并显示了稳定的增长（见表 2－1）。

表 2－1　影响地方政府民营化发展的因素　单位：%

	调查年份			
	1992 年	1997 年	2002 年	2007 年
财政压力下降				
外部财政压力与对增加税收的限制	54. 7	44. 4	49. 6	50. 3
内部想增加服务提供成本	90. 3	86. 6	88. 2	86. 7
承担与州或联邦政府相关的资金	17. 1	11. 1	9. 5	9. 9
阻力下降				
你们的地方政府在各种形式下实施民营化服务过程中遇到过任何阻力吗？	52. 2	45. 3	41. 4	39. 4
来自公民的反对	31. 4	30. 1	29. 6	29. 1
来自选举官员的反对	38. 6	42. 4	43. 8	39. 3
来自地方政府一线员工的反对	54. 3	60. 3	55. 7	46. 6
来自部门领导的反对	29. 7	30. 2	29. 0	26. 4
强调加减小政府作用的政治环境的变化	19. 8	24. 5	15. 5	14. 0
对政府可靠性的担忧	15. 4	11. 8	12. 5	10. 1
缺乏足够的能胜任的私人提供商	24. 6	25. 6	31. 3	31. 1
管理能力有所提高				
你们的地方政府在过去五年研究过程中采用过私人服务提供的可行性吗？	30. 5	65. 7	58. 0	49. 6
你们的地方政府采取了什么措施来确保私营部门服务提供的成功实施吗？	51. 1	47. 0	43. 6	37. 9
缺乏足够的合同管理专家	15. 0	12. 3	13. 4	12. 6
允许政府部门与私营部门同时参与竞标	22. 1	33. 3	26. 5	22. 5
开发项目以降低对替代政府雇员影响	21. 8	26. 2	19. 8	19. 3

续表

	调查年份			
	1992 年	1997 年	2002 年	2007 年
在政府设立服务投诉制度	12.5	22.6	33.6	23.4
监督并未得到加强				
你们的地方政府采取了什么措施对服务提供的可选择方式进行系统监督吗？	47.7	45.8	47.3	45.4
公民满意度	69.1	58.5	69.0	57.6
成本	89.1	83.6	86.8	82.0
遵守合同条款中规定的提供标准	72.2	80.4	84.0	77.6
对公民投诉的监测	68.9	69.2	74.5	67.9

资料来源：International City/County Management Association, *Profile of Alternative Service Delivery Approaches*, *US Municipalities*. Washington D. C., 1992, 1997, 2002, 2007。

第四，管理能力提高。缺乏管理能力不能解释民营化的有限增长。对民营化进行重组要求地方政府官员有丰富经验和强有力的领导能力①，以及承担风险的能力和愿望。② ICMA 1992—1997 年的调查中，将近 70% 做了回复的政府指出，他们正在研究民营化服务提供的可行性；超过 95% 的指出，他们目前正在进行至少 1 项服务合同外包。经过 12 年的发展，合同管理专家在不断增加，缺乏足够的合同管理专家的政府从 1992 年的 15.0% 减少到 2007 年 12.6%。允许政府部门与私人部门同时参与竞投的百分比也有所增加，在政府设立服务投诉制度的百分比从 1992 年的 12.5% 增长到 2007 年的 23.4%，增长了将近 1 倍（见表 2－1）。但是，保障私营部门服务提供方式成功实施的措施下降、监督的缺乏以及低比例的竞争性投标则表明，管理的改进还有待提高。

提高管理能力的另一个指示器是内部竞争的增加——绩效型激励、绩效工资制和奖金与绩效型预算——鼓励部门和工作团队将机会的增加与效率提高结合起来。③ 朝这些努力的表现形式通常就是提高组织弹性和加强

① John R. Bartle and Ronnie La Course, "Are City Managers Greedy Bureaucrats?", *Public Administration Quarterly*, Vol. 20, No. 1, 1996, pp. 89－102; George A. Boyne, *Public Choice Theory and Local Government*: *A Comparative Analysis of the UK and the USA*. New York, NY: St Martin's Press, 1998.

② Mildred E. Warner and Robert Hebdon, "Local government restructuring: Privatization and its alternatives", *Journal of Policy Analysis and Management*, Vol. 20, No. 2, 2001.

③ ［美］戴维·奥斯本、特德盖·布勒：《改革政府——企业精神如何改革公营部门》，周敦仁译，上海译文出版社 1996 年版。

劳资合作。[①] 当允许部门将节省下来的费用重新投资于技术改进时，就会产生更大的效率。这些内部重组方案解决了公共部门无效率的两个最严重的原因——过时的技术和死板的组织管理制度。ICMA 关于替代性服务提供方式的调查没有对内部重组做出评估。但 1993 年对地方政府全面质量管理的一项专门调查发现，55% 做了回复的城市采用该方法。[②] 1998 年，ICMA 对政府管理者支持"再造政府"原则（如企业型政府、顾客导向与内部竞争）的一项调查也显示对这些原则的普遍支持。[③] 因此，民营化的有限增长可能是由于政府管理能力的提高，使政府自己能够有效地提供服务。

第五，政府管理者利用多种不同机制以保障公共服务。首先，实行内部改革（公共直接提供），包括引入企业管理方法、营造准市场环境和改变宏观管理手段等。该方式普遍且稳定。其次，采用公私混合提供，它是指公共部门和私营部门共同提供同一类公共服务，该方式是呈动态发展的态势。再次，采用购买服务和回购服务，其发展也是动态的，时高时低，但总体趋势是，购买服务比例呈下降趋势，而回购服务的比例不断上升。几乎所有政府都在同时从事购买服务和回购服务。表 2－2 显示了政府在 1982—1988 年、1988—1992 年和 1992—1997 年三个阶段从事新购买和新回购服务的比重。几乎所有政府均从事新购买（1992—1997 年为 96%），新购买包括任何转变为更多外包的服务。在所有政府中，1992—1997 年，平均有 7.9 项服务购买了新的服务。新购买服务的比重那么高而总体外包比重相对稳定，这表明新购买服务的比重被回购服务的比重平衡掉了。

实际上，大多数政府既购买服务，又回购服务。1992—1997 年，88% 的政府收回了至少 1 项服务的合同，65% 的政府收回了至少 3 项以上的合同。在所有的地方，1992—1997 年，平均有 5 项服务的合同被收回（比重超过了新购买服务的一半）。这一数据表明，对服务购买不满意已经成为现实，这也促使一些政府将服务重新收回。

---

① Steve Martin, "The modernization of UK local government: Markets, managers monitors and mixed fortunes", *Public Management Review*, Vol. 4, No. 3, 2002, pp. 291－307.

② Jonathan West, E. Berman and M. Milakovich, "Total quality management in local government", in *The Municipal Year Book*, Washington D. C.: International City/County Management Association, 1994.

③ B. M. Feldman, "Reinventing local government: Beyond rhetoric to action", *The Municipal Year Book*, Washington D. C.: International City/County Management Association, 1999.

表 2－2　地方政府服务新购买和新回购的比重（1982—1997 年）

	新购买			新回购		
	1982—1988 年	1988—1992 年	1992—1997 年	1982—1988 年	1988—1992 年	1992—1997 年
实施购买服务的地方政府比例（%）	93	97	96	97	92	88
1—2 项服务（%）	19	11	12	10	22	23
3—10 项服务（%）	74	86	84	87	70	65
购买/回购服务的平均数	5.7	7.7	7.9	7.1	5.3	4.1

注：美国市、县实施购买服务或回购服务的地方政府。所有的地方政府＝100%。

平均提供的服务：1992 年＝43；1997 年＝39。

配对样本的规模：1982 年和 1988 年＝749；1988 年和 1992 年＝638；1992 年和 1997 年＝628。

所调查一般性服务的数量：1982 年和 1988 年＝62；1988 年和 1992 年＝65；1992 年和 1997 年＝64。

资料来源：ICMA，Profile of Alternative Service Delivery Approaches，Survey Data，1988，1992，1997，Washington D. C.。

但是，民营化的低增长似乎不能用强烈反对民营化实践做解释。因为从长期趋势看，对民营化的反对并未增强，反而有所下降（见表 2－1）。一些人认为，民营化反映了“小”政府的愿望。但这似乎是对民营化的一般看法，认为政府内部对合同外包的反对来源于生产线员工、部门领导和选举官员。但是，除选举官员反对的百分比略有上升之外，ICMA 调查数据显示，来自部门领导和生产线员工对民营化的反对正在下降或处于稳定状态。自 1992 年以来，将“强调减小政府作用的政治环境的变化”作为影响民营化发展因素之一的政府管理者的比例也有所降低，而且它的比例仍然不到所有回复者的 1/5。这反映了对地方政府更大的公众信任，以及对政府提供公共服务属性的认识。

总之，政府提供是服务动态的，包括新服务、服务撤出、购买服务和回购服务等多种形式。地方政府的公共管理者会根据服务成本等各种因素选择更适合的服务提供方式①，民营化只不过是其中的一种方式而已。

---

① Trevor L. Brown，Matthew Potoski and David M. Van Slyke，“Changing Modes of Service Delivery：How Past Choices Structure Future Choices”，*Environment and Planning C：Government and Policy*，Vol. 26，2008.

（二）民营化的有限增长与准市场失败的关系

公共物品是那些外部性高与难以排除“搭便车”行为的产品和服务。私人合同能帮助政府解决重要的资本、技术和管理上的限制。但政府仍然保持在确保服务质量上的责任，并解决外部性问题，以使维持产品和服务首先必须是公共的。因此，必须高度重视政府培育这些合同市场的方法。准市场失败最先是学者劳瑞提出来的①，它来源于市场形成的失败、高成本的签约与社区价值的可能丧失，这些不仅是理论问题，而且在ICMA的调查数据中得到了反映。

第一，合同外包难度很高。是哪些因素使服务外包如此困难？对容易规定和测量的服务以及具有多个供应商可选择的服务，民营化很容易，也会节省费用。② 但现实情况是，具有可选择供应商的竞争性市场并非每一个社区都存在。稀缺的可选择供应商市场在地方政府层面特别普遍③，农村地区的政府，民营化的收益往往是短暂的。④

从本质上说，地方政府的很多服务都是很复杂的，公共服务的这一固有属性使其质量很难监督。即使在私营部门，生产与购买的决定也很复杂。就像私人公司那样，在决定外包之前，政府必须对市场结构、交易成本和合同条款与监督难度做出详细评估。⑤ 不论是私营部门还是政府，适时、可靠与质量往往比成本效率更重要。⑥ 对纽约州地方政府重组的研究

---

① 1998年，劳瑞在《消费者自主权和准市场失败》一文中正式提出了“准市场失败”这一概念。详情参见 David Lowery, “Consumer Overeignty and Quasi – market Failure”, *Journal of Public Administration Research and Theory*, Vol. 8, No.（2）, 1998。

② Paur Starr, *The Limits of Privatization*, Washington D. C.: Economic Policy Institute, 1987.

③ Werner Z. Hirsch, “Contracting out by Urban Governments—A Review”, *Urban Affairs Review*, Vol. 30, No. 3, 1995; Mildred E. Warner and Amir Hefetz, “Applying Market Solutions to Public Services: An Assessment of Efficiency, Equity and Voice”, *Urban Affairs Review*, Vol. 38, No. 1, 2002, pp. 70 – 89.

④ Mildred E. Warner, “Civic Government or Market – Based Governance? The Limits of Privatization for Rural Local Governments”, *Agriculture and Human Values*, Vol. 26, No. 1, 2009, pp. 133 – 143.

⑤ Michael A. Nelson, “Municipal Government Approaches to Service Delivery: An Analysis from a Transactions Cost Perspective”, *Economic Inquiry*, Vol. 35, No. 1, 1997, pp. 82 – 96. 或许正是因为如此，最近，一项对《财富》前500强中25家企业的调查报告表明，私营企业外包也显示出了与政府服务外包一样的发展趋势。参见 Deloitte Consulting, *Calling a Change in the Outsourcing Market*, New York, NY: Deloitte Consulting, 2005。

⑥ John R. Bartle and R. La Course, “Are City Managers Greedy Bureaucrats”? *Public Administration Quarterly*, Vol. 20, 1996, pp. 89 – 102; Richard W. Pouder, “Privatizing Services in Local Government: An Empirical Assessment of Efficiency and Institutional Explanations”, *Public Administration Review*, Vol. 20, No. 1, 1996.

发现，在服务外包比重大的政府中，人们最为关注的就是质量问题，因为服务一旦外包，他们再也不能对服务进行内部控制。①

在民营化决定中，政府往往不能涵盖签约与监督成本，这些成本非常高。有学者研究表明，合同监督成本平均超过了项目总成本的20%。② 为了克服服务规格和质量监督难题，很多地方政府同它们的承包商长期保持密切关系。这种关系型合约方式能保证质量，但也侵蚀了政府与承包商之间的距离，而可能造成成本上升与腐败问题。③

ICMA 调查没有关注监督成本，但调查中设计了一个问题，即政府是否对服务提供成本和质量做了监督。在 1992—2007 年的 4 次调查中，虽然有超过 95% 的政府说做了一些监督，但一半多的政府说根本没做任何监督活动。成本是最普遍的监督问题，但这 4 次调查显示，政府对成本的监测呈下降趋势。与此类似，对公民满意度的监测也处于下降趋势。只有对服从合同服务提供标准的监测比重略有上升。大约 1/4 的政府说设有服务投诉制度，而且处于下降趋势（见表 2－1）。

第二，很难保证能提高效率。如前文所言，民营化能节省成本的都是早期的案例，民营化合同能增加效率的明确证据并不存在。④ 民营化能提高效率的案例被成本增加的案例抵消了。⑤ 通过对大量有关私人合同效率研究的分析，英国卡迪夫大学博伊恩（George A. Boyne）等研究发现，不

---

① Mildred E. Warner and Robert Hebdon, "Local Government Restructuring: Privatization and Its Alternatives", *Journal of Policy Analysis and Management*, Vol. 20, No. 2, 2001.

② Jonas Prager, "Contracting out Government Services: Lessons from the Private Sector", *Public Administration Review*, Vol. 54, No. 2, 1994, pp. 176－184; Janet Rothenberg Pack, "Privatization and Cost Reduction", *Policy Sciences*, Vol. 11, No. 2, 1989.

③ Elliott Sclar, *You Don't Qlways Get What You Pay for: The Economics of Privatization*, Ithaca: Cornell University Press, 2000.

④ Germà Bel, Fageda, X. and Mildred E. Warner, "Is Private Production of Public Services Cheaper than Public Production? A Meta－regression Analysis of Solid Waste and Water Services", *Journal of Policy Analysis and Management*, Vol. 29, No. 3. 2010, pp. 553－577.

⑤ 民营化能提高效率的案例可参见 William D. Eggersand J. O'Leary, *Revolution at the Roots: Making Our Government Smaller, Better, and Closer to Home*, New York, NY: Free Press, 1995; E. S. Savas, *Privatization and Public－private Partnerships*, New York: Chatham House, 2000。民营化导致成本增加的主要案例可参见 Germà Bel and Mildred E. Warner, "Privatization and Costs", Paper presented at theInternational Workshop on Local Government Reform: Privatization and Public－Private Partnership (Barcelona, Spain), 2006; Germà Bel and Mildred E. Warner, "Challenging Issues in Local Privatization", *Environment and Planning C: Government and Policy*, Vol. 26, No. 1, pp. 104－109; Elliott Sclar, *You Don't Always Get What You Pay for: The Economics of Privatization*, Ithaca: Cornell University Press, 2000。

存在对民营化能带来更大效率的明确支持。① 其他研究显示，民营化的收益被高估了。② 缺乏竞争、签约与监督成本高、对服务质量的侵蚀是常被提及的原因。③

大多数公共服务具有劳动密集型特征，这意味着来自民营化的大多数潜在的费用节省可能是来自工资与收益，或服务质量的下降。④ 出于对工资与收益损失的担忧，很多服务在民营化之后，地方政府要求承包商保持与原来相似的工资和收益水平。⑤ 这些案例成本节省必定是由于效率的增加或服务质量的下降。因为很多地方政府服务的复杂性使之在合同中很难详细规定，所以，侵蚀服务质量的可能性很大。斯科拉在奥尔巴尼（Albany）车队维修的案例中对此做了论述。⑥ 在该案例中，民营化的结果是成本上升而服务质量下滑。当然，也有因民营化而改进了服务质量的例子，但其关键取决于市场合同条款的特征。⑦

第三，担心民营化会使公共价值受到损害。失去对服务提供的直接控制意味着必须重视对一项服务包含的所有社会收益进行详细说明。⑧ 由于合同规范困难，政府承包人必须确保外包之后，不能让有价值的社会收益丧失。公共部门提供的一些收益超越服务本身，而包含改正的法定权利，自由表达

---

① Yolanda K. Kodrzycki，“Privatization of Local Public Services：Lessons for New England”，*New England Economic Review*（May/June），1994，pp. 31 – 46；George A. Boyne，*Public Choice Theory and Local Government：A Comparative Analysis of the UK and the USA*. New York，NY：St. Martin’s Press，1998.

② Robert M. Stein，“The Budgetary Effects of Municipal Service Contracting：A Principal Agentexplanation”，*American Journal of Political Science*，Vol. 34，No. 2，1990，pp. 471 – 502；James Ferris，“The Decision to Contract out：Anempirical Analysis”，*Urban Affairs Quarterly*，Vol. 22（December），1986，pp. 289 – 311.

③ Jonas Prager，“Contracting Out Government Services：Lessons from the Private Sector”，*Public Administration Review*，Vol. 54，No. 2，1994.

④ Robert Hebdon，“Contracting out in New York State：The Story the Lauder Report Chose not to tell”，*Labor Studies Journal*，Vol. 20，1995，pp. 3 – 29.

⑤ Lawrence L. Martin，“Public – private Competition：A Public Employee Alternative to Privatization”，*Review of PublicPersonnel Administration*，Vol. 19，No. 1，1999，pp. 59 – 70.

⑥ Elliott Sclar，*The Privatization of Public Service：Lessons From Case Studies*. Washington D. C.：Economic Policy Institute，1997.

⑦ Elliott Sclar，*You Don’t Always Get What You Pay for：The Economics of Privatization*，Ithaca：Cornell University Press，2000；［美］戴维·奥斯本、彼德·普拉斯特里克：《改革政府——企业精神如何改革着公营部门》，周敦仁译，上海译文出版社 1996 年版。

⑧ David Lowery，“Consumer Overeignty and Quasi – market Failure”，*Journal of Public Administration Research and Theory*，Vol. 8，No. ,1998.

和公众准入。① 对责任和可靠性的保障会导致政府慎于放弃控制服务提供。

当服务提供从生产中分离出来，“顾客或公民”的决定不是以由集体福祉因素而改变的时候，偏好替代就会发生。只要看看大城市地区的分散性特征，就会明白“顾客或公民”对住房与教育的决定，通常是建立在种族和收入而非效率或服务质量之上。② 公共服务为地方政府的社区建设提供了平台。③ 政府服务民营化可能获得的效率必须通过地方政府的社区建设使命来衡量。

可见，过去30多年里，美国地方政府民营化发展颇为平缓，主要并非由于政府的垄断性特征而导致的政府失败，也并非由于政府服务提供的准市场特性而造成政府服务提供民营化市场的失败。相反，主要是因为公共服务的公共性决定它对政府的固有依赖性以及民营化服务提供的先天性不足而导致民营化过程中出现的种种问题，而使公众更加倾向于政府对公共服务的提供。尤其是随着民营化试验的展开与人们对民营化认识的深入，地方政府管理者和民众逐步摆脱了对民营化盲目崇拜和迷信的心理，对它的态度变得更加理性与务实。如今，人们越来越认识到，“虽然如今民营化作为一种可行的与可替代的服务提供选择的地位已经确立……但并不能将其视为万灵丹”④，只不过是政府治理变革的一种工具或方式而已，地方政府管理者在不放弃公共部门提供的同时，审慎而动态地利用这一工具。

第四节 政府回购服务的兴起和发展

一 世界民营化发展的转型

20世纪70年代末以来，民营化以“滚滚洪流”之势席卷全球。但经

① Ronald C. Moe, “Exploring the Limits of Privatization”, *Public Administration Review*, Vol. 47, No. 6, 1987, pp. 453 –460; Harold Sullivan, Privatization of Public Services: A Growing Threat to Constitutional Rights, *Public Administration Review*, Vol. 47, No. 6, 1987, pp. 461 –467.

② Alan Altshuler et al. eds., *Governance and Opportunity in Metropolitan America*, Washington D. C.: National Academy Press, 1999.

③ Gerald E. Frug, “City Services”, *New York University Law Review*, Vol. 73, No. 23, 1998, pp. 23 –96; Elisabetta Marmolo, “A Constitutional Theory of Public Goods”, *Journal of Economic Behavior and Organization*, Vol. 38, 1998, pp. 27 –42.

④ Robert Jay Dilger, Randolph R. Moffett and Linda Struyk, “Privatization of Municipal Services in America's Largest Cities”, *Public Administration Review*, Vol. 57, No. 1, 1997, pp. 21 –26.

历90年代发展高峰之后，世界民营化发展总体上呈下降趋势。20世纪90年代末以来，世界民营化发展已经开始转型，私有化意识开始淡出，人们对待民营化态度开始变得更为理性和务实。① 21世纪伊始，大多数率先实施市场化改革的国家，如澳大利亚、新西兰、英国和美国等，均出现了公共服务特向公共部门供给的重要趋势。② 地方政府开始将一些失败的外包服务收回，重新由自己提供。“有越来越多的证据表明，不少政府正在回购公共服务，且这一趋势正在加剧”。③

相关研究显示，除美国、英国等比较明显之外，新西兰、加拿大、澳大利亚等也出现了回购服务现象。④ 近年来，最著名的例子是“9·11”事件之后，美国将28000名机场安全人员从私人承包商那里转入联邦系统⑤，英国于1998年废除了强制性合同招标，其承包铁路建设的公司在2000年夏破产后，这一铁路建设于2002年部分被重新收回国有。⑥ 澳大利亚与新西兰通过重新强调政府的领导与指导能力在很大程度上反映了对以前广泛外包的限制。在发展中国家，政府回购服务也开始出现。2005年12月18日，玻利维亚争取社会主义运动总统候选人埃沃·莫拉莱斯以超过半数的高得票率直接当选，之后宣布将实施一系

---

① Amir Hefetz and Mildred E. Warner, “Privatization and Its Reverse: Explaining the Dynamics of the Government Contracting Process”, *Journal of Public Administration Research and Theory*, Vol. 14, No. 2, 2004; Robert Hebdon and Patrice Jalette, “The Restructuring of Municipal Services: A Canada - United States Comparison”, *Environment and Planning C: Government and Policy*, Vol. 26, 2008, pp. 144 - 158.

② Warner, M. E., The Future of Local Government: 21st Century Challenges, *Public Administration Review*, Vol 70, No. 6. 2010, pp. 145 - 147.

③ Association for Public Service Excellence (APSE), *Insourcing: A Guide to Bringing Local Authority Services Back ln - House*, 2009. http: //www. apse. org. uk/page - flips/2011/insourcing/files/in - sourcing, pdf.

④ Robert Hebdon and Patrice Jalette, “The Restructuring of Municipal Services: A Canada - United States Comparison”, *Environment and Planning C: Government and Policy*, Vol. 26, 2008, pp. 144 - 158.

⑤ Donald P. Moynihan and Alasdair S. Roberts, “Public Service Reform and the New Security Agenda”, In *Governance and Public Security* eds., Donald P. Moynihan and Alasdair S. Roberts, Syracuse, NY: Campbell Public Affairs Institute, Syracuse University, 2002, pp. 129 - 145。2007年1月，纽约州和新泽西州港务局董事会投票决定，将租给的一家英国公司，即租期为99年的斯图尔特机场收回，收回余下的93年租期。同年11月，该局正式接管机场，为机场的民营化短暂试验画上句号。参见竺乾威主编《公共行政理论》，复旦大学出版社2008年版，第380页。

⑥ House of Commons Transport Select Committee, *The Future of the Railway*, Seventh Report, Volume 1, Session, 2003 - 04 HC145, 2004。相关中文资料可参见魏伯乐等主编《私有化的局限》，王小卫等译，上海三联书店2006年版。

列社会改革，彻底摒弃新自由主义和私有化的经济政策，把天然气等能源工业企业收归国有。委内瑞拉也积极在能源、电信和制造业领域推行国有化，先后将一批跨国公司拥有的企业重新收归国有。这里先以新西兰、英国、德国和法国为例，对世界民营化发展的转型做出简要分析。

新西兰

新西兰是将市场方法运用于政府的最早倡导者。改革者们利用市场理念——强调实现目标和运用促进竞争、外包和顾客服务导向等私部门管理方法，将很多服务出售或民营化。新西兰的早期民营化改革为其他国家提供了蓝本。然而，实践发展表明，民营化的结果带来的不只是满意，同时也带来了大量的负面效应。民营化并非其倡导者所想象的那样能带来经济效率；相反，大规模实施民营化改革以来，新西兰的经济不仅没有得到快速发展，其经济状况反而更加恶化。到 2000 年其人均 GDP 水平在所有 OECD 国家中排名倒数第二。① 正因为如此，20 世纪 90 年代后期，新西兰制定了一种程序修正并重申了政府的作用。1999 年首相选举部分地反映了重建政府能力的愿望。② 2002 年，新西兰通过了《新西兰地方政府法案，2003》。该法案指出，地方政府必须平衡竞争目标：经济发展、社会富裕、环境管理和公民参与，因为这一过程对于简单的市场机制而言，它过于复杂。该法案还指出，公民不仅仅是市场导向服务的顾客。地方政府必须更多地关注民主基础和公民协商的重要性。该法案的通过确定了需要重建管理市场和建设民主的地方基础的政府能力。地方政府被视为平衡经济发展、环境和公民利益的平台。因此，它表明新西兰民营化的转型。③ 于 1989 年全部卖给了一个企业联盟的新西兰航空公司（Air New Zealand），因其重要控股公司 Ansett 航空公司积累的问题，导致 2000 年

---

① Patrick Dunleavy et al.，"New Public Management is Dead—Long Live the Digital Era Governance"，*Journal of Public Administration Research and Theory*，Vol. 16，No. 3，2006，pp. 467－494.

② 克拉克曾说："当然，我们政府将并非太少的时间用于重建公共部门能力，以提供公众所需要的服务……始于 20 世纪 80 年代和 20 世纪 90 年代的公共部门改革的目标在于提高政府机构的效率，但无疑也是为了让政府变得更小。我们的改革保存了所获得的效率，但还需致力于效能的建立……需要一个高绩效和具有高度熟练技能的公共部门。"参见 Helen Clark，*Patterson Oration*：*Helen Clar－Full Transcript May* 6，2004，Australian and New Zealand School of Government，ANZSOG，Carlton，Victoria Australia，2005。

③ Mildred E. Warner，"Reversing Privatization，Rebalancing Government Reform：Markets，Deliberation and Planning"，*Policy and Society*，Vol. 27，No. 2，2008.

12 月其飞机停飞。与政府的协商失败之后，新西兰航空公司决定剥离 Ansett 航空公司。2002 年 1 月，即其私有化后的 12 年，新西兰航空公司被收为国有，重新回到政府手中。①

英国

英国是民营化的早期改革者。撒切尔夫人对竞争和打破政府权力垄断的倡导达到了顶峰。1988 年起开始实施强制性竞争性招标。结果显示，该项目对打破地方政府垄断并非那么成功，因为大部分合同受地方集团控制而被它们获得。该项目在资金节省方面也不成功，因为绝大多数的费用节省随着时间的推移而受到削弱。1997 年布莱尔的当选，开始转向一种更为平衡的立场。1999 年"最佳价值"框架的实施表明，地方政府需要平衡更多的目标，而不只是成本和效率。大量注意力投向责任和公民参与。② 最佳价值重视服务提高过程中的速度、服务质量和公民表达。虽然国家政府在促进地方政府创新和将责任视为改革核心的兴趣的热情很高，但同时认为在改革过程中需要视地方政府管理者为合作伙伴，而非对手。2011 年英国卓越公共服务学会的一项调查发现，在 140 个地方委员会中，有 80 个收回了包括垃圾回收与处理、街道打扫、住房管理、场地维护、信息技术与会计工作等领域的公共服务。而在规模上，57% 的受访者表示已经或正在收回以前的外包服务。③ 英国铁路部门的市场化改革颇具代表性，1997 年开始大量推行民营化，就连路轨系统也实行了私有化。但此后各种问题不断发生，且承包铁路轨道建设的公司在 2000 年夏破产，2002 年，政府就不得不将铁路购回到公众手中。④ 作为民营化的首创国家，如今，"私有化"一词在英国却已很不受欢迎。⑤

由于大规模民营化改革并没能带给新西兰和英国实质性好处，相反，

---

① ［德］魏伯乐等主编：《私有化的局限》，王小卫等译，上海三联书店 2006 年版，第 154—157 页。2001 年 9 月，Ansett 自愿申请破产，成为新西兰最大的公司破产事件，损失达 13 亿新西兰元。参见［德］魏伯乐等主编《私有化的局限》，王小卫等译，上海三联书店 2006 年版，第 157 页。

② Steve Martin, "The Modernization of UK local Government: Markets, Managers Monitors and Mixed Fortunes", *Public Management Review*, Vol. 4, No. 3, 2002.

③ APSE, *Insourcing Update: The Value of Returning Local Authority Services in – house in an Era of Budget Constraints*, 2011. http://www.unison.org.uk/acrobat/20122.pdf.

④ Lucas, C., Privatising the Railways Was a Disaster, It's Time to Renationalise, *The Guardian*, 22 August, 2013.

⑤ ［德］魏伯乐等主编：《私有化的局限》，王小卫等译，上海三联书店 2006 年版。

深受新自由主义和新公共管理驱动的民营化改革给两个国家带来了碎片化等大量负面影响。如新西兰，在机构分散方面，民营化改革给只有350万人口的新西兰带来了300个中央机构、40个小的行政部门与大量地方与卫生机构。这种大量的政府碎片化难以给这些国家带来良好的经济前景，到2000年，新西兰人均GDP水平在所有OECD国家中排名倒数第二。①正是在对这些问题进行反思基础上，20世纪90年代中期之后，新西兰和英国率先着手第二轮改革。在现代公共部门的第二轮改革中，针对第一轮改革所带来的种种弊端，这轮改革的重点已经从结构性分权、机构裁减和设立单一职能的机构转向整体政府②，实施重新强调中央政府权力，并注重横向协作与中央权力相结合的整合治理。

德国

德国是市场化改革比较彻底的国家，但近年来政府直接提供服务的比重不断增长。这种趋势在能源领域尤其明显。2007年以后，地方政府建立了44个新的能源公共机构，100多项特许经营的能源配置网络和服务被重新收归政府。其中，德国巴登—符腾堡州的基民盟政府从法国电力公司手中买回了45%，价值47亿欧元的能源服务，改由自己提供。③其他领域政府回购服务也大量存在。如垃圾管理、住房管理和公交，“以前民营化的公交服务更为常见的情况是，服务质量迅速下降，而票价则急剧上升”。这种状况导致了政府回购服务的压力增加。其结果是36%的服务被收回，而再次考虑民营化服务的不到3%。④如今，一股对能源提供系统进行再市政化的潮流正蓄势待发。“再市政化”这个词不仅是地方政客提出的政治口号，而且已经开始纳入正式的议程，越来越多的地方政府开始致力于扭转自己在20世纪90年代的改革方向。他们意识到，无论就短期

---

① Patrick Dunleavy et al., "New Public Management is Dead—Long Live the Digital Era Governance", *Journal of Public Administration Research and Theory*, Vol. 16, No. 3, 2006.

② 最近，我国学术界也开始关注这一趋势，如在由周志忍教授主编，北京大学出版社出版的“公共管理经典与前沿译丛”中，推出了“整体政府与跨部门协同系列”。而曾维和最近在《西方“整体政府”改革：理论、实践及启示》（《公共管理学报》2008年第4期）、《“整体政府”论——西方政府改革的新趋向》（《国外社会科学》2009年第2期）等系列论文与竺乾威的《从新公共管理到整体性治理》（《中国行政管理》2008年第10期）中，对西方整体政府做了较为系统的介绍与分析。

③ Hall D., *Re－municipalising Municipal Services in Europe*. A Report Commissioned by EPSU to Public Services International Research Unit. London: PSIRU, 2012.

④ Reiter D., Welcome address to 10th Munich Economic Summit 19 20 May 2011. http://www.cesifo－group.de/DocDL/Forum－3－2011.pdf.

还是长期而言，保留和发展市政公司都是具有经济和政治效益的。① 2011年德国莱比锡大学对全德100个城市政府公共服务供给的研究表明，"未来将更多通过公共部门提供公共服务"。②

法国

与新西兰、英国、德国等国家相比，法国的民营化改革步伐表现得较为缓慢。即便如此，近年来回购服务还是得到了快速发展，尤其是最近其供水领域发生的政府回购服务现象，十分引人注目。对法国政府供水领域政府回购服务做一番考察，有助于我们对政府购买服务的全面认识。法国供水服务民营化程度相对较高，但2000年之后，形势发生了重大变化。如表2－3所示，至少有16个市政当局从苏伊士和威立雅等国际大型私营水务公司收回了民营化供水服务，服务的人口超过了500万，覆盖了全国9%的人口。

表2－3　　法国供水领域政府回购公共服务（不完全统计）

年份	市政当局	服务人口	具体情况
1997	迪朗斯—鲁伯隆	49165	供水服务外包合同到期后政府收回
2001	格勒诺布尔	158000	20世纪90年代发生腐败丑闻后尝试公私合营，合营失败后政府收回
2001	沙泰勒罗	38000	合同到期后供水和公共卫生服务被市政接管
2002	瓦拉热	880	合同到期，且发生政治运动后被政府收回
2004	卡斯特尔	43496	合同规则失效后被政府收回
2005	瑟堡—奥克特维尔	91717	在2005年市政提供显得更有价值后，改由政府自己提供服务
2008	巴黎	2215197	在同苏伊士和威立雅两家水务公司的特许经营到期后，政府收回合同改由自己提供服务
2010	巴黎东区	198918	终止与法国水务企业联合集团公司的合同，政府自己提供服务
2010	图卢兹	537000	重新砍价25%作为到2015—2020年续约的条件。市政厅说计划在2020年将服务提供收归市政，届时将由市政府重新接管所有服务提供

① Hellmut Wollmann, "Provision of Public Services in European Countries: From Public/Municipal to Private and Reverse?", *Hrvatska i Komparativna Javna Uprava*, Vol 11, No. 4, 2011.

② 转引自Hall D. et al., Re－municipalisation in the Early Twenty－first Century, *International Review of Applied Economics*, Vol. 27, No. 2, 2013, pp. 193－214。

续表

年份	市政当局	服务人口	具体情况
2011	波尔多	670691	2011 年 7 月市议会决定供水合同在 2018 年到期后由市政收回服务提供
2011	中部埃夫里埃松	42590	按照新的市政规划，法兰西岛水务管理委员终止与威立雅水务公司的合同，另设艾森水源管理处。同时，将取水点由苏伊士水务公司改为巴黎市
2011	蒙贝利亚尔	162284	决定提前终止同威立雅水务公司并收归市政提供服务
2011	南特	595902	于 2011 年年底从 SAUR 水务公司接管了 24 个市镇中的 1 个，如今其中的 9 个市镇的供水服务由政府提供（覆盖 74% 的人口），另 15 个市镇由威立雅水务公司承包（占人口的 26%）
2011	鲁昂	500000	大鲁昂新一届政府委员会从苏伊士和威立雅两家水务公司接管了到期的供水服务合同，如今政府提供了涵盖全市 83% 人口的供水服务
2012	布雷斯特	260000	市政接管了到期的私营企业的合同
2012	圣马洛	31766	驻威立雅水务公司的大区代表处将撤销，同时市政当局于 2012 年 4 月新设圣马洛水务管理处

资料来源：Hall, D. et al., Re – municipalisation in the Early Twenty – first Century, *International Review of Applied Economics*, Vol 27, No. 2, 2013, pp. 193 – 214。

表 2 – 3 显示，近年来，法国供水领域政府回购服务呈显著增长之势。在所统计的 16 次事件中，15 次发生在 2000 年之后，而其中 9 次集中发生在 2008 年之后，上升态势非常明显。公共服务国际研究中心（PSIRU）对最近供水领域发生的政府回购服务的统计也表明了同样的结果。在该中心统计的 1997—2013 年全球范围内供水领域发生规模较大的政府回购服务 85 次事件中，除两次分别发生在 1997 年和 1998 年外，其他均发生在 2000—2013 年。其中 51 次发生在欧美发达国家。而且发生在发达国家的案例呈显著增长态势：51 次中有 28 次发生在 2009—2013 年，而 14 次发生在 2004—2008 年。2009 年之后的增长速度翻了一番。之所以如此，其

重要原因之一就是法国政府回购服务事件迅猛增长。一共有 21 次发生在法国，其中 15 次发生在 2009—2013 年，而其他 6 次则发生在 1997—2009 年的 12 年间。①

二　美国地方政府回购服务的兴起与发展

在美国国家层面上，地方服务提供中公共对话的声音与新西兰和英国不一样。地方政府没被国家政府控制；地方政府的改革在州一级进行。从而造成很大的多样性和地方政府更大程度的独立性。但美国对民营化的支持非常强烈。ICMA 调查数据显示，民营化试验在扩大，特别是 1992 年由奥斯本和盖布勒撰写的《政府再造》出版之后。

然而，1997 年之后事情发生了变化。一方面，赞成民营化的呼声仍然很高；另一方面，现实经验显示出了一种更为平衡和注重实际的态势。公共服务合同外包在 1997 年达到了顶峰，而 2002 年让人看到了服务向公共部门提供模式的回归。在 1982—2002 年的 20 年中，完全公共部门提供的服务还有所增长，从占所有服务的 57. 2% 增长到 58. 8%，而完全外包（包括营利性与非营利性的民营化）也只有 21%，详见图 2 - 4。1992 年和 1997 年的情况表明了市场管理问题的优先性，但 2002 年出现了对平衡市场和公民表达的重视。对地方政府服务提供的挑战不仅仅是效率，地方政府领导者和公民都认为需要平衡多方目标：服务质量、公民参与和经济效率。此时，在一些成熟的公共服务市场中，一个关键趋势是政府回购服务所占的增长，外包了的服务被政府重新收回。②

1992—2002 年的 10 年中，回购服务从 1992—1997 年占所有服务的 11% 迅速提高到 1997—2002 年的 18%，详见图 2 - 5。很值得关注的是，1992—1997 年，新回购服务的比例只有 11%，新购买服务占 18%；而 1997—2002 年，这一形势发生了逆转，新回购服务的比例上升为 18%，而新购买服务的比例则下降为 12%。这里所说的政府新购买服务，即该时段政府向社会新购买服务；与此相对应，政府新回购服务则是指该时段政府向社会收回以前外包给私营部门生产的公共服务。这表明 1997 年之后，购买服务的速度减缓，回购服务所占比例却呈明显增长趋势。

---

① Emanuele, L. and Hall, D., *List of Water Remunicipalisations Worldwide* - As of November 2013, www. psiru. org.

② Grace, Clive et al., 2007, Making and Managing Markets: Contestability, Competitionand Improvement in Local Government, Final Report to the Audit Commission.

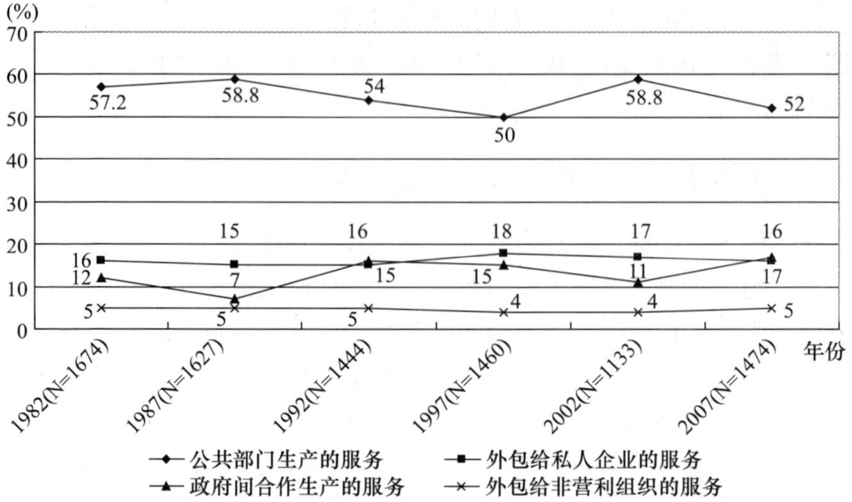

图 2-4 美国地方政府民营化的发展（1982—2007 年）

资料来源：ICMA，Profile of Alternative Service Delivery Approaches，Survey Data，1982，1988，1992，1997，2002，2007。

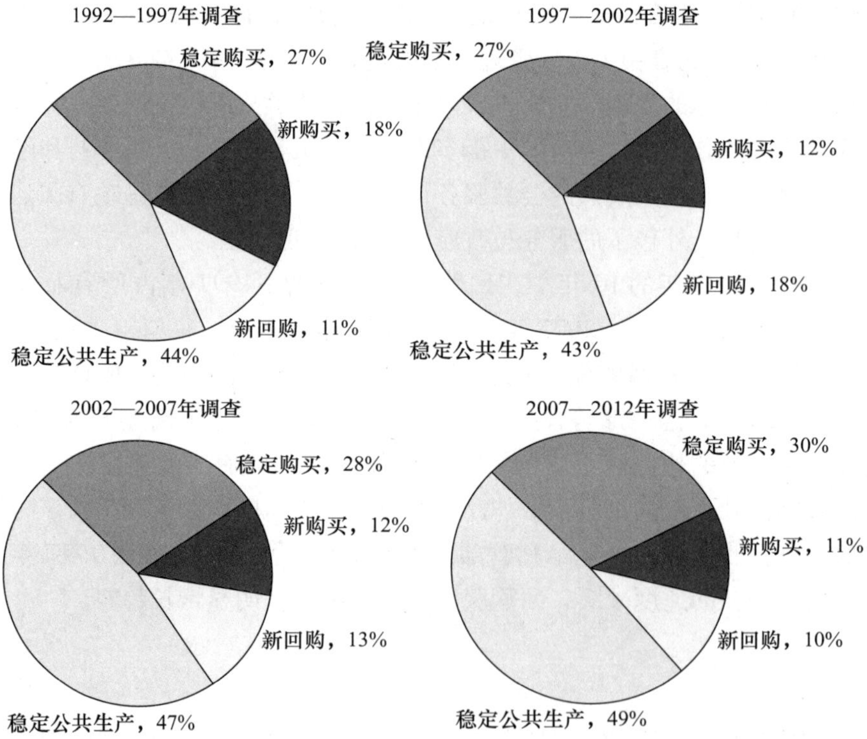

图 2-5 美国地方政府服务提供的动态发展（1992—2012 年）

资料来源：根据 A. Hefetz 和 M. E. Warner（2007）、ICMA（2007，2012）整理绘制。

虽然政府回购服务最近才引起学术界的关注，但并非新生事物，可以说是与政府购买服务相伴而生，例如，为了回应过去几十年私人承包商不能干净打扫街道上的马粪，纽约市于 1881 年就建立了街道清扫部，从私人承包商收回服务。① 只不过最近才变得更加明显。ICMA 调查显示，早在 1982—1988 年，回购服务就在美国地方政府发生了，平均每个地方政府的回购服务数量为 7.1 项；1988—1992 年这一数量为 5.3 项。在此后每五年一次的调查中，均反映了回购服务在地方政府服务提供中的不同比例（见图 2－6）。1992—1997 年，政府新购买服务的比例占民营化服务比重的 18%，政府新回购服务的比例为 11%。② 1997 年美国地方政府回购服务虽已颇为明显，以至于被学者称为一种新的公共服务提供方式，但其增长速度明显低于后者。这一阶段表明民营化在美国仍然处于持续增长状态。

1997—2002 年，美国地方政府民营化发生了显著变化。到 2002 年，政府新的回购服务比重迅速上升，占此时所有服务提供的 18%，而政府新购买的服务比重则下降为 12%。政府新回购服务的比重远远超出 1992—1997 年的比重（11%），也首次非常显著地超过了同时期政府新购买服务的比重。因此，1997 年被视为美国民营化发展“分水岭”：1997 年美国地方政府购买服务达到了顶峰，但此后混合公私提供与政府直接提供服务的比例开始上升。其中，政府回购服务的比例显著上升。在 ICMA 所做最近两个阶段的调查中，情况又发生了一些新的变化：2002—2007 年与 2007—2012 年，政府新购买和新回购服务的比重接近持平，分别为 11.6%、11.9%、11.1% 和 10.4%（见图 2－6 和表 2－4）。最近十年间，二者的比例已经大致相当且相对稳定。

图 2－5 清晰地反映近 20 年来美国地方政府回购服务的发展。为了进一步了解美国地方政府回购服务的具体情况，我们可以通过 ICMA 2007 年的调查数据来做进一步分析（见表 2－4）。

该表清晰地反映了 2002—2007 年美国地方政府每一项（共 67 种）公共服务及其提供方式在五年内的发展变化。在这一阶段，政府新购买的服

---

① 详情参见 Daniel Yergin and J. Stanislaw, *The Commanding Heights, The Battle Between Government and the Marketplace That Is Remaking the Modern World*, Simon and Schuster, New York. 1998。

② Amir Hefetz, Mildred E. Warner, Privatization and its Reverse: Explaining the Dynamics of the Government Contracting Process, *Journal of Public Administration, Research and Theory*, Vol. 14, No. 2, 2004.

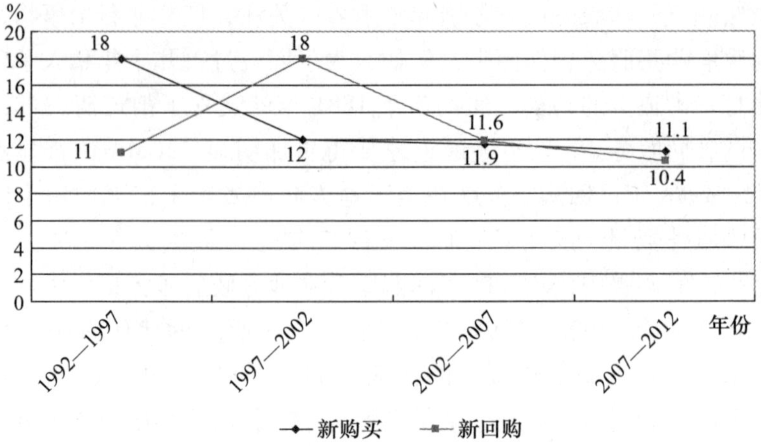

图 2-6 美国地方政府回购服务与购买服务发展变化（1992—2012 年）

注：各阶段比例表示此阶段政府新购买的服务和新回购的服务在所有公共服务提供中所占的百分比。

资料来源：根据 ICMA（1997，2002，2007，2012）中的相关数据整理而成。

表 2-4 美国地方政府服务提供方式的动态发展（2002—2007 年）

服务类型	提供服务的数量	新购买（%）	新回购（%）	公共部门提供的服务（%）	购买的服务（%）
居民垃圾收集	216	5.6	6.9	41.2	46.3
商业垃圾收集	127	7.9	8.7	25.2	58.3
垃圾处理	148	8.8	8.1	25.0	58.1
街道修护	339	17.4	16.2	19.8	46.6
街道/停车场打扫	268	11.6	12.3	58.2	17.9
铲雪/沙	237	10.5	13.5	61.2	14.8
交通标志维修	284	15.8	19.0	26.4	38.7
停车收费器维修	75	13.3	9.3	73.3	4.0
树木修剪/种植	298	16.4	14.4	17.4	51.7
墓地维护	47	25.5	31.9	0.0	42.6
检查/实施规范	348	10.1	11.8	69.0	9.2
停车场/车库管理	118	16.9	12.7	45.8	24.6
公交系统维护	86	9.3	10.5	27.9	52.3

续表

服务类型	提供服务的数量	新购买（%）	新回购（%）	公共部门提供的服务（%）	购买的服务（%）
辅助公交系统维护	67	13.4	6.0	28.4	52.2
机场管理	104	9.6	16.3	32.7	41.3
水分配	257	9.7	9.3	71.2	9.7
水处理	214	8.9	7.9	66.8	16.4
污水收集/处理	262	8.0	9.5	57.3	25.2
污泥处理	191	18.8	10.5	28.3	42.4
有害物质处理	116	10.3	9.5	10.3	69.8
电力设施管理	51	9.8	17.6	43.1	29.4
燃气管理	21	4.8	4.8	38.1	52.4
电表读数	206	13.1	8.7	67.0	11.2
水电账单	220	16.4	12.7	59.1	11.8
犯罪预防/巡视	363	6.6	8.5	79.1	5.8
警察/消防沟通	324	11.4	12.7	60.8	15.1
火灾预防/灭火	293	6.8	8.9	72.0	12.3
紧急医疗服务	254	7.9	12.2	47.6	32.3
救护车服务	193	9.3	11.9	45.6	33.2
交通管制	297	8.4	5.7	79.1	6.7
拖车和存放	68	5.9	7.4	1.5	85.3
卫生检测	142	10.6	14.8	54.2	20.4
害虫控制	97	12.4	14.4	29.9	43.3
动物控制	267	9.7	7.9	55.8	26.6
动物收容所管理	156	9.0	7.1	39.1	44.9
日托场地管理	27	14.8	11.1	25.9	48.2
儿童福利工程	52	9.6	17.3	21.2	51.9
老年工程	194	16.5	15.5	9.3	58.8
医院运营与管理	8	12.5	0.0	0.0	87.5
公共卫生工程	92	14.1	19.6	20.7	45.7
毒品/酒精处理工程	58	3.4	3.4	1.7	91.4
心理健康工程	48	6.3	4.2	4.2	85.4
监狱/监禁	128	14.1	17.2	46.9	21.9

续表

服务类型	提供服务的数量	新购买（%）	新回购（%）	公共部门提供的服务（%）	购买的服务（%）
流浪者收容所管理	22	0.0	4.5	0.0	95.5
就业培训工程	61	14.8	4.9	9.8	70.5
救济资格裁定	56	16.1	8.9	48.2	26.8
休闲设施维护	342	15.8	17.5	53.8	12.9
公园规划/维护	350	14.3	16.6	47.4	21.7
会场中心/礼堂管理	76	10.5	10.5	47.4	31.6
文化/艺术工程	125	11.2	19.2	9.6	60.0
图书馆管理	196	12.8	8.7	51.5	27.0
博物馆管理	74	16.2	10.8	16.2	56.8
建筑/场地维护	379	14.8	20.3	34.8	30.1
建筑安全保障	258	12.4	8.1	57.0	22.5
大型装备维修	341	14.4	22.9	34.0	28.7
应急车辆维修	321	13.4	20.6	31.5	34.6
所有其他车辆维修	352	14.8	21.0	36.1	28.1
编制管理	370	3.2	2.4	89.5	4.9
税单处理	197	13.7	12.2	53.3	20.8
税收评估	151	10.6	9.3	49.7	30.5
数据处理	329	13.1	15.2	59.6	12.2
欠税收集	195	13.8	15.4	37.9	32.8
所有权编录	126	14.3	8.7	54.8	22.2
法律服务	285	15.4	18.6	13.0	53.0
秘书服务	327	6.7	7.0	83.5	2.8
人事服务	289	9.3	12.1	77.2	1.4
公共关系/信息	336	13.4	13.7	66.1	6.8
平均百分比		11.6	11.9	41.0	35.5

注：所回复的城市中每一类服务提供的百分比；“服务提供的数量”是指这两次调查的服务提供的数量。

资料来源：数据来源于 ICMA 在 2002 年和 2007 年所做的有关替代性公共服务提供的调查，同时综合了 Warner 和 Hefetz（2012）年的分析。

务占所有服务提供的比重与1997—2002年比变化不大，为11.6%。政府新回购的服务占所有服务的比重为11.9%，与1997—2002年的18%相比虽然有所下降，但仍然高于新购买服务的比重。该表也反映了另外一个重要信息，那就是在这一时期，美国地方政府公共部门提供服务的比重高于民营化服务的比重，分别为52.9%和47.1%。① 美国政府直接提供的服务比重高于民营化服务。这也表明，尽管近30多年来美国倡导民营化改革，但公共部门提供的服务仍然一直占主导地位。②

除ICMA调查对政府回购服务问题做了长期专门追踪关注外，其他一些研究对此也有关注。布尔多（John A. Bourdeau）在他的博士学位论文《合同外包能省钱和/或提高服务质量吗?》中指出，一些很充分的证据显示了民营化的逆向发展趋势，以前从外部购买的服务被政府机构重新收回。③ 而阿格龙（Joe Agron）对美国高校服务购买研究发现，近年来，美国高校非教育服务购买的数量正在减少。美国学区23%未外包任何服务的百分比，1999年为21.7%，而1997年只有12.3%，在学院和大学，未外包任何服务的百分比，从1999年的5.3%上升到2001年的6%。学区外包了5项或更多服务的百分比，从1997年的15%下降到1999年的9%，而在学院与大学中，这一比例从1997年的44%下降到1999年的34%。④

2000年，全国郡协会（the National Association of Counties）也关注到了政府回购服务的发展趋势。在2000年所做的政府管理调查中，全国郡协会增加了三个关于私人合同稳定性的问题。在144个做了回答的县中，14%（20个）说最近三年中将以前外包的1项服务收回过。回答者还表明了他们决定回购服务的重要因素。⑤

---

① 公共部门和民营化提供的服务比重分别为表2－4中的新回购＋公共部门提供的服务，即11.9%＋41.0%＝52.9%，新购买＋外包服务，即11.6%＋35.5%＝47.1%。

② 通过对ICMA的调查结果分析可知，美国1982—2007年的民营化实验中，除1997年公共部门直接提供的服务占所有服务提供的49.7%，略少于民营化服务提供外，其他所有时期，公共部门直接提供的服务均高于民营化提供的服务。

③ John A. Bourdeau, *Has Outsourcing/Contracting out Saved Money and/or Improved Service Quality*?, A dissertation submitted to the Faculty of the Virginia Polytechnic Institute and State University, 2004.

④ Joe Agron, "Keeping It Close to Home. Schools and Colleges Are Reducing Their Use of Outsourced Non－educational Services", *American School and University Magazine* (September), 2001, p. 24.

⑤ National Association of Counties, *Operations Survey*, Washington D. C.: NACO., 2000.

第三章　政府回购服务兴起的动因

为什么30多年来美国地方政府民营化的增长非常有限，而不是人们想象得那么一路高歌猛进？为什么1997年后民营化服务所占比例不升反而下降，甚至还将已经外包出去的服务政府收回，以至于回购服务的比例明显增长？原因是多方面的，既与国际时代背景的变化有关，也与公共行政理论的转换相关，还受民营化失败的直接推动。政府向社会购买服务之后，如果未能提高效率，或者政府与公众对购买的服务不满意？是维持现状？抑或购回服务？本章即从国际时代背景变化、公共行政理论的转换、民营化的失败以及政府内部过程的改进四个方面论述政府回购服务得以兴起与发展的原因。

第一节　时代背景的变化动摇了民营化的理论根基

20世纪90年代中期以来，国际时代大背景的变化动摇了民营化的理论根基。

首先，新自由主义受到质疑和抵制，使民营化的理论根基受到动摇成为政府购买服务比重下降，回购服务兴起的重要原因。

作为民营化理论基础的新自由主义，在20世纪80年代之后成为西方主流经济学思潮。在新自由主义浪潮的推动下，民营化在西方国家迅速发展。而在90年代，以新自由主义为理论基础的“华盛顿共识”出台后，民营化改革在第三世界上普遍推广。然而，30多年来的民营化试验在很多国家非但没能提高经济效率，反而为国家发展带来灾难性后果。经济增长大幅度下降，贫富分化严重，成为20世纪80年代以来西方发达国家社会发展不争的事实。即使在美国，在收入不平等方面，20世纪80年代以来，美国收入不平等不仅在高、低收入家庭之间迅速拉开，在中产家庭与高收入家庭也明显拉大。① 如今，美国的财产分布情况是，5%的人占有58%的财产，10%的人占有70%的财产（见图3－1）。在社会各阶层的收入增长率方面，在过去20多年里，高收入的收入增长率高，而80%的普通工薪阶层的收入增长呈负值（见图3－2）。2007年，工薪收入者中，1%的高收入者的收入占所有工资收入的32.7%，是1928年以来的最高值。② 图3－3显示，1983—1998年，底层40%人口的家庭财产总值下降了76.3%。③ 这种趋势还在进一步加剧。最近，美国联邦储备局的消费者金融调查显示，美国低下层家庭的财富只占2013年美国整体财富的1%，而最富有的5%美国人却享有整体财富的63%。以致美国联邦储备局主席耶伦警告，美国贫富悬殊已进一步扩大，财富不均情况接近百年来的最高水平。④

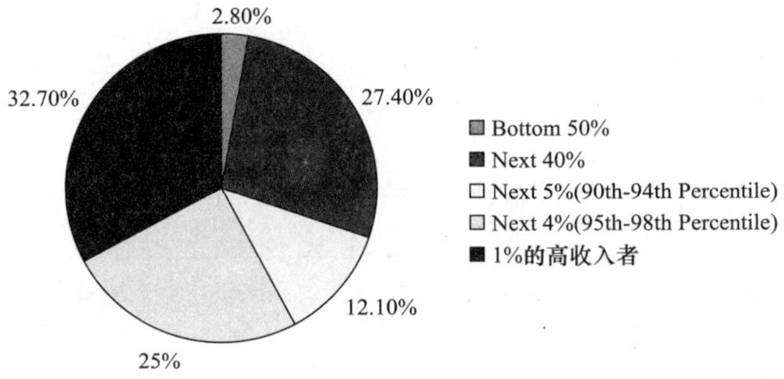

图3－1　美国社会财产分布（2001年）

注：2001年美国社会总资产为42.3892万亿美元。

资料来源：转引自蓝志勇《公共政策的缺失与当前世界性经济危机》，《公共管理学报》2009年第1期。

---

① 详情参见 Jared Bernstein et al., *Pulling Apart: A State－by－state Analysis of Income Trends*, Washington D. C.: Economic Policy Institute and the Center for Budget and Policy Priorities, 2000。

② 美国私企高管的超高收入早已作为一种社会病灶为众所诟病，特别是破产企业高管正在受到公众谴责、国会问责。金融危机发生之后，美国总统奥巴马说，要接受政府救市资金，就必须接受限制高管的年薪，只能拿50万美元。参见资中筠《美国经济也在"国有化"吗》，《炎黄春秋》2009年第3期。2008年倒闭的雷曼兄弟公司的首席执行官理查德·富尔德2001年的薪酬高达9100万美元。美国议员问："你的公司破产了，国家处在危机之中，而你却（在8年里）得到4.8亿美元。我有一个最基本的问题：这公平吗？"

③ 2005年，美国最富有的1%和1‰的人所拥有的财富都达到了1928年以来的最高水平。最富有的1‰的人口只有30万美元，他们的收入与最穷的50%的人口总收入是相当的，而最穷的50%的人口有1.5亿美元。从1980年到2005年，最富有的1‰的人口收入占社会总收入的份额翻了一番。参见程恩富、［美］大卫·科茨《金融性危机的根由：新自由主义的资本主义》，《理论参考》2008年第11期。

④ 中国新闻网：《美联储主席：美国贫富差距接近百年来最高水平》，2014年10月19日，http://www.chinanews.com/gj/2014/10－19/6693088.shtml。

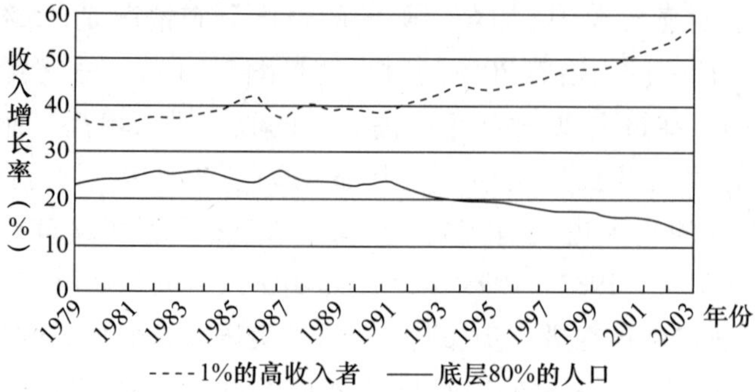

图 3－2　高收入阶层与低收入阶层的资本收入“剪刀差”（1979—2003 年）

资料来源：I. Shapiro and J. Friedman，*New*，*Unnoticed CBO Data Show Capital Income Has Become Much More Concentrated at the Top*，Washington D. C.：Center on Budget and Policy Priorities，2006。

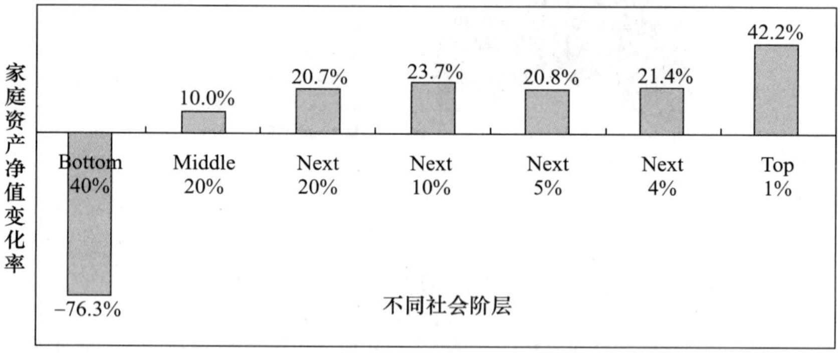

图 3－3　平均家庭收入水平的变化（1983—1998 年）

资料来源：Edward N. Wolff，*Recent Trends in Wealth Ownership*，1983－1998. April 2000. Table 3. http：//www. levy. org/docs/wrkpap/papers/300. html。

最近，《使民主运转起来》的作者罗伯特·帕特南在新著《我们的孩子：危机中的“美国梦”》中通过大量案例与严谨的数据分析，对美国社会日益扩大的不平等鸿沟做了深入剖析，并认为美国社会这种不平等的日益扩大成为导致美国人心中曾经的“美国梦”正在渐行渐远根本原因。①

拉美国家实施民营化改革以来，拉美经济不仅没有出现黄金时代，却是经历了三次经济衰退（第一次是以 1994 年墨西哥危机为标志，第二次

---

① Robert D. Putnam，*Our Kids*：*The American Dream in Crisis*. New York：Simon and Schuste，2015.

则由1997年亚洲、俄罗斯金融危机的冲击而引发，第三次是2001年阿根廷危机及其在整个拉美引起的严重衰退）。据拉美经委会统计，推行“华盛顿共识”前的1950—1980年，拉美国家平均经济增长率为5.3%，推行“华盛顿共识”后的10年，1990—2000年降为3.2%，仅相当于过去的60%，即使1994年和1997年两个增长最高年份，也只有5.2%，还没有达到过去30多年的平均水平，并且失业率持续攀升，贫困人口明显增加。① 其结果是“许许多多发展中国家的人民丧失了谋生的手段而跌回到了赤贫状态。对早些时候相当富裕的拉丁美洲，20世纪80年代被称为是‘失落的十年’”。②

知名经济学家纳塞尔2003年在《每月评论》撰文指出，私有化狂热是新自由主义全球化的特征。③ 关于这一点，在自己的职位上服务了12年的世界银行高级经理戴维森·巴德霍（Davision Budhoo）离职时坦言，“我们自1983年以来所做的每一件事情，都是基于这样一种使命感不惜一切代价将南方国家私有化。为了实现这个目的，我们卑鄙地把拉丁美洲和非洲变成了经济上的疯人院”。④ 在《喧嚣的90年代》中，诺贝尔奖获得者斯蒂格利茨指出，近30年左右的美国版市场经济不过是一个需要揭开伪善面纱的“神话”，其依据的新自由主义经济理论是“巫术经济学”。2008年，德国著名哲学家哈贝马斯（Jürgen Habermas）接受《时代周报》记者采访时指出，“华盛顿共识是臭名昭著的经济计划，是由国际货币基金组织和世界银行在90年代制订的计划，据说提供了经济改革的样子，首先是拉美，然后到半个世界。其中心承诺就是‘滴漏’：让富人更富，财富就将渗透到穷人身上”，“私有化时代已经结束。负责推动公共利益的角色是政治而不是市场”。⑤

正是如此，从新自由主义产生之日起，在全世界范围内不断受到抵制。而受新自由主义驱动的民营化浪潮风行世界的20多年，所造成的各种社会负面影响经过长期积累，最终引爆了遍及全球的抗议活动，反对和

① 吴树青：《“华盛顿共识”到“北京共识”的几点思考》，《思想理论教育导刊》2004年第11期。

② ［德］魏伯乐等主编：《私有化的局限》，王小卫等译，上海三联书店2006年版，第280页。

③ Alan G. Nasser, “The Tendency to Privatize”, *Monthly Review*, Vol. 54, No. 10 (March), 2003, pp. 21 – 37.

④ 转引自李其庆主编《全球化与新自由主义》，广西师范大学出版社2003年版，第67页。

⑤ 该访谈最初发表于2008年11月6日《时代周报》；英文翻译“Life after Bankruptcy”在© Policy 2009发表，得到政策出版社（Policy Press）的许可。该采访将被录入哈贝马斯的《欧洲：摇摇欲坠的工程》（Polity，2009）。http：//www. signandsight. com/features/1798. html。

批判私有化正成为拉美国家乃至世界各国新的历史潮流①。2002 年 1 月 31 日至 2 月 5 日，在“世界经济论坛”于美国纽约召开的同时，反全球化的“世界社会论坛”在巴西召开。有 100 多个国家参加在美国举办的“世界经济论坛”，而在巴西则有 150 多个国家参加“世界社会论坛”。“世界社会论坛”反对“由自由市场控制”的全球化，反对“新自由主义的过分做法导致的灾难、不平等和不公正现象”，其宣言主题之一是“为了抵制新自由主义”。而 2002 年 11 月 9 日，来自欧洲各国的上百万人在佛罗伦萨参加“欧洲社会论坛”发起的大规模反全球化游行，示威者的口号之一是“反对公共服务私有化”。各国对作为民营化理论基础的新自由主义批判与抵制的加强，使民营化的理论根基被动摇，从而导致民营化的合法性受到挑战。甚至被认为是一种“新的通往奴役之路”。② 由美国次贷危机引发并迅速波及全球的金融危机中，新自由主义政策更是在全世界范围内受到空前质疑与反对。从危机发生的原因与各国纷纷采取的“重新国有化”救治危机药方均不难看出，它必将对世界民营化发展产生深远影响，必将在全世界范围内掀起一股逆民营化甚至反民营化高潮。基于民营化过程中出现的种种问题，诺贝尔奖获得者斯蒂格利茨发起了放慢民营化步伐并对民营化更加谨慎的计划。③

其次，新公共管理改革陷入困境，西方各国在反思以新公共管理为主要内容的第一轮改革基础上，开始进入第二轮改革，改革重点已经从结构性分权、机构裁减和设立单一职能的机构转向整体政府④，并趋向整合治

---

① 自 1990 年拉美国家实施民营化改革以来，民营化引起了民众的普遍反对，2001 年反对民营化人口的比重从 2000 年的 59% 上升到 68%。关于拉美各国反对民营化人口比重的详细情况参见 Inter - American Development Bank，*Latin American Economic Politicas*，2002，Vol. 18。

② 这是迈克尔·赫德森（Michael Hudson）于 2008 年 7 月 25 日接受《大炮与黄油》电台题为“虚拟经济”的访谈中提出的概念。他认为，新自由主义的关键主张即不再区分生产性收益和非生产性收益是为了掩盖金融垄断资本主义的不劳而获，这是人类历史上的一个巨大倒退。他还指出，新自由主义指责社会主义国家政府干预是通往奴役之路，而事实上金融垄断资本主义在全球给工人造成的沉重债务和失业才是真正的通往奴役之路，并称其为“新的通往奴役之路”。参见［美］迈克尔·赫德森《虚拟经济论：金融资本与通往奴役之路》，嵇飞译，《国外理论动态》2009 年第 1 期。

③ Joseph E. Stiglitz，*Globalization and its Discontents*，New York/London：W. W. Norton/Penguin，2002.

④ Tom Christensen and Per Lægreid，“Rebalancing the State：Reregulation and the Reassertion of the Centre”，In Tom Christensen and Per Lægreid（eds.），*Autonomy and Regulation*，*Coping with Agencies in the Modern State*，Cheltenham：Edward Elgar，2006.

理或整体治理。[1]

新公共管理改革产生了政府的碎片化、政治控制的削弱、协作不力和能力不足等问题[2]，以及大量民营化所带来的公平与责任问题。这种影响在不少方面是灾难性的。如在机构分散方面，新公共管理改革的结构转变给只有350万人口的新西兰带来了300个中央机构、40个小的行政部门与大量地方与卫生机构。政府碎片化当然难以给这些国家带来良好经济前景，到2000年，新西兰人均GDP水平在所有OECD国家中排名倒数第二。[3] 正是对这些问题进行反思的基础上，20世纪90年代中期之后，西方各国开始着手第二轮改革。在现代公共部门的第二轮改革中，针对第一轮改革所带来的种种弊端，这轮改革的重点已经从结构性分权、机构裁减和设立单一职能的机构转向整体政府，实施重新强调中央政府权力，并注重横向协作与中央权力相结合的整合治理。这一趋势不仅在英国、澳大利亚和新西兰这些被称为新公共管理改革先锋的盎格鲁—撒克逊国家非常明

---

① 整体政府是一个大概念，相关词汇包括“网络化治理”、“协同政府”、“水平化管理”、“跨部门协作”等。其共同点是强调制度化、经常化和有效的“跨界”合作以增进公共价值，但每个词的含义和着眼点又有所区别（参见周志忍为［美］斯蒂芬·戈德史密斯《网络化治理》一书所做的序，北京大学出版社2008年版）。对于这一概念的称谓，不同国家也有差异，如英国称协同政府，新西兰、澳大利亚与美国等称整体政府。对这一概念的界定也各不相同，各学者都从各自不同的角度对这些概念进行了界定。有关整体政府的系统论述可参见Perri 6，“Joined - up Government in the Western World in Comparative Perspective：A Preliminary Lliterature Review and Explanation”，*Journal of Public Administration Research and Theory*，Vol. 14，No. 1，2004，pp. 103 - 138；Vernon Bogdanor（eds.），*Joined - Up Government*，*British Academy Occasional Paper* 5，Oxford：Oxford University Press；Christopher Pollitt，“Joined - up Government：A Survey”，*Political Studies Review*，Vol. 1，No. 1，2003，pp. 34 - 49；Tom Christensen and Per Lægreid：《后新公共管理改革——作为一种新趋势的整体政府》，《中国行政管理》2006年第9期；Tom Christensen and Per Lægreid，“The Whole - of - Government Approach to Public Sector Reform”，*Public Administration Review*，Vol. 67，No. 6。有关整体性治理的研究可参阅Perri 6. et al.，*Towards Holistic Governance*：*The New Reform Agenda*，Basingstoke，UK：Palgrave，2002；Patrick Dunleavy et al.，“New Public Management is Dead—Long Live the Digital Era Governance”，*Journal of Public Administration Research and Theory*，Vol. 16，No. 3，2006；彭锦鹏：《全观型治理：理论与制度化策略》，《政治科学论丛》（台北）2005年第23期；竺乾威：《从新公共管理到整体性治理》，《中国行政管理》2008年第10期。

② Tom Christensen and Per Lægreid（eds.），*Transcending New Public Management*，Aldershot：Ashgate，2007；Tom Christensen 和 Per Lægreid：《超越新公共管理：平衡控制与自主的渐增复杂性》，胡辉华译，《公共行政评论》2009年第1期。

③ Patrick Dunleavy et al.，“New Public Management is Dead—Long Live the Digital Era Governance”，*Journal of Public Administration Research and Theory*，Vol. 16，No. 3，2006.

显，而且在其他并没有致力于推行新公共管理改革的国家也日益显现。[①] 如今，虽然新公共管理的影响在一些国家仍然存在，但这一浪潮差不多已经终止。[②] 有学者指出，新公共管理已经寿终正寝。[③] 第二轮改革对政府领导与指导能力的重新强调不仅反映了对大量民营化的限制，也反映了对作为公共服务领导者的公共部门更为积极的态度，表明了要提高公共服务能力，民营化并不是最有效的工具，而需要整合服务提供，跨部门合作与改进公共服务文化，走向一种整合型服务提供模式。政府回购服务的兴起与发展反映了这一时代背景的变化。

第二节　行政学相关理论的转换为回购服务提供理论基础

行政学主要相关理论的转换也可以解释民营化比例下降与政府回购服务的发展。

一　市场和政府关系的变化

地方政府的新公共管理变革推动了市场化管理技术的发展。但它并没有考虑市场和政府关系的微妙与重要区别。市场是建立在利益最大化原则之上的。亚当·斯密认为，市场通过一只“看不见的手”（受个人利益最大化的激励），生产者和消费者能创造竞争性价格压力，促进创新和保证服务质量，因而获得社会最优化生产与供给。[④] 实现这一乐观

---

① Tom Christensen and Per Lægreid, "Rebalancing the State: Reregulation and the Reassertion of the Centre", In Tom Christensen and Per Lægreid (eds.), *Autonomy and Regulation Coping with Agencies in the Modern State*, Cheltenham: Edward Elgar, 2006.

② John Halligan, "Reintegrating Government in Third Generation Reforms of Australia and New Zealand", *Public Policy and Administration*, Vol. 22, No. 2, 2007, pp. 217 – 238.

③ Patrick Dunleavy et al., "New Public Management is Dead—Long Live the Digital Era Governance", *Journal of Public Administration Research and Theory*, Vol. 16, No. 3, 2006. 新公共管理在20世纪后期受到了广泛批评和质疑。最近，学界对新公共管理改革所带来的机构裂化（或称“碎片化”）等问题进行了大量反思。其中，对新公共管理负面效应进行了最为系统论述的是挪威奥斯陆大学教授，国际著名公共行政学家 Tom Christensen 及其博士生 Per Lægreid。除了主编《超越新公共管理》之外，还连续撰写了《新公共管理及其超越》与《超越新公共管理：平衡控制与自主的渐增复杂性》（2009）等系列论文。近年来，我国学界也开始反思新公共管理改革，最近曾维和博士对批评新公共管理的理论体系从价值重构、制度安排与功能整合三个方面做了归纳。参见曾维和《价值重构、制度安排与功能整合——超越新公共管理的三种理论视角》，《国家行政学院学报》2009 年第 1 期。

④ ［英］亚当·斯密：《国富论》，郭大力、王亚南译，商务印书馆 2014 年版。

结果的关键在于竞争。然而，现实却远非这么简单。现实情况是，很多服务是自然垄断的，因而很难受益于亚当·斯密基于这只竞争性市场的“看不见的手”。

用市场提供公共服务的主要问题在于要知道创造公共利益首先需要什么。公共产品的定义来源于当自利的个人不能提供关键的社会产品或在公共资源上“搭便车”而导致市场失灵。如交通拥堵、污染和公共卫生等公共服务的提供，都是市场失灵而需要政府干预的例子。通常情况下，这种干预的形式是政府管制或政府直接提供服务。随着城市化的增长，外部性变得更加突出，市场失灵变得更为普遍，而公民对公共服务的需求不断增加。这使地方政府服务供给得以不断扩大，同时还会进入一些新的领域，如垃圾收集、供水、环境管理、提供基础设施和人力服务。

然而，市场机制仍然有可能提供一些公共服务。由诺贝尔经济学奖获得者科斯（Ronald H. Coase）在《社会成本问题》一文中提出的自愿议价来解决外部性的可能性，取决于一个议价框架，在这个框架中，完全信息和明晰产权的个人支付生产商正（负）外部性，以使之在自愿方案中得以增加或减少。当供应商和消费者之间连接紧密时，这种支付容易达成。科斯用果园主人支付养蜂人让蜜蜂帮助授粉作为例子。① 当更多行为者加入时，这种自愿解决办法容易破裂，于是，政府组织的服务供给便成为首选。

但有学者认为，在人口稠密的城市，自愿性方法的可能性或许会比以前想象的要大。如在棚户区，政府不愿或不能提供基本服务，个人可以走到一起来提供城市交通、供水等服务，而以前这些都是由政府提供的。② 有些人自愿地组织起来实现集体需要，这表明了隐藏在自愿市场方法背后的力量和潜能。在讨论由市场创造的“自发秩序”时，韦伯斯特（Christopher J. Webster）等学者认为，政府提供服务会通过能提高成本和限制门路的规制和干预损害私人供给，特别是那些针对穷人的服务。③ 这已经成了促进穷人市场服务发展的原则之一。

虽然这些市场化途径显示了不错的前景，但是仍然需要发挥政府的作

---

① Ronald H. Coase, "The Problem of Social Cost", *Journal of Law and Economics*, Vol. 3, (October) 1960, pp. 1 – 44; Christopher J. Webster, "Public Choice, Pigouvian and Coasian Planning theory", *Urban Studies*, Vol. 35, No. 1, 1998, pp. 53 – 75.

② Alan Gilbert and James Ferguson, *The Latin American City*, New York, NY: Latin America Bureau, 1998.

③ Christopher J. Webster and Lai Wai – Chung, *Property Rights*, *Planning and Markets*: *Managing Spontaneous Cities*, Cheltenham, UK. Northhampton, MA: Edward Elgar, 2003.

用。在市场作用最突出的地方，消费者的权利往往最得不到保障。这将议价的权利向公共服务的私人提供商倾斜，并因缺乏有力的政府监督而引发了价格和质量问题。这还会导致公民身份概念的经济化，使获得基本服务——如供水这样的与人们生活息息相关的基本服务的权利成为建立在支付能力之上。① 特别是在受到美元推动的市场化供水方案的发展中国家，水价大大提高，超出低收入家庭的支付能力，因而导致民众抗议。这方面最突出的例子是发生在玻利维亚科恰班巴的水暴动。② 即使在发达国家，如加拿大，民营化也因侵害公民身份和民主受到质疑。③

在公共服务方面，有些东西比成本和服务质量更重要。公民期望参与、表达和控制政府决策。政治学理论与实践均表明，协商是民主的关键。但由于市场具有匿名性和自发性特征，不能为协商带来空间。个人可以选择购买或不购买，而具有选择性质的协商往往不是市场的一部分。作为个人集合的市场并不会成为协商的社会空间，除非市场治理做了这样的设计。亚当·斯密那只"看不见的手"的好处是它无须协商，但当将市场方法运用到公共服务提供时，就会出现偏好比对问题。④ 当个人偏好取代公共偏好时，就会再次出现公共产品失灵。当顾客作为个人在市场化的公共服务中为了公共目标而购买物品时，他们就会取代个人偏好。这已经出现在教育、儿童保健和就业培训的方案中，这些领域是由那些因缺乏信息或时间的个体消费者所做的社会次优选择，他们选择的是方便而不是质量，因而在很大程度上损害了预期为社会教育的收益。⑤

---

① 水与人们的生活息息相关，不仅是人的基本需要，也被视为一种基本人权。参见谢世清《国际城市水业改革对中国的十大启示》，《国际经济评论》2008 年第 11—12 期；也可以参见《新华文摘》2009 年第 5 期。

② ［德］魏伯乐等主编：《私有化的局限》，王小卫等译，上海三联书店 2006 年版；Benjamin Kohl，"Privatization Bolivian Style：A Cautionary Tale"，*International Journal of Urban and Regional Research*，Vol. 28，No. 4，2004，pp. 893 – 908。

③ Canadian Union of Public Employees（CUPE），*Dollars and Democracy*：*Canadians Pay the Price of Privatization Annual Report on Privatization*，Ottawa，Canada：CUPE，2001（http：//www. cupe. ca/issues/privatization/arp/default. asp）.

④ David Lowery，"Consumer Overeignty and Quasi – market Failure"，*Journal of Public Administration Research and Theory*，Vol. 8，No. 2，1998.

⑤ Magdalena Hipp and Mildred E. Warner，"Market Forces for the Unemployed? Training Vouchers in Germany and the U. S. "，*Social Policy and Administration*，Vol. 42，No. 1，2007，pp. 77 – 101；David Lowery，"Consumer Overeignty and Quasi – market Failure"，*Journal of Public Administration Research and Theory*，Vol. 8，No. 2，1998；Marcia K. Meyers and Lucy P. Jordan，"Choice and Accommodation in Parental Child Care Decisions Community Development"，*The Journal of the Community Development Society*，Vol. 37，No. 2，2006，pp. 53 – 70.

相关研究表明，通过协商，公民会将个人偏好更多地转向集体福祉。① 而为民主协商创造空间则是政府的核心职能。哈佛大学法学院弗鲁克（Gerald E. Frug）指出，社区建设是最大的公共产品。② 民主社会的公民往往会培养弥合社会差异，思考公共问题和创造社会最优方案的能力。在规划领域，这导致沟通性规划中一个新领域的出现，它强调权力的不平衡会怎样通过容许更多公民表达和参与的协商过程而得到改变。③ 在公共行政领域，经历了十几年的民营化试验之后，又重新转向了对公民身份、参与和公共价值的重视。政府的作用不像新公共管理所宣称的那样只是在市场过程中掌舵，还必须服务于公民。④ 政府必须有能力帮助公民走到一起发现问题并讨论可供选择的方案。⑤ 公民参与也不只是新公共管理所倡导的顾客导向和竞争。公民需要的不仅是选择走出市场，他们还需要待在社区，并拥有行使发言权和投资于其社区的机会。学会解决集体问题，学会解决城市的异质性分歧和学会实践协商，这些都是民主社会的基础。

二　对市场中公民性的认识

要将市场用于公共服务供给，应该更注重市场的公民基础。市场的社会结构对“看不见的手”之匿名性提出了挑战，显示了信任和嵌入性在建设让市场正常运行的社会规范中所起的重要作用。⑥ 市场的出现要求国家建立法律框架来支持其功能（保险、产权）的发挥。它还要求

---

① David Lowery, “Answering the Public Choice Challenge: A Neoprogressive Research Agenda”, *Governance: An International Journal of Policy and Administration*, Vol. 12, No. 1, 1999, pp. 29 – 55.

② Gerald E. Frug, *City Making: Building Communities without Building Walls*, Princeton, NJ: Princeton University Press, 1999.

③ John Forester, *The Deliberative Practitioner: Encouraging Participatory Planning Processes*, Cambridge, Mass: MIT Press, 1999; Patsy Healey, “The Communicative Turn in Planning Theory and its Implications for Spatial Strategy Formations”, *Environment and Planning B: Planning and Design*, Vol. 23, No. 2, 1996, pp. 217 – 234.

④ Janet V. Denhardt and Robert B. Denhardt, *The New Public Service: Serving, not Steering*, Armonk, NY: ME Sharpe, 2003; Robert B. Denhardt and Janet V. Denhardt, “The new Public Management: Serving rather than Steering”, *Public Administration Review*, Vol. 60, No. 6, 2000, pp. 549 – 559.

⑤ John Nalbandian, “Professionals and the Conflicting Forces of Administrative Modernization and Civic Engagement”, *American Review of Public Administration*, Vol. 35, No. 4, 2005, pp. 311 – 326.

⑥ ［美］道格拉斯·C. 诺斯：《制度、制度变迁与经济绩效》，杭行译，上海人民出版社 2014 年版。

重视社会网络和不断变化的社会规范。[①] 而市场的企业精神则更加强调竞争，所以，建立竞争规范是公民参与和形成市场的社会基础。[②]

然而，市场同样会使权力自然集中，自由放任的市场不会自然出现。如果没有国家规制对更多竞争市场功能的保障，出现集中就在所难免。市场制度的相关模型也证明，经历一段时间之后，就会出现财富集中而使竞争消失。[③] 这在很多自然垄断或趋向于自然垄断的公共服务供给领域，如供水、垃圾收集和供电等更是如此。研究显示，公共服务合同外包市场充其量只是由一个买方（政府）和少数几个卖方组成的准市场。[④] 这表明，市场本身并不能创造竞争。这也许就是在重视垄断管理的条件下，为什么地方政府在使用公共服务合同外包上更为稳定的原因。在对美国和西班牙的供水和固体垃圾处理的服务购买所做的比较研究中，我们会发现西班牙地方政府购买服务的比例和稳定性均比美国高。造成这种不同的原因部分是由于西班牙重视运用公私混合型企业的垄断管理，这些企业同时享受自然垄断（规模经济）和私部门管理，但同时保留了公共价值和责任的好处。相反，美国地方政府只重视推动政府和私营企业的竞争。这导致了美国更少的服务购买和更高的服务回购率。这一点，我们将在本书第五章做专门论述。

缺乏竞争还不只是民营化服务提供唯一的失败，市场化路径还带来偏好安排问题，个人偏好（便利）会取代公共偏好（质量）。市场还会因信息不完全和交易费用而造成买方偏好错误。[⑤] 这些失败的一部分可以通过投资社会基础——公共教育、管理标准或反信托法解决。关键难题在于如何理解市场中的社会基础。20 世纪后期是一种试验，它让人看到了我们能将市场边界向政府方向推进多远。然而，如果要将市场用于公共服务提供，就必须知道这些市场的运作需要什么。

公共服务提供的市场化方法在发展中国家和东欧不能充分重视上述准市场失灵，或保障市场顺利发挥作用的重要社会基础。卡尔·波兰

---

① Victor Nee，“The Role of the State in Making a Market Economy”，*Journal of Institutional and Theoretical Economics*，Vol. 156，2000，pp. 64 – 68.

② Mildred E. Warner and C. W. Daugherty，“Promoting the ‘Civic’ in Entrepreneurship：The Case of Rural Slovakia”. *Journal of the Community Development Society*，Vol. 35，No. 1，2004，pp. 117 – 134.

③ Brain Hayes，“Follow the Money”，*American Scientist*，Vol. 90，2002，pp. 400 – 405.

④ David Lowery，“Consumer Overeignty and Quasi – market Failure”，*Journal of Public Administration Research and Theory*，Vol. 8，No. 2，1998.

⑤ Ibid.

尼（Karl Polanyi）指出，人的相互作用不只是建立在市场交换上，互惠和再分配才是关键。当市场从属于人类生活的其他方面，就会出现能使之中和的逆向发展。① 这有助于解释南非玻利维亚供水领域强烈的反民营化运动。这在一定程度上也可以解释美国回购公共服务比例的增长，以及英国、澳大利亚和新西兰等早期民营化国家竞争性招标的转向。

越来越多的研究与民营化实践表明，民营化要求政府有能力管理市场。民营化并非如一些赞成民营化的理论家认为的是国家作用的弱化，而是国家作用向新管理工具的转变，其中包括更加直接的市场管理角色。合同建设、定价和质量管制以及作为市场中提供者或购买者的直接行动，都是用于使市场更为有效地提供服务的政府工具。人们更多地认识到政府作为参与者需要停留在市场以确保竞争、效率、服务质量和更广泛的公共目标。②

三　市场化理论的承诺与失败

政府市场化理论的一个所谓优势就是它可以在提供政府服务时给顾客（民众）更多的选择和表达权。美国著名经济学家查尔斯·蒂伯特（Charles M. Tiebout）曾指出，特别是在地方政府层面，竞争性地方政府的公共市场可以让可迁移居民在社区的税收/服务中进行选择，这也为地方政府维持效率带来了竞争压力。③

民营化主要承诺之一就是它能带给民众更多的选择和表达权。通过政府服务民营化，公民消费者可以享受市场选择，能够比投票或在不同的社区迁移更为定期地购买服务。然而，对美国政府购买服务行为的经验分析表明，在公共服务民营化越普遍的城市，越不重视公民表达。何以如此？重要原因在于民营化通常是在政府作为买方和一个或很少的几个供应方之间的签约，所谓的顾客，即民众却看不到提供者的选择。④

莱维特（Roger Levett）通过对英国的观察，对民营化是否提供了最

---

① ［美］卡尔·波兰尼：《大转型：我们时代的政治与经济起源》，冯钢、刘阳译，浙江人民出版社 2007 年版。

② Mildred E. Warner and Amir Hefetz, "Managing Markets for Public Service: The Role of Mixed Public/Private Delivery of City Services", *Public Administration Review*, Vol. 68, No. 1, 2008.

③ Charles M. Tiebout, "A Pure Theory of Local Expenditures", *Journal of Political Economy*, Vol. 64, No. 5, 1956, pp. 416 – 424.

④ Mildred E. Warner and Amir Hefetz, "The Uneven Distribution of Market Solutions for Public goods", *Journal of Urban Affairs*, Vol. 24, No. 4, 2002, pp. 445 – 459.

佳选择进行了分析。他引用英国交通的例子说明了对可选择做得过头之后的坏处。① 盖特威克机场到伦敦市中心是在一条线路内引进竞争的少数几条铁路服务线之一，其理由是很多商务旅客愿意为到伦敦的快速直达服务支付更高的车费，而其他很多人愿意付得少一点而乘坐旅途时间稍微长一点的当地普通列车。车票是不可以转让的。引起争论的缺点在于高级“盖特威克快车”所减少的旅途时间往往少于不乘普通列车而等候下一班快车所额外多出来的时间。因此，竞争需要迷茫的旅客尽量算出哪一辆车实际能让他们更快到达伦敦，同时还要冒既花费更高又花费时间更长的风险。第二个例子是对当地公交车服务放松管制并进入竞争，其目的是通过给予乘客选择权来提高服务水平。正如市场理论所预示的，这导致了经营商过多地将公交车投入到繁忙、赚钱的路线，直到乘客分得很散只能达到收支平衡为止。其结果是对繁忙路线上才 1/4 满的公交车进行了过度选择，而很多人却完全被剥夺了对乘公交车的选择权。② 美国知名学者文森特·奥斯特罗姆等也发现，由于移居具有很高成本，所以，蒂伯特所提出的“用脚投票”并非表达偏好的最佳方法，在大多数情形下，往往是很不现实的。③

同样，市场化理论只可能使政府服务供给在地区层次实现规模经济。

---

① 心理学对选择与幸福的关系做了颇为有趣的论述。普遍认为，个人选择的任何增加都应该是一种进步，因为有些人现在可以选择更适合他们的产品或服务了。美国心理学家 Barry Schwartz 则认为，超过一定程度，进一步增加选择权不会使人们更加快乐，相反，会走向反面。其理由是：如果你相信可以获得最佳选择，而你所选择的并不是最佳的，这会使你在选择时感到更为焦虑，压力增大。而在做出选择之后，不可避免会发现不足之处，意味着最佳选择仍“在那边”，这使你对不完美感到不快乐，破坏了你也许可从其优质中获得的任何快乐。这种不满会促使你再次选择……从而开始了焦虑选择，随之是不可避免的失望的另一个循环。施瓦茨（Schwartz）将“效用最大化者”（即那些总是追求最佳选择的、不安分、苛求和不满的人）和“效用满足者”作了对比。他用“效用满足者”表示那些知道何时他们所拥有的已经够好了的人，他们放松并享受自己的好运而不是急于追求达到完美的最后一步——也许就根本无法达到。详情参见 Barry Schwartz，*The Paradox of Choice*. New York：Harper Collins，2003。

对于公共服务而言，效用满足者将是比效用最大化者更为舒适的“消费者”，因为效用最大化者往往过度苛求，毫不领情，并倾向于甚至对微不足道的不足都要投诉和批评。选择权的提供也许会使效用满足者效用最大化。更多苛求的“消费者”也许有助于提高服务标准，但是即使服务改进了，效用最大化者仍不会满意。也就是说，过度增加选择类型并不认为可以使人们更为快乐（魏伯乐等，2006）。不过，需要指出的是，在服务提供的选择方面，在很多情况下，民营化服务提供并非如其支持者所想象的那样真能为民众增加选择权。

② ［德］魏伯乐等主编：《私有化的局限》，王小卫等译，上海三联书店 2006 年版，第 433 页。

③ ［美］文森特·奥斯特罗姆等：《美国地方政府》，井敏、陈幽泓译，北京大学出版社 2005 年版；［美］迈克尔·麦金尼斯主编：《多中心体制与地方公共经济》，毛寿龙译，上海三联书店 2000 年版。

民营化和政府间合作是最为盛行的地方政府改革模式。然而，二者均不能推动区域内的公平。尽管研究显示，富裕的郊区比农村或核心城市社区更支持民营化①，而由于其志愿性，政府间合作不会使政府选择同比它们更穷的邻居政府合作。② 文森特·奥斯特罗姆等以大量经验研究发现，大多数公共服务都极少具有规模经济效应。③ 正是基于这些研究，他提出了著名的多中心治理理论。

政府市场化模式另一承诺——效率也只是暂时性的。大量的研究表明，只有具备有效的监督，实行民营化的地方政府才能获得效率。对民营化和成本的荟萃分析显示的结果虽然并不一致，但绝大多数研究不能证明民营化能节约成本。④ 一些学者将不能获得效率的原因归结为合同外包的高交易费用。⑤ 事实证明，合同条款和监督比人们开始想象的更具挑战性，花费也更高。如相关研究表明，仅合同外包的平均监督成本就占项目

---

① Yolanda K. Kodrzycki, "Privatization of Local Public Services: Lessons for New England", *New England Economic Review*, (May/June) 1994, pp. 31 –46; Mildred E. Warner, "Market – based Governance and the Challenge for Rural Governments: U. S. Trends", *Social Policy and Administration: AnInternational Journal of Policy and Research*, Vol. 40, No. 6, 2006, pp. 612 – 631; Mildred E. Warner and Amir Hefetz, "Rural – urban Differences in Privatization: Limits to the Competitive State", *Environment and Planning C: Government and Policy*, Vol. 21, No. 5, 2003, pp. 703 – 718.

② Mildred E. Warner, "Inter – municipal Cooperation in the U. S: A Regional Governance Solution?", *Urban Public Economics Review/Revista de Economia Publica Urbana*, Vol. 7, 2006, pp. 132 – 151; Mildred E. Warner, "Civic Government or Market – Based Governance? The Limits of Privatization for Rural Local Governments", *Agriculture and Human Values*, Vol. 26, No. 1, 2009, pp. 133 – 143.

③ ［美］文森特·奥斯特罗姆等：《美国地方政府》，井敏、陈幽泓译，北京大学出版社2005年版，第80页。

④ 相关研究可参见 Germà Bel and Mildred E. Warner, "Challenging Issues in Local Privatization", *Environment and Planning C: Government and Policy*, Vol. 26, No. 1; George A. Boyne, *Public Choice Theory and Local Government: A Comparative Analysis of the UK and the USA*. New York, NY: St Martin's Press, 1998; Werner Z. Hirsch, "Contracting out by Urban Governments—a Review", *Urban Affairs Review*, Vol. 30, No. 3, 1995; Graeme A. Hodge. *Privatization: An International Review of Performance*, Boulder, Colo, Westview Press。

⑤ Amir Hefetz and Mildred E. Warner, "Privatization and Its Reverse: Explaining the Dynamics of the Government Contracting Process", *Journal of Public Administration Research and Theory*, Vol. 14, No. 2, 2004; Elliott Sclar, *You Don't Always Get What You Pay for: The Economics of Privatization*, Ithaca: Cornell University Press, 2000.

总成本的20%。① 但其中有些费用可以通过更为细致的市场管理得到控制，交易费用并非理解合同外包难题的全部框架。②

基于此，有人认为，民营化带来的结果是“毫无疑问，错误已经造成了，而诺言却没有实现”。③

四　融合协商与市场的协商性社会选择

从上述的分析可以看出，市场并不能保障公平、表达权和效率。市场只是公共服务供给的工具之一，但市场需要认真管理才能实现想要达到的目标。而要在公共服务供给中用好市场这一工具，地方政府必须具备建设市场和让公民参与协商过程的能力。

虽然市场化改革的试验已经在公共管理中实施推广，在规划领域却重视协商和沟通。近年来，一个建立在哈贝马斯对话基础上的新领域——沟通性规划已经兴起，它强调规划决策中的公众参与和沟通过程。④ 沟通性规划看重规划者在分辨选择和查询错误信息中的特殊作用。⑤ 有人指出，规划制定者能促进对规划过程的提倡。显然，这一过程对现行的权力结构提出了挑战，并给穷人更多的表达权。⑥

尽管市场化改革的努力扩大了政府在公民和媒体之间的负面看

---

① Amir Hefetz and Mildred E. Warner, “Privatization and Its Reverse: Explaining the Dynamics of the Government Contracting Process”, *Journal of Public Administration Research and Theory*, Vol. 14, No. 2, 2004; Janet Rothenberg Pack, “Privatization and Cost Reduction”. *Policy Sciences*, Vol. 22, No. 1, 1989, pp. 1 – 25; Jonas Prager, “Contracting out Government Services: Lessons from the Private sector”, *Public Administration Review*, Vol. 54, No. 2, 1994.

② Germà Bel and Mildred E. Warner, “Challenging Issues in Local Privatization”, *Environment and Planning C: Government and Policy*, Vol. 26, No. 1; Amir Hefetz & Mildred E. Warner, “Beyond the Market vs. Planning Dichotomy: Understanding Privatisation and its Reverse in US Cities”, *Local Government Studies*, Vol. 33, No. 4, 2007.

③ ［德］魏伯乐等主编：《私有化的局限》，王小卫等译，上海三联书店2006年版，第391页。

④ John Foreste, *The Deliberative Practitioner: Encouraging Participatory Planning Processes.* Cambridge, Mass: MIT Press, 1999; Patsy Healey, “The Communicative turn in Planning Theory and its Implications for Spatial Strategy Formations”, *Environment and Planning B: Planning and Design*, Vol. 23, No. 2, 1996.

⑤ Patsy Healey, *Collaborative Planning: Shaping Places in Fragmented Societies*, Vancouver: UBC Press, 1997; Judith Innes, “Planning Theory's Emerging Paradigm: Communicative Action and Interactive practice”, *Journal of Planning Education and Research*, Vol. 14, No. 3, 1995, pp. 183 – 189.

⑥ K. M. Reardon, “Promoting Community Development through Empowerment Planning in East St. Louis, Illinois”, In W. D. Keating and N. Krumholz (eds.), *America's Poorest Urban Neighborhoods: Urban Policy and Planning*, Thousand Oak, CA: Sage Publications, Inc., 1999, pp. 124 – 139.

法，地方政府管理者却对公共价值服务表现出更多兴趣。① 一项有关美国公共民意的研究发现，公民通常将政府等同于为自身服务的政治家或不负责任的官僚机构，从而造成了负面看法。② 但是，当政府重新发起建立促进经济效率和安全的公共设施的对话时，公民的看法便会变得更加积极。③ 困难在于重建政府的领导能力和公民参与集体协商过程的能力。如今，地方政府拥有了一种潜力，它通过在城市推动创新的领导者表现出来了。④ 美国堪萨斯大学行政管理系主任纳尔班迪（John Nalbandian）指出，政府能力是指作为让社区走到一起并通过不打破社会结构方式解决问题的能力，所以他们可以再次聚到一起解决下一个问题。⑤ 基于巴西阿雷格里港令人兴奋的创新，世界各地的城市领导者正在试验一种新的公民参与模式，即公共服务提供的公民预算与公民规划。⑥

在这方面，规划师的作用类似于地方政府管理者，虽然规划师首先重视的是过程，而政府管理者则是指导公共服务供给。如何将协商需求融合于更为市场化的政府服务提供制度之中，是一种挑战。公共选择理论错误地假设顾客在竞争的市场中进行选择能解决公共服务问题。对市场的过度

① Mark H. Moore, *Creating Public Value: Strategic Management in Government*, Cambridge, MS: Harvard University Press, 1995. Barry Bozeman, *Public Values and Public Interest: Counterbalancing Economic Individualism*, Washington, D. C.: Georgetown University Press, 2007; John Alford and JanineO' Flynn, "Making Sense of Public Value: Concepts, Critiques and Emergent Meanings", *Intl Journal of Public Administration*, Vol. 32, No. 3 -4, 2009. 近年来，公共价值也开始引起国内学术界的关注。相关研究可参见王学军、张弘《公共价值的研究路径与前沿问题》，《公共管理学报》2013 年第 2 期；杨博、谢光远《论"公共价值管理"：一种后新公共管理理论的超越与限度》，《政治学研究》2014 年第 6 期。

② Patrick Bresette and Marcia Kinsey, *Public Structures: A Constructive Model for Government*, Public Briefing No. 6, A network for ideas and action, New York, NY: Demos, 2006.

③ Philip Allmendinger, Mark Tewdwr - Jones and Janice Morphet, "Public Scrutiny, Standards and the Planning System: Assessing Professional Values within a Modernized Local Government". *Public Administration*, Vol. 81, No. 4, 2003, pp. 761 - 780; Mark H. Moore, *Creating Public Value: Strategic Management in Goverment*, Cambriclge, ms: Harrard Unirersity Press, 1995.

④ Pierre Clavel, *The Progressive City: Planning and Participation*, 1969 - 1984, New Brunswick, NJ: Rutgers University Press, 1986.

⑤ John Nalbandian, "Facilitating Community, Enabling Democracy: New Roles for Local Government managers", *Public Administration Review*, Vol. 59, No. 3, 1999; John Nalbandian, "Professionals and the Conflicting Forces of Administrative Modernization and Civic Engagement", *American Review of Public Administration*, Vol. 35, No. 4, 2005, pp. 311 -326.

⑥ [美] 戴维·奥斯本、彼德·普拉斯特里克：《摒弃官僚制：政府再造的五项战略》，中国人民大学出版社 2005 年版；William R. Potapchuck, Jarle P. Crocker and William H. Schechter, *The Transformative Power of Governance*. Washington D. C.: Program for Community Problem Solving, 1998.

运用犯了矫枉过正的错误。[①] 同样，民主的替代办法，如多数人投票制，已证明会造成不稳定的决策周期和操纵。社会选择理论表明了要同时解决效率、民主和服务于公共利益的难能性。自由决策包括决策中某种形式的专家自主。[②] 所以，投票和顾客自己选择均不能产生稳定、民主和社会最优的方案。挪威科技大学托雷·圣吉（Tore Sage）认为，协商可以作为迭代过程中的一种补充方式，以解决这些问题。[③] 通过协商，个人可以看到转向更具社会性收益决策的需要。[④] 这也是协商和民主计划过程的承诺。然而，仅仅只有协商也会导致与投票一样的难能性问题。[⑤] 所以应该运用一种能将计划、市场、选举和协商融合为一体的过程，即协商型社会选择。

上述公共行政理论由20世纪七八十年代至90年代主流理论对市场作用的迷信，逐步转向20世纪90年代中期之后对政府作用的重新重视，以及试图在政府与市场之间寻求一种新的平衡并使二者能相互兼容的努力。这一理论变迁反映到政府治理实践，则是私有化意识形态的进一步淡出，民营化发展迅速下降，多种公共服务提供方式同时运用。在这样的背景下，地方政府在服务提供方式的选择上变得更加理性与务实，它们既向社会购买服务，又收回不成功的外包服务。

第三节　合同失败：回购公共服务的直接动因

推行公共服务民营化改革的核心支撑力量在于政府购买服务等市场化手段能够节省成本、改进服务质量，以及缩减政府规模。但从长时段和大范围考察，人们发现，民营化倡导者有关市场化公共服务提供能降低成本

---

① 蓝志勇：《公共政策的缺失与当前世界性经济危机》，《公共管理学报》2009年第1期。

② Tore Sage, "Positive Theory of Planning: The Social Choice Approach", *Environment and Planning A*, Vol. 33, No. 4, 2001, pp. 629–647; Tore Sager, "Deliberative Planning and Decision Making: An Impossibility Result", *Journal of Planning Education and Research*, Vol. 21, No. 4, 2002, pp. 367–378.

③ Tore Sage, "Deliberative Planning and Decision Making: An Impossibility Result", *Journal of Planning Education and Research*, Vol. 21, No. 4, 2002, pp. 367–378.

④ Gerald E. Frug, *City Making: Building Communities without Building Walls*, Princeton, NJ: Princeton University Press, 1999.

⑤ Tore Sage, "Deliberative Planning and Decision Making: An Impossibility Result", *Journal of Planning Education and Research*, Vol. 21, No. 4, 2002, pp. 367–378.

和提高效率等承诺均未真正实现，相反，民营化失败的情况屡见不鲜，乃至于出现了“民营化危机”。① 这种民营化危机一方面导致了公众对民营化的质疑与反对；另一方面也直接引发了学术界对民营化成效的进一步研究。笔者通过对最近有关民营化与政府回购公共服务问题的主要研究统计发现，政府回购服务的直接原因主要包括市场化公共服务提供质量降低、不能节省成本、合同管理/监督成本高、缺乏竞争市场等，具体如附表2所示。这些原因用一个词概括即为民营化失败。在《地方政府服务提供的动态发展与非政府组织的作用》一文中，美国学者拉莫特（Lamothe）夫妇专门对地方政府公共服务民营化失败的原因进行了研究，重要结论之一就是美国地方政府服务民营化过程中合同失败的普遍性超乎人们的想象。② 因此，尽管政府回购服务的原因是多方面的，但民营化失败而导致的民营化危机已成为政府回购服务的直接动因。下面就其中的几大主要原因做进一步分析。

一 成本节省错觉

民营化推动者的首要承诺就是政府购买服务等市场化手段能节省成本。他们宣称，民营化的一大重要优势是能够大量节省成本。然而，细看文献不难发现，民营化能节省成本的都是如萨瓦斯等所做的早期（20世纪六七十年代）个案研究。他们的研究主要停留在从少数个案中反映出政府购买服务对提高效率与费用节省的认识之上。③ 而且，由于他们过于相信民营化的积极面，因而难以看到民营化可能存在的诸多不足，也难以对这些问题做出客观分析。正如周志忍教授所指出的，作为民营化的积极倡导者和推动者，“萨瓦斯的观点具有明显的倾向性，需要用批评者的观

---

① Mario Candeias et al.，“Crisis of Privatization - return of the Public Sphere”，*Impressum*，*RLS Policy Paper*，No. 1，2008，pp. 1 - 8.

② Scott Lamothe and Meeyoung Lamothe，“The Dynamics of Local Service Delivery Arrangements and the Role of Nonprofits”，*International Journal of Public Administration*，Vol. 29，No. 10：769 - 797，2006.

③ 当然，在早期研究者当中，也有少数研究者发现了民营化在成本节省上的种种困难。他们还发现，民营化即使为地方政府省了钱，但是，这些钱是从工资和福利中省出来的。参见R. Miranda，“Privatization and the Budget - maximizing Bureaucrat”，*Public Productivity and Management Review*，Vol 17，No. 4，1994，pp. 355 - 369；J. D. Donhue，*The Privatization Decision*. New York：Basic Books，1989，p. 131；H. Rehfuss，*Contracting out in Government*，San Francisco，CA：Jossey - Bass，1989，p. 201。而尼古拉斯·亨利则进一步指出，“事实上所有严谨的研究都证明了这一点”。参见尼古拉斯·亨利《公共行政学》，项龙译，华夏出版社2002年版，第343页。

点和追踪研究的新成果予以‘中和’”。[①] 最近研究显示，政府购买服务能增加效率的确切证据并不存在。[②] 政府购买服务能提高效率的案例被成本增加的案例抵消了。通过对大量有关政府购买服务合同效率研究的分析，博伊恩（George A. Boyne）发现，并不存在对政府购买服务能带来更大效率的确切支持。[③] 其他研究显示，民营化的收益被高估了。[④] 伯瑞坦（Samuel Brittan）早就指出，民营化本身对效率的影响处于“略胜于无”和“略劣于无”之间[⑤]，无足轻重。近年来越来越多的相关研究表明，政府购买服务能节省成本的假设只是一种错觉。如一项有关对所有已经出版或发表的供水和垃圾收集服务研究（包含全球这两项服务的绝大多数研究）的元回归分析表明，在统计上并不能为政府购买服务能够降低成本提供支持。[⑥] 表3－1有关政府回购服务原因的所有研究中，均显示不能节省成本是其中的重要原因。在 ICMA 2002—2007 年的调查中，一半以上的地方政府管理者将未能节省成本作为回购服务的主要原因。英国曼彻斯特大学最近一份调查报告显示，英国铁路部门实施民营化以来，政府的花费不仅没有降低，反而增长了 1 倍，现在每年的花费达到了 40 亿英镑。[⑦]

另外，节省成本也可以从服务提供价格的降低上体现。但很少有研究显示政府购买服务降低了服务提供的价格。相反，实践中政府购买服务提高了价格的案例屡见不鲜。如前述德国公交民营化后票价迅速上升。美国最大的十家水务公司民营化改革之后，水费不仅未降低；相反，都成倍甚

---

① 周志忍：《认识市场化改革的新视角》，《中国行政管理》2009 年第 3 期。

② Germà Bel, X. Fageda and M. E. Warner, "Is Private Production of Public Services Cheaper than Public Production? A Meta－regression Analysis of Solid Waste and Water Services", *Journal of Policy Analysis and Management*, Vol. 9, No. 3, 2010, pp. 553－577.

③ George A. Boyne, *Public Choice Theory and Local Government: A Comparative Analysis of the UK and the USA*, New York, NY: St Martin's Press, 1998.

④ Robert M. Stein, "The Budgetary Effects of Municipal Service Contracting: A Principal Agentexplanation". *American Journal of Political Science*, Vol. 34, No. 2, 1990, pp. 471－502; Ferris, J. The Decision to Contract out: An Empirical Analysis, *Urban Affairs Quarterly*, Vol 22, No. 2. 1986, pp. 289－311.

⑤ Samuel Brittan, "Privatisation: A Comment on Kayand Thompson", *Economic Journal*, Vol. 96, No. 1, 1989, pp. 33－38.

⑥ Germà Bel, X. Fageda and M. E. Warner, "Is Private Production of Public Services Cheaper than Public Production? A Meta－regression Analysis of Solid Waste and Water Services", *Journal of Policy Analysis and Management*, Vol. 29, No. 3, 2010, pp. 553－577.

⑦ 正因为如此，英国铁路民营化被称为“铁路大盗”。参见 Bowman, A. et al., *The Great Train Robbery: Rail Privatisation and After*, 2013, http://www.cresc.ac.uk。

至多倍地提高了。详情如图 3－4 所示。一项最新的调查研究表明，民营化会普遍地“加重公众长远的负担”，民营化是“短视、不负责任和奢侈的”。①

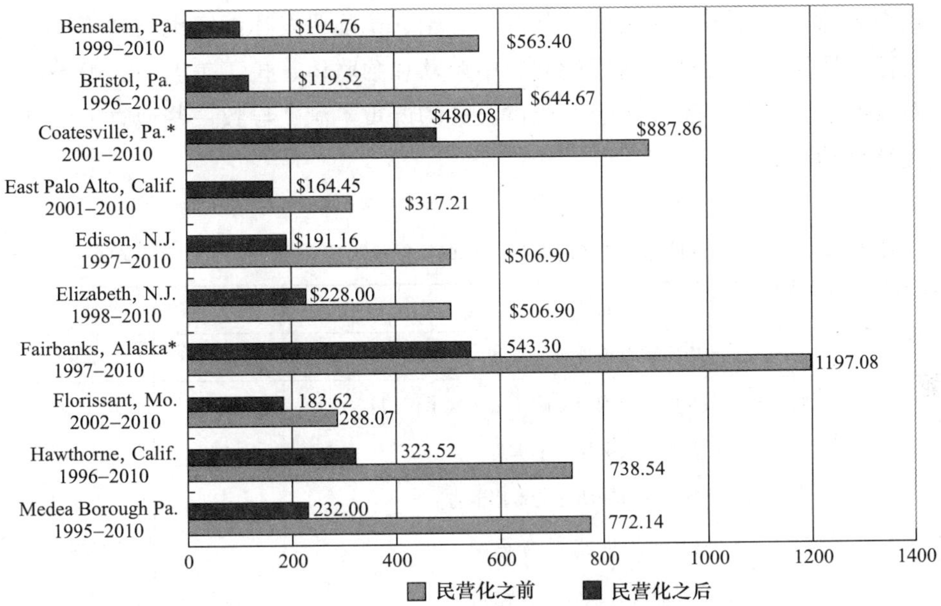

图 3－4　美国最大十家水务公司民营化前后普通家庭年水费的变化

注：＊包括供水和污水处理服务。

资料来源：Food and Water Watch，Trends in Water Privatization：The post－Recession Economy and the Fight for Public Waterin the United States. http：//www. foodandwaterwatch. org/Privatization-Trend. pdf。

二　改进服务质量神话

改进服务质量是民营化推动者的另一重要承诺，事实并非如此。表 3－1有关政府回购服务原因的六项研究中，服务质量降低是首要原因。对于这一点，最具有说服力的或许是 ICMA 对美国地方政府公共服务供给方式的调查。在这一历时性调查中，ICMA 对政府回购公共服务的原因专门做了追踪调查。为了调查政府回购服务问题，从 2002 年开始，ICMA 调查还专门增加了一个问题——“哪些因素在你们回购服务的决定中起了

① Buchheit，B.，8 Ways Privatization Has Brought Pain and Misery to American Life，*Alter Net*，8/4/ 2013.

作用”？就这一问题，ICMA 2002 年与 2007 年对美国大量的地方政府做了调查，时隔五年的两次调查结果显示，影响政府回购服务的六大主要因素排序完全一致，只是比例略有不同，其中排名第一位的就是对政府购买的服务质量不满意（73%，61.2%）。① 正是因为对政府购买服务质量的严重不满意，近年来，在美国、英国、法国、德国等发达国家也出现了较大规模的反民营化运动。而在西欧、中东欧和独联体、拉丁美洲等，因民众对政府购买服务等市场化手段提供服务的严重不满，导致一些地方发生巨大社会动乱。②

表 3－1　为什么贵政府在过去五年中会回购外包服务？　单位：%

项目	2002 年	2007 年
政府回购以前外包的服务	22.2	37.9
下面哪些因素在你们回购服务的决定中起了作用		
对购买的服务质量不满意	73	61.2
购买服务没能带来明显的费用节省	51	52.4
地方政府的效率提高了	35.9	33.9
公众强烈支持做法回购服务	22	17.0
合同监督问题	20.4	17.0
合同细则问题	15.1	10.0
其他	12.7	13.3

资料来源：ICMA，*Profile of Alternative Service Delivery Approaches*，*US Municipalities*，2002；2007，Washington D. C.。

三　市场竞争幻象

竞争是市场化改革支持者的主要依据之一。公共选择理论认为，竞争是公共市场获得效率的关键。③ 促进竞争也因此成为公共服务市场化方案最具吸引力的理由之一。显然，良好竞争环境是政府购买公共服务获得成

① 其他主要原因见表 3－2。

② ［美］热拉尔·罗兰主编：《私有化：成功与失败》，张宏胜等译，中国人民大学出版社 2011 年版。

③ Charles M. Tiebout，“A Pure Theory of Local Expenditures”，*Journal of Political Econom*，Vol. 64，No. 5，1956，pp. 416－424.

功的关键因素。但对民营化公共服务市场的最新研究表明，大部分政府购买服务市场都处于垄断环境之中，而不存在竞争性环境。即便在市场经济发展相对完善的美国亦是如此。研究表明，美国大部分地方政府及其服务市场中，平均只有一个可供选择的服务提供商。① 民营化推动者萨瓦斯通过对美国纽约流离者政府购买服务合同考察后同样发现，70% 的服务招标仅能吸引一个或两个竞标者。② 而在供水等具有自然垄断性领域，只有平均不到一个供应商。③ 美国民营化学者华纳（Mildred E. Warner）通过长时段考察发现，在地方层面，公共服务民营化压根儿不存在竞争性市场。④ 最近大量理论与实证研究均表明，政府购买服务即便存在竞争，也会随着时间的流逝而消失。⑤ 政府购买公共服务能因存在市场竞争而提高服务效率和服务质量的假设只是一种幻象；相反，政府购买服务往往因缺乏可供选择的承包商而形成新的垄断——市场垄断，从而不仅削弱了私营部门改进服务质量和提高服务效率的动力与压力，而且加大了政府对私营承包商过度依赖的风险。关于这一点，美国公共管理学者凯特尔早在 1993 年就已经敏感地意识到。他将民营化的市场竞争处方称为“竞争面纱”，并指出，“竞争处方许诺了诸多美妙的效果，因而显得魅力无穷，但‘竞争面纱’背后的东西，我们只了解一小部分”。⑥

---

① Amir Hefetz and Mildred E. Warner, “Contracting or Public Delivery? The Importance of Service, Market and Management Characteristics”, *Journal of Public Administration Research and Theory*, Vol. 22, No. 2, 2012, pp. 289 – 317.

② E. S. Savas, “Competition and Choice in New York City Social Services”, *Public Administration Review*, Vol. 62, No. 1, 2002, pp. 82 – 91.

③ Germà Bel, X. Fageda and M. E. Warner, “Is Private Production of Public Services Cheaper than Public Production? A Meta – regression Analysis of Solid Waste and Water Services”, *Journal of Policy Analysis and Management*, Vol. 29, No. 3, 2010, pp. 553 – 577.

④ Mildred E. Warner, Local Government Restructuring in a Time of Fiscal Stress, in *Public Jobs and Political Agendas*, eds. by Mitchell D. LERA, Champaign, IL: Univ. of IL. 2012, pp. 41 – 58.

⑤ 这方面的主要研究可参见 Werner Z. Hirsch, “Contracting Out by Urban Governments: A Review”, *Urban Affairs Review*, Vol. 30, No. 3. 1995, pp. 458 – 72, 1995; Elliott D. Sclar, *You Don't Always Get What You Pay For: The Economics of Privatization*, Ithaca, NY: Cornell University Press, 2000; Jing yijia, “Is Competitive Contracting Really Competitive? Exploring Government – Nonprofit Collaboration in China”, *International Public Management Journal*, Vol. 15, No. 4, pp. 405 – 428, 2012; Jocelyn M. Johnston and Amanda M. Girth “Government Contracts and Managing the Market: The Implications of Strategic Management Responses to Weak Vendor Competition”, *Administration & Society*, Vol. 44, No. 1, 2012, pp. 3 – 29。

⑥ ［美］唐纳德·凯特尔：《权力共享：公共治理与私人市场》，孙迎春译，北京大学出版社 2009 年版，第 166 页。

四 合同监督难题

案例研究的证据支持这些观点：政府回购服务与缺乏替代性竞争供应方市场，来自民众、劳工和选举官员的反对，以及服务质量、成本与合同规定问题相关（见表 3－1）。然而，由合同监督引起的问题也至关重要。1992—1997 年 ICMA 一项对所有关于政府回购服务调查数据的统计分析甚至发现，缺乏有效的监督是造成收回外包的首要原因。因为很多政府不做监督，但是，一旦对承包商的绩效不满意时就将合同收回而改由自己提供。虽然其他有职业经理的地方政府进行了规范的监督，但当遇到承包商绩效问题时，也会收回合同。ICMA 此后几次调查发现了同样的问题。

分析这些数据还能发现政治反对、缺乏竞争市场和未能节省成本的影响。政治反对是减少新外包和增加回购服务比例的重要原因，但其重要性只相当于监督的一半。缺乏竞争市场对减少新外包很重要，但竞争性招标并不重要。ICMA 未收集服务成本的数据，但华纳等用人均支出代替对此做了研究。他们的研究发现，支出越高的政府，政府购买的服务也更多。这反映了对来自其他研究中政府购买服务能节省成本的质疑。①

当服务由政府自己生产和提供时，就需要制定好内部过程控制和监督制度。公共雇员应该确保能维持服务——尤其是人口过于分散而用户难以有效监督的那些服务。公务员制度的制定部分反映了购买服务问题和对更为有效的公共服务监督的需要。近年来，美国地方政府在公共服务提供方面进行了创新，如质量保证计划、鼓励政府外部与政府间合作，以便能对复杂服务进行评估，并能进行跨部门和跨用户合作。城市服务提供的特殊公共属性要求公众参与和政治监视，以进一步确保政府回应。

而当一项服务外包后，政府内部的监督制度就不再有效。签约过程在政府与公民之间制造了另外一层隔阂。质量控制、服务合作和公民参与需要正式写入合同和监督过程，否则他们就会丧失这些权利。ICMA 调查向管理者询问了他们的监督制度。虽然所有都说对合同的一些层面做了监督，但将近一半的回答者说没有任何监督制度。在那些有监督制度的当中，监督成本和服从最为普遍（均超过了 80%），而对公民满意度的监督超过了 60%。不过这些在所有的地方政府中的频率只占 30%—40%。而ICMA 1992—2007 年的调查发现，在这 15 年中，政府对民营化服务的监

① Mildred E. Warner and Amir Hefetz, "The Uneven Distribution of Market Solutions for Public Goods", *Journal of Urban Affairs*, Vol. 24, No. 4, 2002, pp. 445－459.

督并未加强，反而呈弱化趋势，详情见表3-2。

表3-2 对民营化服务的监督情况（1992—2007年） 单位：%

调查项目	1992年	1997年	2002年	2007年
贵政府采取了什么措施对替代性服务提供方式进行系统监督吗？	47.7	45.8	47.3	45.4
公民满意度	69.1	58.5	69.0	57.6
成本	89.1	83.6	86.8	82.0
遵守合同条款中规定的提供标准	72.2	80.4	84.0	77.6
对公民投诉的监测	68.9	69.2	74.5	67.9

资料来源：根据 International City/County Management Association, Profile of Alternative Service Delivery Approaches（1992, 1997, 2002, 2007）调查数据整理而成。

为什么监督如此不足？一方面也许是缺乏经验。市场化服务的逻辑显示，正式的监督制度没有必要。在一个有着许多买方与卖方的竞争性市场，质量和服务的回应可以通过市场过程本身获得。亚当·斯密将其描述为“看不见的手”，通过它，消费者能买到质量、价格和时间需要最符合他们的服务。

然而，政府的合同通常不会那样运作。因为远远不是“多买方，多卖方”的竞争市场，政府的合同市场充其量不过是只有一个买方（即政府）和几个卖方的准市场。① 通常情况下，如果不是在凭单制例子中，公民就无法从竞争的服务中做出直接选择。因此，公民行使其消费者表达权的市场机制并不起作用。政府必须在合同条款中准确规定公民的需求和利益。

随着政府在签约过程中经验的不断丰富，对外部监督制度的需要变得越来越明显。但这并不会使建立那样的制度变得容易。监督要求专业管理。即使是不可触摸的服务，监督过程也不是很明朗。合同失败的早期案例描述了关于割草的合同规定，草坪必须每周割一次，但真正目标是不能让草超过几英寸高。在多雨的夏季，每周割一次显然不够，而在干燥的秋季，每周一次则显得太多了。监督草的高度是简单和有效的方法，而监督割草的次数则昂贵和无效多了。随着政府签约经验的增长，学会绩效评估

① David Lowery, “Consumer Overeighty and Quasi - market Failure”, *Journal of Public Administration Research and Theory*, Vol. 8, No. 2, 1998.

和管理这样的新领域变得越来越重要。

有效的绩效评估与合同规格密切相关。因为竞争性市场不会在大多数的政府合同外包中出现，必须非常注意合同规格的制定过程。在决定是否对一项服务进行外包之前，政府管理者需提出想要达到的目标。这要求分析、优先排序，以找出一种评估和认识竞争目标的方法。这不仅是一种技术过程，还是一种政治过程。合同外包追求达到的目标是弹性、速度（就像洛杉矶地震后的高速路重建）、提高质量、得到专门人才（通常在环境服务和新技术领域中发现）与创新的愿望（经常是在信息系统中）。

时间有价，尤其是在基础设施领域，建设越早，获益越快。弹性也很重要，需求多，但不稳定的那些服务可以考虑用外包的方式来提供。虽然私营部门也有自身的责任机制，但这些机制并不能充分适用于公共部门。政府的审批是用来防止滥用与确保责任，减缓过程的。政府管理者需要仔细考虑速度和责任之间的平衡。政治支持虽然常被假设为民营化的一种动力，但并不意味着它就是有效的推动力量。在ICMA调查中，只有16%的政府将其作为民营化推动者。[①] 政府购买服务受来自公共、私人和非营利部门积极协同的驱动。要确保合同的积极结果，需要明确提出目标和绩效标准细则。

政府目标的复杂性和混合性特征，合同细化过程至关重要。建立合同应该使支付有激励性，基准容易达到。这要求良好的基点衡量。因此，在签订合同之前，首先必须在内部做出绩效评估。通常情况下，这一阶段发现并找到解决问题办法，外包就没有必要了。能够节省成本和提高效率的承诺虽然在最初能推动政府向社会购买服务，但在早期评估过程中发现内部过程改进则能在最后的分析中使购买服务变得没有必要和充满风险。

五　合同细化困境

购买服务在公共和私营部门中都很普遍。在生意场上，选择内部提供还是外包通常关系到“生产还是购买”的决定。虽然成本最小化很重要，但是，并不是唯一目标，服务质量和可靠性也很重要。民营化专家建议，应该为“最佳价值”而不是最低成本而外包，并确保服务质量的所有方

① International City/County Management Association, Profile of Alternative Service Delivery Approaches, 1992, 1997.

面都能包括到合同细则中。① 表 3 – 3 是政府在购买服务时需要考虑的目标。

表 3 – 3　　政府在购买服务时需要考虑的目标

1. 服务提供的目标：成功的政府寻求“最佳价值”，政府所追求的应该是超越效率的一系列目标
2. 成本：节省成本通常是政府购买服务的动力
3. 弹性：政府购买服务能帮助政府提出更高要求，以更加适合员工和工作需要。但过于详细的合同会有损弹性，而说明不清的合同又会造成不利和降低服务质量
4. 速度：时间有价。让工作尽快完成是有益的。私营部门往往比政府做得更快
5. 服务质量：对于复杂的服务，各部分质量很难详细规定。确保能包括与其他相关的政府服务合作的内容
6. 服务的可获得性：政府购买服务是扩大还是限制了服务的可获得性？确保承包商不是为了利益最大化而只提供最容易提供的服务
7. 得到专门的人力与技术：新管理往往需要用到那些政府内部尚未具备的专门技术。通过合同能得到在环境管理和信息技术升级方面所需要的新专家
8. 得到私人资本市场：政府受负债的制约，私人资本市场能提供新的投资资本
9. 新技术：政府购买服务能让政府获得新技术。确保购买的服务是充分的，或从长远来看，政府能力所需要的服务
10. 过程创新：合同能提供过程创新。但如果合同语言规定的太刚性，过程创新就会受到损害。过多的服务购买也会有损政府过程创新的内部能力与愿望
11. 公民准入和参与：只有包括到合同语言中，《信息自由法》才会应用于私人承包商
12. 公民参与和回应：公民参与很费时，但它是政府的一项核心职能。承包商为公民参与能否提供充分资源

资料来源：Adrian Moore，Executive Director，Reason Public Policy Institute of the Reason Foundation，Los Angeles，Calif，Personal Communication，September，2001。

政府应该在推进购买服务的过程中培养管理专家。即便如此，一些服务天生难以在合同中做出详尽规定，包括那些复杂的和要求提供服务的各部门进行大量合作的服务，如青年服务或交通服务、工资报表服务、车队管理等。政府的很多服务符合这类标准。这在采用伙伴关系方法（通常是在非营利合同外包与政府间合作中）的案例中更加适合，因为这类方法的服务允许有更多弹性的谈判变化发生。特别是在相互之间不便测量目

① Adrian Moore，*Executive Director*，*Reason Public Policy Institute of the Reason Foundation*，Los Angeles，Calif.，Personal Communication，September，2001.

标的人力服务，如资金节省和服务质量的保持、保护儿童福利和保护父母权利。通过伙伴关系的合作是一种比民营化更好的模式。但是，即使是容易说明的服务，如果其资产专用性程度高，如用于固体废物收运的垃圾卡车，政府也应该对合同外包持谨慎态度，以确保它们在将来不会面临垄断局面。

绩效型合同明确规定了输出和输入而容易解决争端。例如，在卢博克市，一家私人公路运输公司想重新谈判合同，因为垃圾重量比公司预期的要大。更重的垃圾意味着公司需要支付比预期更多的垃圾掩埋费，公司就想将这些费用转嫁给地方政府。

加利福尼亚埃尔文老年人服务部护理管理工程为我们提供了一个能够说明制定合同细则复杂性的案例。在埃尔文，公共官员在1995年就想将护理管理项目民营化。在任何既定的时间都有约100位老人，城市为这些需要卫生护理、乘车、住房和其他社会服务的老年人提供了帮助。虽然做了竞争性招标，但只吸引了一家让该城市管理者觉得能胜任这一复杂项目的投标者。而在对合同中所要承担的技术责任做了评估之后，这家唯一被认为能胜任的竞标者也选择退出竞争。合同中的很多服务内容让人觉得难以衡量，很难实施，而且其绩效主要是凭感觉而不是看得见的结果来衡量。这就给人造成了这样的感觉：实施这一项目所需要的花费将大大超过承包商能得到的经费预算。吸引不到承包商，部门管理者只好自己提供这一服务。①

合同必须在说明细则与程序之间保持平衡，以确保有弹性应对未来可能发生变化的需求。② 当俄克拉荷马州的摩尔市于20世纪90年代将其公共工程部外包出去时，满以为合同包含所有的服务细则。但当公民的要求开始超出20世纪90年代中期对政府的最低要求时，城市没法满足他们这些需求，因为3年前所签订的合同已经对此做了严格限制，合同中并不包含这些服务。

随着政府管理者在合同规定与管理过程中经验的不断丰富，绩效型合

---

① Michael J. Ballard and Mildred E. Warner, "Taking the High Road: Local Government Restructuring and the Quest for Quality", In AFSCME (eds.), *Power Tools for Fighting Privatization*, Washington D. C.: American Federation of State, County and Municipal Employees, 2000.

② 布尔多（John Bourdeau）认为，政府回购服务最主要的原因是由于公众对服务提供商的高标准期望与私人公司不能满足民众不断变化的需求。参见 John A. Bourdeau, *Has Outsourcing / Contracting out saved Money and/or Improved Service Quality?*, A dissertation submitted to the Faculty of the Virginia Polytechnic Institute and State University, 2004。

同外包变得日趋普遍。合同中明确规定的结果、输出、输入和过程有助于承包商形成更为明确标杆与绩效测量。然而，绩效管理是来自私营部门的技术，并不能充分反映公共民意。

过多使用强调服务提供技术因素的绩效管理，会使政府服务忽略公众参与。虽然现在已经做了实施包含公众参与的绩效管理，但公众参与仍然很不够。政府官员热情关注的公共服务提供不仅仅是效率，还应该包括公民参与和政治表达。如今，人们日益意识到公众参与和服务提供过程中政府回应的价值和重要作用。公共行政的相关文献认为，服务提供天生是政治过程，不能当成一种主要的技术和绩效管理问题。①

另外，民营化倡导者所提倡的政府购买服务能缩减政府规模的承诺也是一句空话。时至今日，仍然没有充分的证据显示政府购买服务能缩减政府规模。相反，最新研究表明，政府购买服务并未缩减政府规模。② 美国民营化实践表明，民营化虽然在一定程度上抑制了政府组织的直接扩张，但是政府职能的范围、管辖的领域和间接雇用的人员却持续增长。③

至此，我们可以将上述政府回购服务的原因做出如下归纳。

第一，因为民营化失败而收回合同。从上述案例中可以看出，这是政府回购服务最为普遍的原因。图 3 －4 可以更为清晰地表明这一点。在该图收回的 26 项外包服务中，其中 20 项是由于合同外包失败。可见，大部分回购服务都是在合同外包失败之后发生的。

表 3 －4　　政府回购服务案例

地区	服务	竞争性招标	外包失败
俄亥俄州的阿克伦城	道路维修	n/a	n/a
俄克拉荷马州的阿德莫尔	废水垃圾处理		√
加利福尼亚州的坎贝尔	建筑和地面维修		√
北加利福尼亚州的夏洛特	辅助客运服务	√	√
俄亥俄州的辛辛那提市	庭院垃圾	√	

① Richard C. Box,“Running Government Like a Business: Implications for Public Administration Theory and Practice”, *The American Review of Public Administration*, 1999, 29 (1): 19 –43.

② José M. Alonso, J. Clifton and Díaz –Fuentes,“*Did New Public Management Matter? An Empirical Analysis of the Outsourcing and Decentralization Effects on Public Sector Size*”, *Public Management Review*, Vol. 17, No. 5, 2015, pp. 643 –660.

③ 敬乂嘉：《美国政府对民营化的管理》，载顾丽梅编《公共政策与政府治理》，上海人民出版社 2006 年版，第 199 页。

续表

地区	服务	竞争性招标	外包失败
俄亥俄州的哥伦布市	学校地面维修		√
科罗拉多州的柯林斯堡	辅助客运服务		√
佛罗里达州的劳德代尔堡	基础设施水管装修	√	
爱荷华州的独立城	割草坪	√	√
	洗衣服务		√
加利福尼亚州的埃尔文	老年食物工程	√	√
	老年护理管理	√	√
科罗拉多州的莱克伍德	冬天街道扫雪		√
得克萨斯州的卢博克市	居民垃圾收集	√	√
爱荷华州的马歇尔敦	老兵家庭食物服务		√
俄克拉荷马州的摩尔市	公共工程		√
伊利诺伊州的诺斯布鲁克	水表读数		√
佛罗里达州的皮内拉斯县	地面维修		√
加利福尼亚州的里亚托	水表读数		√
	地面维修	n/a	n/a
加利福尼亚州的桑福德	救护车服务		√
	公用电表读数		√
乔治亚州的沙凡那港市	防火服务		√
爱荷华州的 Sioux 市	居民垃圾收集	√	
罗得岛的沃里克	居民垃圾收集	√	√
加利福尼亚州的惠特市	公交车服务		
N = 22	N = 26	Σ = 9	Σ = 20

注：n/a 表示不知道/未做回复。

资料来源：根据 M. Ballard、M. E. Warner（2000）及 Warner、Ballard 和 Hefetz（2003）相关表格的基础上整理而成。

第二，因为成功的竞争性招标而收回合同。从佛罗里达州的皮内拉斯县、北加利福尼亚州的夏洛特和得克萨斯州的卢博克市因公共雇员在参与竞争性招标中获胜而赢得合同，解释可能收回合同的一个关键变量是否允许公共雇员参与同私人提供商一起竞标。在图 3 - 4 中，收回的服务中有 9 项是因为政府在竞争性招标中获胜而赢得了合同。

第三，合同外包失败和政府雇员在竞争性招标中获胜在很多情况下往往交织在一起而难以区分（如图 3 - 4 中的阴影部分，两种情况同时存在）。或者说不少情况是，由于合同外包失败，而在下一轮招标中，公共雇员或政府机构在同私营部门或私人的竞标中赢得了合同，从而使民营化服务重新回到政府手中。

第四节　政府内部管理过程改进和公共价值的需求

政府回购服务的兴起与发展还与政府内部管理过程的改进和政府服务的公共价值本性相关。

一　政府内部管理过程的改进

政府回购服务的很多例子都与公共管理过程的改进密切相关。例如，这些案例表明，公共创新是民营化提供的一种行得通的可选方式。往往是很小的改变就会带来大量的成本节省。例如，在罗得岛的沃里克，管理者和工会一起对居民垃圾收集的方法进行了重新设计，在5年内的节省就超过了110万美元。在俄亥俄州的阿克伦，城市工人制订了一个将用水与废水路线修理与道路维修结合在一起的计划。“为什么对同样的工作做两次”？工会主席阿蒙斯疆（Leo Armstrong）回答说：“如果我们已经在那里修补裂口了，我们也就能完成这份工作。这样做不仅会使工作完成得更快，同时也为城市节省了钱。”①

另有案例显示，效率的获得是因为吸收了来自私营部门的特别管理经验。在加利福尼亚州的夏洛特，城市辅助服务管理者为其员工制订了一个成果分享计划，结果在1998年的节省就超过160000美元。其中一半的钱会在部门雇员中进行平均分配，这使每个雇员一年得到了1600美元的奖金，或者说大约是他们所有工资的7%。

劳资合作项目能对工会环境中的效率提高产生很大影响。佛罗里达州劳德代尔堡，劳资之间的“伙伴关系”计划为政府员工赢来了很多竞争性招标。该计划是劳资合作协会（CALM）主持的，它是一个利用全面质量管理来提高生产力和增进工会与城市管理人员的合作与理解的创新计划。劳资合作协会的另一个案例来自1997年城市将基础设施管道建设民营化的尝试。当《征求意见》公布后，为了参与竞争，劳资合作委员会迅速着手修改了要价。该委员会由工会主席和城市劳资关系主任共同主

① 转引自 Michael J. Ballard and Mildred E. Warner，“Taking the High Road：Local Government Restructuring and the Quest for Quality”，in AFSCME（eds.），*Power Tools for Fighting Privatization*，Washington D. C.：American Federation of State，County and Municipal Employees，2000。如果未作特别标明，这一节所引用的所有关于政府回购服务的例子均来自该文献。

持，二者还共同主持所有的伙伴关系委员会。有这两个经验丰富的人主持该委员会，"有助于为人民创造一个安全的环境"，工会主席卡西·邓恩（Cathy Dunn）说："这样做可以使我们一开始就在各当事人之间建立信任关系，从而取得开展工作的建议。"除了这两个主持人，委员会中还有监管、分配经理和四个普通成员。鼓励每一个委员会成员都全身心参与提建议行列，而且所有的成员都有权否决计划中他不喜欢的内容。"只要有一个人说'不'，计划就得停止。"卡西·邓恩说。

劳资合作协会委员会以最低的招标价格赢得了这个合同。政府员工能够通过对服务提供进行重组的方法打败竞争者。遵照成功的私人公司做这一工作的方法，为了减少行程和节约时间，将工作日程做了变化，并将管道人员的规模增加了一倍。这些变化带来奇迹般的效果：在头一年，城市员工敷设了3.5英里管道，而私人工人每年平均只能敷完1英里。

上述例子清楚表明，公共部门与私营部门做同样的工作，即使效率不比它们高，也会取得与它们一样的效率。在每一个案例中，公共部门成功的关键在于授权。一旦为员工们提供了带来变化的必要方法和资源，政策与项目创新往往就会发生。但是，民营化与授权却很少能够兼容。当雇员不被管理层信任的时候，当工作安全不确定的时候，以及当城市部门看到其同事工作卖给了最低价格投标人的时候，要想让工人们"购回"任何新项目都是令人心悸的工作。

如今，人们对公共部门内部过程改进潜力的认识越来越普遍，国际城市管理协会、学者奥斯本（David E. Osborne）和美国劳工部均对这种潜力做了分析。① 据美国劳工部发行的一份重要报告《为公共服务一起工作》，劳资合作项目通常带来了更高质量的服务，更大的效率，并为员工带来了更好的工作生活质量，同时改善了劳资关系。② 1999年做的一项了解到底有多少地方政府实际执行了"再造政府"原则的调查中，ICMA发现，政府管理者强烈支持竞争、消费者输入和企业化原则。大多数政府既从事合同外包，又积极培训并鼓励政府雇员变得更有企业家精神。③

---

① 相关研究可参见 David E. Osborne and Peter Plastrick, *The Reinventor's Fieldbook: Tools for Transforming Your Government*, San Francisco: Jossey-Bass, 2000。

② U. S. Department of Labor, *Working Together for Public Service: Report to the U. S. Secretary of Labor's Task Force on Excellence in State and Local Government Through Labor-Management Cooperation*, Washington D. C.: U. S. Department of Labor, May 1996.

③ Barry Marvin Feldman, "Reinventing Local Government: Beyond Rehetoric to Action", *The Municipal Year Book*, Washington D. C.: International City/County Management Association, 1999.

这种通过改革政府内部管理过程以提高效率之路被康奈尔大学的巴纳德和华纳与哈佛大学教授多纳霍（John M. Donahue）称为“走上道”，他们还将公共服务私有化道路称为是“走下道”。① 多纳霍教授的研究表明，地方政府选择走下道经济战略——民营化难以节省成本，即使节省了成本，其所节省的大多数费用主要依靠私人公司低廉的劳动力价格。② 关于这一点，也可以从美国普遍工薪阶层的工资增长情况加以说明。在过去20多年时间里，80%的美国普遍工薪阶层的薪酬增长呈负值（见图3-2）③，1983—1998年，底层40%人口的家庭财产总值下降了78.4%。④ 另外，巴纳德和华纳的研究显示，通过走改进政府劳资合作方式重组的“上道”，能提供更高质量的服务，风险更小，社会回报却更大。⑤

二　确保责任和公共价值

公共服务的核心价值是让每一位公民收益。作为其核心职能，地方政府必须为公民提供优质服务。公众参与服务的决定和执行是社区建设过程的关键组成部分。很多政府正在试验参与式预算和服务提供的新形式——创造一种公民、员工和选举官员在设计服务和建设公民文化和自豪感的参与文化。

有人怀疑和强调美国腐败严重，但地方政府比更高层次政府更加喜欢高度的公民自信。这是因为，地方政府所提供的服务更加直接和贴近民众，以及地方政府在鼓励直接公民参与的机会更为普遍。

应该特别注意民营化过程中避免腐败问题。纽约市街道清扫外包的历史经验揭示了一个滥用横行的过程——哪怕是那些一般公民都能看得到的

---

① 分别参见 Michael J. Ballard and Mildred E. Warner, “Taking the High Road: Local Government Restructuring and the Quest for Quality”, in AFSCME (eds.), *Power Tools for Fighting Privatization*, Washington D. C.: American Federation of State, County and Municipal Employees, 2000 和 John D. Donahue, *The Privatization Decision Public Ends. Private Means.* New York, NY: Basic Books, 1989。

② John D. Donahue, *The Privatization Decision Public Ends*, *Private Means*, New York, NY: Basic Books, 1989, pp. 143-146.

③ Isaac Shapiro and Joel Friedman, *New*, *Unnoticed CBO Data Show Capital Income Has Become Much More Concentrated atthe Top*, Washington D. C.: Center on Budget and Policy Priorities, 2006.

④ Edward N. Wolff, *Recent Trends in Wealth Ownership*, 1983-1998, April 2000, Table 3. (http: //www. levy. org/docs/wrkpap/papers/300. html).

⑤ Michael J. Ballard and Mildred E. Warner, “Taking the High Road: Local Government Restructuring and the Quest for Quality”, in AFSCME (eds.), *Power Tools for Fighting Privatization*, Washington D. C.: American Federation of State, County and Municipal Employees, 2000.

质量的服务。20 世纪早期的"好政府"运动的部分原因就是出于对腐败、贿赂和政府官员与承包商相互勾结问题的一种反应。今天常用的公务员和政府核算与审计程序就是为这样的滥用而设计的。20 世纪 90 年代的"再造政府"运动对这些缺乏弹性和无效率的官僚式责任提出了一些挑战。①

斯克拉（Elliott Sclar）认为，需要将外包与政治进一步分开，以阻止腐败和利益冲突。他建议设立一个全国性登记处，对在公共合同中犯罪的公司及其委托人进行追究。他还建议，所有合同必须服从外部审计评估。② 在马萨诸塞州，受《帕切科法》（Pacheco Law）的激励，州审计局已经这样做了。

洛杉矶瑞森公共政策研究所（Reason Public Policy Institute）主任摩尔（Adrian Moore）指出，"民营化只是一种政策工具：它既可能被用好，也可能被用歪"。③ 一些服务的外包运作良好，但其他一些服务外包则损害了服务提供过程特有的公共属性。例如，除非将相关保护细则写进合同，否则《信息自由法》将不能适用于服务承包商。

公共服务提供的准入、参与和多样性是另类形式的公共收益。罗伯特·帕特南对美国的社会资本做了论述，他认为太多的美国人是"独自打保龄球"，而失去了公民参与的传统。④ 弗鲁格（Gerald E. Frug）指出，城市服务是通过鼓励各种不同公民促进社区建设的一种途径。它可以使我们的社区相互融合，并成为公民练习对话和参与技能的平台，从而促进民主和社区建设。⑤ 公共公园、交通和学校将不同地区的民众融合到一块儿，鼓励不同的人们相互关爱、包容和尊重，这些都是民主基础的必需技能。如果合同外包鼓励更多的分离，必将损害公共服务提供的这一社区建设功能。

地方政府还受跨大城市地区服务提供合作问题的困扰。一统式的政府在政治上不受欢迎，而运用合同（与私人公司或其他城市政府）扩大服务整合与规模却很盛行。正如 ICMA 调查显示的，地方政府管理者对政府

---

① ［美］戴维·奥斯本、特德盖·布勒：《改革政府——企业精神如何改革着公营部门》，周敦仁译，上海译文出版社 1996 年版。

② Elliott Sclar, *You Don't Always Get What You Pay for: The Economics of Privatization*, Ithaca: Cornell University Press, 2000, p. 85.

③ Adrian Moore, *Executive Direct*, *Reason Public Policy Institute of the Reason Foundation*, Los Angeles, Calif., personal communication, September 2001.

④ Robert Putnam, Bowling Alone, Simon and Schuster Books, New York, 2000.

⑤ Gerald E. Frug, *City making: Building Communities without Building Walls*, Princeton, NJ: Princeton University Press, 1999.

间合作的热衷处于第二位，仅次于服务购买。① 不幸的是，虽然政府间签约也很盛行，但并未看出它是解决来自城市的不公正需求或财政能力不公平问题的有效方法。②

纽约肖托夸县的安吉·古德尔指出，“在一些政府专家强调民营化优势的同时，另一些人却主张政府直接提供的好处。但还有一些例外，他们强调私营部门和公共部门都没有天生的优势”。地方政府管理者的工作很复杂。怪不得在试图创造高绩效时，地方政府管理者同时试验购买服务和回购服务。好的管理者两种方法都用。

经历了20多年民营化试验表明，地方政府服务提供方式的选择是一个复杂过程，它要求高度重视内部提供与建立在市场基础之上的合同外包之间的相对收益。服务提供方式的混合运用与服务提供可选择方式的稳定性说明，为确保经济与社会效率，地方政府需要在建设市场中发挥积极作用而远不是政府撤退。市场导向供给的增加要求政府强化对公共与私人市场的管理。③ 务实的地方官员意识到了民营化过程的复杂性与确保服务质量、效率和社区价值的重要性。由于签约与监督的内在困难，大多数地方政府一方面既从事民营化服务提供；另一方面又将不如意的民营化服务收回，大部分服务仍然由公共雇员提供便不足为怪。这些趋势表明，民营化的边界比它的一些倡导者所想象得要有限得多。

第五节　本章小节

随着实践发展和研究深入，市场化神话逐渐被揭穿。以政府购买服务为重要工具的民营化改革为什么并非如其倡导者所说的那么美好，而是问题不断、危机重重？根本原因在于私人资本的逐利性与公共服务的公益性之间矛盾的难以调和性。马克思在《资本论》中对资本的逐利性和贪婪性已做了经典论述。公共服务的本质属性是公共性和公益性。其本质是为了满足大众需求和增加社会福利④，强调的是服务提供的普遍性和均等

① International City/County Management Association (ICMA), *Profile of Alternative Service Delivery Approaches*, US Municipalities, Washington D. C., 2007.

② Mildred E. Warner and Amir Hefetz, “The Uneven Distribution of Market Solutions for Public Goods”, *Journal of Urban Affairs*, Vol. 24, No. 4, 2002, pp. 445 – 459.

③ Lloyd Blanchard, Charles Hinnant and Wilson Wong, “Market – based Reforms in Government: Toward a Social Subcontract?”, *Administration and Society*, Vol. 30, No. 5, 1998, pp. 483 – 512.

④ 徐家良、赵挺：《政府购买服务评价机制研究》，《政治学研究》2013年第5期。

性。公共性强调公民权、代表性、公正、平等和正义，而市场价值（私人资本）则重视消费主义、竞争、生产力和盈利。① 公共服务市场化之后，大量私人资本进入公共产品与服务领域，其天然的逐利性和贪婪性必然暴露无遗。提高服务价格、选择性服务，甚至要挟政府、俘获政府等问题，都将难以避免，从而严重损害公共服务的公益性和公共性。公共服务市场竞争的稀缺则为这些问题的发生提供了更大可能。而政府方面，行政人员的“经济人”本性则通常会使政府行政人员借改革之名推卸责任、疏于监管，甚至干预市场、俘获企业，谋取私利。在这种情况下，如果没有完善的法律法规与监管体系，民营化失败在所难免。在这种风险重重的合同交易中，回购服务也因此成为市场管理的一种关键性工具。②

政府回购服务既反映了当代公共部门治理模式的转变，也说明了现实环境中公共服务提供的复杂性和动态性特征以及地方政府管理者的实用主义。在这种复杂的现实环境中，政府管理者既向社会购买服务，又将一些失败的服务收回。因此，要想更好地理解民营化过程，就必须突破民营化是通往市场单行道的认识误区，对政府购买服务与回购服务同时进行分析。③

---

① Shamsul M. Haque, “The Diminishing Publicness of Public Service under the Current Mode of Governance”, *Public Management Review*, Vol. 61, No. 1, 2001, pp. 65 – 82.

② Mildred E. Warner, Insourcing Versus Outsourcing in the United States, 2014, unpublished.

③ Amir Hefetz and Mildred E. Warner, “Privatization and Its Reverse: Explaining the Dynamics of the Government Contracting Process”, *Journal of Public Administration Research and Theory*, Vol. 14, No. 2, 2004.

第四章　购买还是回购：影响民营化发展的因素

前一章表明，美国地方政府民营化是动态发展的，地方政府管理者一方面既向社会购买服务，同时又将一些不如意的外包服务收回，重新由政府进行生产与提供。如图 1－1 和图 4－1 所示的那样。回购服务在所有服务提供方式中所占的比重也处于一种不断变化的状态。那么，是哪些因素导致民营化方向（购买服务还是回购服务）的运动？它们为什么会影响民营化的方向？又是如何影响民营化方向的？本章主要依据 ICMA 1992—2007 年的调查数据，主要从 1992—1997 年、1997—2002 年和 2002—2007 年三个时间段进行配对分析，同时参照其他相关资料与研究的分析，以新外包和回购服务为主要参数，并结合其他类型的服务提供方式，来考察影响民营化方向发展的主要因素。

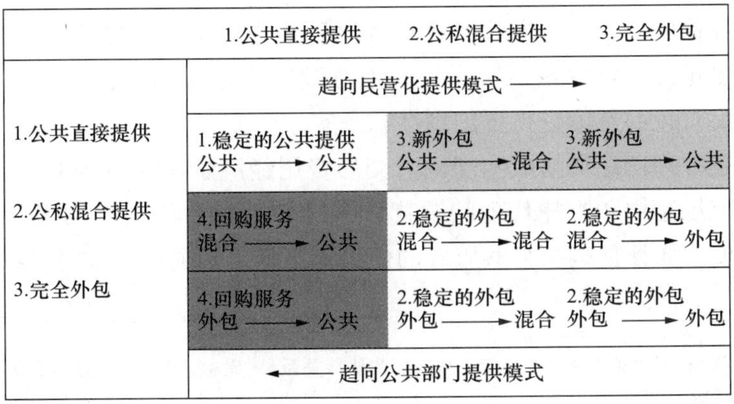

图 4－1　美国地方政府民营化动态发展矩阵

注：虽然本书着重探讨的是政府回购服务问题，主要以新外包和回购服务为主要参数（图中深色、浅色和无色分别表示不同类型的提供方式），但是，为了更全面地反映民营化发展，该图包含公私混合提供方式，当然，本书对该问题不做专门论述。

资料来源：在贺菲茨和华纳（Hefetz and Warner，2004）相关图表的基础上制作而成。

第一节 相关理论分析

在探讨影响民营化方向发展因素之前，有必要对相关理论做简要分析。

第一种理论是公共选择理论。公共选择理论假设，通过创建市场，给顾客更多的选择，就会形成更为有效的服务提供方式。① 它还进一步假设，如果没有私营部门参与，市场建设就不可能成功。公共部门的官僚被视为垄断者，他们制定政策不是基于效率标准，因而不能达到最佳结果。② 正是基于这样的理论假设，20 世纪七八十年代之后，民营化在主要西方国家迅速发展。20 世纪 80 年代以后，该方式还被强加给第三世界国家，从而使之迅速发展成为一种世界性浪潮。

第二种理论是实用主义。与公共选择理论相比，持实用主义理论的民营化研究者更多地看到了地方政府管理者务实的一面。在美国，经过十多年的民营化试验之后，人们发现，民营化带来效率和成本节省的承诺远未实现。而近期更多的证据表明，在没有私营部门参与的情况下也能获得效率，市场化也并不是行之有效的方案。③ 这些研究所揭示的是这样一幅图景：公共部门的管理者并不是垄断者，而是务实的创造者，他们能够更加有效地提供服务。公共管理者会根据服务成本因素，在公私部门之间来回选择服务提供方式。地方政府管理者比公共选择理论所想象得更加务实。经过十多年民营化深刻试验之后，地方政府走出了对民营化的盲从和迷信，对民营化的态度变得更加理性和务实。④

第三种理论是交易成本理论。交易费用经济学承认市场的治理结构，以及在市场结构和委托代理问题背景下对“生产”还是“购买”决策框架的需要。要评估购买公共服务的优势和不足，必须重视政府组织和市场

---

① ［美］E. S. 萨瓦斯：《民营化与公私部门的伙伴关系》，周志忍等译，中国人民大学出版社 2002 年版。

② George A. Boyne, *Public Choice Theory and Local Government: A Comparative Analysis of the UK and the USA*, New York, NY: St. Martin's Press, 1998.

③ Elliott Sclar, *You Don't Always Get What You Pay for: The Economics of Privatization*, Ithaca: Cornell University Press, 2000.

④ Robert Hebdon and Patrice Jalette, “The Restructuring of Municipal Services: A Canada – United States Comparison”, *Environment and Planning C: Government and Policy*, Vol. 26, 2008, pp. 144 – 158.

的特征。① 按照公共行政学者对交易费用重要性的认识，他们倾向于将这一概念分为两部分：官僚制观点和市场观点。官僚制观点忽视了市场中的高交易费用问题，强调官僚制的不足。② 它假设政府官僚制的交易费用比市场的交易费用更大。该观点的核心是市场能在正确的公共规制框架的支持下运作，但政府直接提供服务的作用十分有限。

与交易费用官僚制观点相反，市场观点认为公共服务市场的交易费用很高，原因在于合同规格和绩效监督十分复杂。③ 交易费用的这种观点的理由是公共服务应该由公共部门提供，除非外包的交易费用比内部提供的费用更低。④ 根据这种观点，服务的专用性特征变得十分重要，监督过程则是外包决定成功与否的关键。为此，在合同中对各项职责容易加以明确规定的服务，然而，对供水和垃圾收集等服务外包的研究并未显示都能节省费用。⑤ 这种失败不能简单归于交易费用，还与市场自身的产业组织相关。相类似的是，对回购服务的研究发现了未能节省费用，并存在合同规格和监督以及市场集中度问题等困难。⑥

在交易成本理论中，管理者在民主过程限制下做出理性决策——这是

① Oliver E. Williamson, *The Economic Institutions of Capitalism: Firms, Markets, Relational Contracting*, New York, NY: McMillan, 1987.

② ［美］戴维·奥斯本、彼德·普拉斯．特里克：《摒弃官僚制：政府再造的五项战略》，中国人民大学出版社 2005 年版；［美］E. S. 萨瓦斯：《民营化与公私部门的伙伴关系》，周志忍等译，中国人民大学出版社 2002 年版；William D. Eggersand J. O' Leary, *Revolution at the Roots: Making Our Government Smaller, Better, and Closer to Home*, New York, NY: Free Press, 1995。

③ Trevor L. Brown and Matthew Potoski, "Transaction Costs and Institutional Explanations for Government Service Production Decisions", *Journal of Public Administration Research and Theory*, Vol. 13, No. 4, 2003, pp. 441 – 468; Ian Kavanagh and David Parker, "Managing the Contract: A Transaction Cost Analysis of Externalisation", *Local Government Studies*, Vol. 26, No. 4, 1999, pp. 1 – 22; David Lowery, "Consumer Overeignty and Quasi – market Failure", *Journal of Public Administration Research and Theory*, Vol. 8, No. 2, 1998.

④ Trevor L. Brown and Matthew Potoski, "Transaction Costs and Institutional Explanations for Government Service Production Decisions", *Journal of Public Administration Research and Theory*, Vol. 13, No. 4, 2003; Michael A. Nelson, "Municipal Government Approaches to Service Delivery: An Analysis from a Transactions Cost Perspective", *Economic Inquiry*, Vol. 35, No. 1, 1997.

⑤ Germà Bel and Mildred E. Warner, "Privatization of Solid Waste and Water Services: What Happened to Costs Savings?", Working Paper, University of Barcelona, 2007; Domerger, S. and P. Jensen, 1997, Contracting Out by the Public Sector Theory, Evidence, Prospects. *Oxford Review of Economic Policy*, Vol. 13, No. 4, pp. 67 – 78.

⑥ Mildred E. Warner and Amir Hefetz, "Pragmatism over Politics: Alternative Service Delivery in Local Government, 1992 – 2002", *The Municipal Yearbook* 2004, Washington D. C.: International City County Management Association, 2004, pp. 8 – 16.

一种"有限理性"。① 在交易成本和实用主义理论中，私营部门并非城市管理者的必然选择，只不过是众多选择中的一种。② 这种选择还取决于多种因素，如服务类型、竞争者或竞标者的可获得性、监督问题以及责任与质量、政治反对和公私部门提供的成本差异问题。

近年来，为了实现多元主义民主的最优方案，还出现了第四种理论，即社会选择理论。

公共选择理论强调政治隐藏于公共部门及其影响来源背后的管理决策动机。③ 处于公共选择框架下的公共管理者被视为自利的代理人，他们通过延长或扩大预算使其政治利益最大化。④ 但公共选择在认识上也存在明显不足，其中之一就是民主选择和理性政治系统不能自动实现社会最优解。⑤当代规划理论强调规划理性。社会行为反映社会价值，不只是自身利益。劳瑞指出，公共选择不允许相互依赖和通过沟通影响个人偏好。⑥ 通过协商有可能表达集体愿望。因此，弗鲁格教授指出，社区建设是最大的公共善⑦，良好的社区建设可以为公众通过协商与沟通解决公共问题。

社会选择理论在这方面走得更远，它主张通过一系列兼顾市场与计划的反复对话协商程序，来实现社会最优方案。社会选择理论途径同时意识到交易费用和沟通性规划理论的重要性⑧，其主要假设是协商很重要。越是有着更多不同利益冲突的地方，人们对公共协商过程的需求越高。地方政府是公共组织，它知道市场途径的潜力并需要通过辩论来回应多样性需求并解决冲突。

---

① Oliver E. Williamson, "The Economics of Organization: The Transaction Cost Approach", *The American Journal of Sociology*, Vol. 87, No. 3, 1981, pp. 548 – 577.

② Mildred E. Warner and Robert Hebdon, "Local Government Restructuring: Privatization and its Alternatives", *Journal of Policy Analysis and Management*, Vol. 20, No. 2, 2001.

③ Gordon Tullock, *Economics of Income Redistribution*, Boston, MA: Kluwer Academic Publishers, 1997.

④ Willam A. Niskanen, *Bureaucracy and Representative Government*. Chicago, IL: Aldine, 1971.

⑤ Amir Hefetz and Mildred E. Warner, "Beyond the Market vs. Planning Dichotomy: Understanding Privatisation and its Reverse in US Cities", *Local Government Studies*, Vol. 33, No. 4, 2007.

⑥ David Lowery, "A Transactions Costs Model of Metropolitan Governance: Allocation Versus Redistribution in Urban America", *Journal of Public Administration Research and Theory*, Vol. 10, No. 1, 2000, pp. 49 – 78.

⑦ Gerald E. Frug, *City Making: Building Communities Without Building Walls*, Princeton, NJ: Princeton University Press, 1999.

⑧ Tore Sager, "Positive Theory of Planning: The Social Choice Approach", *Environment and Planning A*, Vol. 33, No. 4, 2001.

因此，地方政府关键角色之一是创造一个协商过程，公民可以在其中培育消除差异和寻找不会造成社区分裂解决之道的政治能力。① 社会选择途径能利用市场激励和公共协商实现社会最优方案。规划批评者认为，当公共评价过程被特殊利益集团控制时，市场会比计划产生更多的包容区。② 但市场通常不能提供充分的公共设施——公园、开放空间和能支付得起的住房。在美国，已经有一些城市将土地使用规划和区划的协商机制与市场导向的商业项目开发权结为一体，以促进更加有利于环境可持续和社会公平的土地收益和房产开发。③

随着交易成本用于解释政府和市场的关系，市场和计划二分法正在逐步消失④，而协商型社会选择形成空间和时间动态发展的观点，它表明市场和计划如何一起通过协商来发挥作用。协商型社会选择框架承认市场和计划的混合环境更能适合复杂城市的公众需要，它主张需要对社区的多元利益加以包容。在该理论中，将公民参与和包容性置于非常重要的位置，它主张在当代社会，公民参与和包容性是弥足珍贵的，从而使经济社会的发展更具包容性。

本书希望通过将民营化决定决策过程置于比较框架之中，能够对民营化过程中影响其发展方向的各种具体因素做出更加全面而清晰的阐释。

第二节　服务特征对民营化的影响

服务特性是指服务的特征与属性。相关理论与经验分析表明，服务特

---

① John Nalbandian, "Professionals and the Conflicting Forces of Administrative Modernization and Civic Engagement", *American Review of Public Administration*, Vol. 35, No. 4, 2005, pp. 311 – 326.

② Samuel Staley and Lynn Scarlett, *Market Oriented Planning: Principles and Tools*, Los Angeles: Reason Public Policy Institute, 1997.

③ Robert A. Johnston and Marry E. Madison, "From Landmarks to Landscapes: A Review of Current Practices in the Transfer of Development Rights", *Journal of the American Planning Association*, Vol. 63, No. 3, 1997, pp. 365 – 379.

④ Michael A. Nelson, "Municipal Government Approaches to Service Delivery: An Analysis from a Transactions Cost Perspective", *Economic Inquiry*, Vol. 3, No. 1, 1997; Oliver E. Williamson, "Public and Private Bureaucracies: A Transaction Cost Economics Perspective", *Journal of Law, Economics & Organization*, Vol. 15, No. 1, 1999, pp. 306 – 342.

性在决定购买还是生产的过程中起核心作用。[①] 美国赖斯大学罗伯特·M. 斯坦（Robert M. Stein）用资产专用性和可测性来描述服务的特征。[②] 俄亥俄州立大学布朗和波托斯基用资产专用性（低 =1，高 =5）和测量的难度（易 =1，难 =5）对 64 项服务中的每一类服务均做了分析，分值越高，表示交易成本和可测性越高。这些数据来自对 35 个城市管理者的调查排名。[③] 详情见附录表 3。本部分主要以服务特性的两大特征——资产专用性和可测性，并借用布朗和波托斯基的相关分值，分析服务特性对民营化运动的影响。从理论上说，资产专用性高和更加复杂而难以说明（即测量难度高或可测性高）的服务通常不容易找到合适的承包商。[④] 目前的相关研究均已从经验上证明了服务特性对决定民营化方向发展有重要影响，而且发现，服务特性与回购服务之间存在一定的正相关性。但对服务特性到底是如何影响民营化方向这一重要问题，缺乏进一步研究。本部分主要依据 ICMA 1992—2002 年的调查数据，分 1992—1997 年和 1997—2002 年两个时间段进行配对分析，同时参照其他相关资料与研究分析，以新外包和回购服务为主要参数，并结合其他类型的服务提供方式来考察

---

① 该领域的主要理论研究可参见 Elinor Ostromand Vincent Ostrom, "Public Goods and Public Choices", In E. S. Savas eds., *Alternatives for Delivering Public Services: Towards Improved Performance*, edited by E. S. Savas, Boulder, CO: Westview Press, 1977, pp. 7 - 50; Oliver E. Williamson, "The Economics of Organization: The Transaction Cost Approach", *The American Journal of Sociology*, Vol. 87, No. 3, 1981, pp. 548 - 577。相关经验分析的主要研究有：Trevor L. Brown and Matthew Potoski, "Transaction Costs and Institutional Explanations for Government Service Production Decisions", *Journal of Public Administration Research and Theory*, 2003, 13 (4): 441 - 468; James Ferrisand Elizabeth Graddy, "Contracting Out: For What? With Whom?", *Public Administration Review*, Vol. 46, 1986, pp. 343 - 354; Greene, Jeffrey D., 2002, Cities and Privatization: Prospects for the New Century. Upper Saddle River, N. J.: Prentice Hall; Michael A. Nelson, "Municipal Government Approaches to Service Delivery: An Analysis from a Transactions Cost Perspective", *Economic Inquiry*, Vol. 35, No. 1, 1997.

② Robert M. Stein, "The Budgetary Effects of Municipal Service Contracting: A Principal Agentexplanation", *American Journal of Political Science*, Vol. 34, No. 2, 1990, pp. 471 - 502.

③ 布朗和波托斯基专门对从全国随意选出的 75 个县的城市经理和市长做了调查，要求他们对每一项服务的资产专用性和测量难度在 5 分范围内进行打分，1 分表示服务的资产专用性低和容易测量，5 分表示资产专用性高和难以测量。他们收到了 36 份可用的回复。每一项服务的资产专用性和可测性分值是这次调查的全部平均值。详情参见 Trevor L. Brown and Matthew Potoski, "Managing Contract Performance: A Transaction Costs Approach", *Journal of Policy Analysis and Management*, Vol. 22, No. 2, 2003 和附表 3。

④ Amir Hefetz and Mildred E. Warner, "Privatization and Its Reverse: Explaining the Dynamics of the Government Contracting Process", *Journal of Public Administration Research and Theory*, Vol. 14, No. 2, 2004.

服务特性对民营化存在哪些影响，又是如何影响民营化发展方向的。①

一 服务特性中的资产专用性与可测性

“资产专用性”是指资产在没有价值损失前提下能够被不同使用者用于不同投资场合的能力。资产专用性包括专用地点、专用实物资产、专用人力资源资产及特定用途的资产等。② 也就是说，资本、知识或是其他资源一旦投入到某项服务的生产中，它便会沉淀下来，难以轻易转移出来。一项资产的专用性越高，它投入其他用途时的价值就越低。而拥有专用性资产的一方，更容易受到要挟，合同的谈判和执行会变得困难，交易成本升高。一般而言，需要高资产专用性的服务，如大型设备或用于完成某项任务的专用电脑软件，往往对竞标过程中的第一轮或本届生产商有利，因为初次进入市场的壁垒高。不仅如此，高资产专用性还能为现届承包商在下一轮谈判中提供垄断性议价权力，因为它们扩大了提供商的潜在机会主义行为，垄断性服务外包环境增加了地方政府的交易成本。政府对资产专用性高的外包服务，往往更有可能被收回，即认为服务的高资产专用性与回购服务存在一种正相关性。目前的主要研究也大都证明了这一点：在资产专用性及与之相关的交易成本高的情况下，政府倾向于采用内部化服务提供。③

资产专用性对新外包也有重要影响。新外包是指过去完全由政府提供

---

① Trevor L. Brown and Matthew Potoski, “Transaction Costs and Institutional Explanations for Government Service Production Decisions”, *Journal of Public Administration Research and Theory*, Vol. 13, No. 4, 2003; Amir Hefetz and Mildred E. Warner, “Beyond the Market vs. Planning Dichotomy: Understanding Privatisation and its Reverse in US Cities”, *Local Government Studies*, Vol. 33, No. 4, 2007; Scott Lamothe and Meeyoung Lamothe, “The Dynamics of Local Service Delivery Arrangements and the Role of Nonprofits”, *International Journal of Public Administration*, Vol. 29, No. (10/11), 2006; Scott Lamothe, Meeyoung Lamothe and R. C. Feiock, “Examining Local Government Service Delivery Arrangements Over Time”, *Urban Affairs Review*, Vol. 44, No. 1, 2008.

② ［美］威廉姆森：《资本主义经济制度：论企业签约与市场签约》，段毅才、王伟译，商务印书馆 2002 年版。

③ Trevor L. Brown and Matthew Potoski, “Managing Contract Performance: A Transaction Costs Approach”, *Journal of Policy Analysis and Management*, Vol. 22, No. 2, 2003; Amir Hefetz and Mildred E. Warner, “Privatization and Its Reverse: Explaining the Dynamics of the Government Contracting Process”, *Journal of Public Administration Research and Theory*, Vol. 14, No. 2, 2004; Scott Lamotheand Meeyoung Lamothe, “The Dynamics of Local Service Delivery Arrangements and the Role of Nonprofits”, *International Journal of Public Administration*, Vol. 29, No. (10/11), 2006.

而现在通过外包方式（包括公私混合服务提供和完全外包）提供的服务。① 研究表明，1997年之前，资产专用性规模增加一个单位，新外包就会增加17%②，这表明管理者受新公共管理意识形态的牵引，在1992—1997年会将那些具有资产专用性尤其是高资产专用性的服务外包。其结果是，公共部门服务提供中资产专用性高的服务随着1997年新外包而下降。从ICMA调查数据看，这种情况在1997—2002年因管理者意识到了外包资产专用性高的服务存在问题之后便消失了。

可测性是指关于输入、输出和监督承包商是否遵守合同规定和完成合同目标的困难程度。③ 目前研究认为，因为政府不能有效评估承包商在多大程度上隐瞒了真实绩效，因而造成承包商的潜在投机行为最大化，难测量的服务会增加地方政府交易成本。这样，就会使政府采用内部控制机制，以更为有效地减少监督和绩效评估成本。即难测量的服务外包的可能性往往会更小。另外，在监督和评估合同绩效变得更加困难时，政府更有可能将外包的服务收回。④ 例如，在供水和居民垃圾收集服务中，其服务外包与服务回购就完全符合这样的结果。它们的资产专用性分值分别为3.94和3.00，可测性分值分别为2.44和2.06⑤，即供水比居民垃圾收集的两项分值都要高。这样，供水服务外包的可能性要比居民垃圾收集小，而回购服务的比重却相反，前者的可能性要比后者大。相关研究结果表明：在西班牙，2003年的调查显示，供水与居民垃圾收集完全外包的比重分别为41.8%和56.3%。美国情况与此完全一致，供水服务完全外包在1992年、1997年与2002年的比重分别为16.7%、25.3%和9.8%。居民垃圾收集在这三个阶段的比重分别为43.3%、57.1%和45.0%，而美国地方政府供水和居民垃圾收集服务的回购在1997—2002年的比重分别

① 新外包即政府新购买的服务，为了表达的顺畅，该部分统一使用“新外包”。

② Amir Hefetz and Mildred E. Warner, “Beyond the Market vs. Planning Dichotomy: Understanding Privatisation and its Reverse in US Cities”, *Local Government Studies*, Vol. 33, No. 4, 2007.

③ Trevor L. Brown and Matthew Potoski, “Managing Contract Performance: A Transaction Costs Approach”, *Journal of Policy Analysis and Management*, Vol. 22, No. 2, 2003.

④ Trevor L. Brown and Matthew Potoski, “Transaction Costs and Institutional Explanations for Government Service Production Decisions”, *Journal of Public Administration Research and Theory*, Vol. 13, No. 4, 2003; Scott Lamothe, Meeyoung Lamothe and R. C. Feiock, “Examining Local Government Service Delivery Arrangements Over Time”, *Urban Affairs Review*, Vol. 44, No. 1, 2008.

⑤ Trevor L. Brown and Matthew Potoski, “Managing Contract Performance: A Transaction Costs Approach”, *Journal of Policy Analysis and Management*, Vol. 22, No. 2, 2003。本部分有关资产专用性和可测性分值的数据，如不作特别标明，均表示引自该文献。

为 19.0% 和 11.5%。[①] 前者超过回购服务的平均比重（18%），后者却远远低于平均比例。

二　资产专用性和服务可测性如何影响民营化发展

从 ICMA 调查所显示的美国地方政府回购服务比例最大的 10 项服务看，它们并不是分值最高的服务类型。事实上，这些服务的平均分值还偏低，其资产专用性和可测性平均分值分别为 2.79 和 2.45，远远低于 64 项服务的平均分值 3.12 和 2.65，资产专用性和可测性分值最高的 10 项服务均不在其列。详情见表 4－1。这就是说，收回外包比例最大服务的资产专用性和可测性不仅不高，而且偏低。为什么？如何解释这一现象？

表 4－1　　回购服务比例最高的 10 项服务及其平均服务特性值

服务	资产专用性	可测性
* 车队管理	3.28	2.11
* 街道维修	2.26	2.00
* 公园布景	2.33	2.11
* 娱乐	2.94	2.61
* 公共关系	26.5	33.1
数据处理	3.14	2.61
* 建筑维修	2.20	2.00
紧急医疗	3.91	2.76
扫雪	2.50	2.21
动物控制	2.68	2.81
平均	2.79	2.45
64 项服务的平均分值	3.12	2.65

注：前 10 项服务，1997—2002 年；* 前 10 项服务，1992—1997 年。

资料来源：根据 International City/County Management Association, *Profile of Alternative Service Delivery Approaches*, Survey Data, 1992, 1997, 2002, Washington D. C. 和 Trevor L. Brown and Matthew Potoski, "Managing Contract Performance: A Transaction Costs Approach", *Journal of Policy Analysis and Management*, Vol. 22, No. 2, 2003 整理而成。

显然，仅仅服务特性本身还不足以说明民营化发展方向。要充分理解服务特性对民营化发展的影响，还必须从其他方面寻找原因。

---

① 详情可参见本书第五章的相关研究。Trevor L. Brown and Matthew Potoski, "Managing Contract Performance: A Transaction Costs Approach", *Journal of Policy Analysis and Management*, Vol. 22, No. 2, 2003。

从表4－3和表4－4可以看出，外包和新外包都与回购服务有着重要相关性。外包比重最高的10项服务中，有6项服务的回购率也高（见表中的阴影部分），新外包与收回外包也反映了这一重要关系。这说明，外包比重高的服务往往也更有可能被政府重新收回，其原因主要在于，服务外包往往存在各种问题，因此，外包可能性大的服务，回购概率也就更大。关于这一点，前一章已经做了详细分析，此处不做赘述。

表4－2　新外包比例最高的10项服务及其平均服务特性值

服务	资产专用性	可测性
* 法律服务	3.39	3.46
* 车队管理	3.28	2.11
交通标记	2.91	2.24
* 建筑维修	2.20	2.00
* 数据处理	3.14	2.61
* 娱乐	2.94	2.61
* 公园布景	2.33	2.11
* 街道维修	2.26	2.00
* 树木修剪	2.14	2.36
污泥处理	3.52	2.36
平均	2.81	2.38
64项服务的平均分值 *	3.12	2.65

注：前10项服务，1997—2002年；＊前10项服务，1992—1997年。

资料来源：同表4－1。

表4－3　外包服务的不稳定性（一）

外包比重最高的10项服务	回购比重最高的10项服务
* 建筑维修	* 车队管理
* 娱乐	* 街道维修
* 公园布景	* 公园布景
* 重装备与应急交通工具	* 娱乐
数据处理	* 公共关系
* 街道维修	数据处理
* 公共关系	* 建筑维修
* 树木修剪	紧急医疗
* 预防犯罪	扫雪
* 法律服务	动物控制

注：前10项服务，1997—2002年；＊前10项服务，1992—1997年。

资料来源：根据 International City/County Management Association, *Profile of Alternative Service Delivery Approaches*, Survey Data, 1992, 1997, 2002, Washington, D. C. 和 Trevor L. Brown and Matthew Potoski, "Managing Contract Performance: A Transaction Costs Approach", *Journal of Policy Analysis and Management*, Vol. 22, No. 2, 2003 整理而成。

表4-4　外包服务的不稳定性（二）

新外包比重最高的10项服务	回购比重最高的10项服务
*法律服务	*车队管理
*车队管理	*街道维修
交通标记	*公园布景
*建筑维修	*娱乐
*数据处理	*公共关系
*娱乐	数据处理
*公园布景	*建筑维修
*街道维修	紧急医疗
*树木修剪	扫雪
污泥处理	动物控制

注：前10项服务，1997—2002年；＊前10项服务，1992—1997年。

资料来源：同表4-3。

资产专用性高的服务，外包可能性通常更小，这就不难理解为什么回购比重最高的10项服务的资产专用性和可测性都不高。换句话说，资产专用性和可测性都高的10项服务均不在高回购服务之列（见表4-3，二者都高的10项服务见附表4），是因为这些服务被外包的可能性不大，发生回购的可能性也就小。而服务特性之所以在一定程度上与回购服务呈正相关性，是此类服务外包发生之后的事情，即此类服务一旦被外包，出问题的可能性往往更大，被政府收回的可能性也就更大，如公共安全、公共工程/交通等。

同样，新外包比重高的服务，回购服务可能性也大。新外包比例最高的10项服务中，有6项服务处在回购服务比重最大的10项服务之列（见表4-4）。这与高外包服务中回购服务的情况有着惊人的相似。这一点，同样可以在具体服务中得到证明。如1997—2002年美国地方供水与居民垃圾收集两项服务中，二者的新外包比重分别为8.1%和5.8%，其回购服务的比重分别为19.0%和11.5%。供水服务的新外包比重高，其回购比重也更高。

正因为如此，便可以对表4-1中10项回购服务比重最高的服务资产专用性和可测性都不高做出合理的解释。最可能外包的是那些资产专用性和可测性都不高的服务，而外包可能性大的服务，也就更有可能发生回购服务。因此，回购比重高的服务的资产专用性和可测性都不高，也就是情理之中的事情了。这也表明，虽然服务特性与回购服务存在一定的正相关性，但只能对此做出部分解释，而且还不是直线型的影响。要想更为全面地理解民营化方向的发展变化，还必须分析其他因素。

第三节 辖区特征对民营化的影响

每个城市服务提供方式的决定都受一些相对独特因素的影响，民营化决定也是如此。虽然了解服务的交易成本特征与外包范围及提供商类型的相互作用有助于理解地方政府回购服务决定，但它只是为理解政府为什么有时采用回购服务而非继续外包提供了一幅并不完整的图景。地方政府服务提供的制度安排往往是政治、管理、财政和地方市场条件等因素的一种复杂的动态过程。这些因素在回购服务决定中尤其重要，因为它们比交易成本造成的无效率更明显，能直接影响决策者和公共管理者。

有关辖区特征对民营化影响的研究，由于各研究者运用的变量互不相同等多种原因，得出截然不同的结论。如贺菲茨和华纳在《解释政府服务合同外包的动态性》一文中，研究结果表明，职业化管理与合同外包方向呈正相关性，因为其结果显示，议会经理型城市更有可能外包，原因在于这类城市的议会经理具有更多的企业家精神，因而更具创新精神，会更多地将企业管理方法运用到政府管理。因此，他们一方面更倾向于实施民营化服务，另一方面由于他们比传统的政府管理者具有更强的合同管理能力，外包也会更加成功，因而回购服务可能性也就更小。① 但是，三年后的研究却发现，职业化管理对民营化方向的变化没有直接影响，从而将以前的研究结论完全推翻。② 布朗与波托斯基、拉莫斯等学者的研究结果发现，这二者之间并没有真正关联。③ 其实，这两种结论都是不全面的。

① Amir Hefetz and Mildred E. Warner, "Privatization and Its Reverse: Explaining the Dynamics of the Government Contracting Process", *Journal of Public Administration Research and Theory*, Vol. 14, No. 2, 2004.

② Amir Hefetz and Mildred E. Warner, "Beyond the Market vs. Planning Dichotomy: Understanding Privatisation and its Reverse in US Cities", *Local Government Studies*, Vol. 33, No. 4, 2007.

③ 相关研究分别为：Trevor L. Brown and Matthew Potoski, "Transaction Costs and Institutional Explanations for Government Service Production Decisions", *Journal of Public Administration Research and Theory*, Vol. 13, No. 4, 2003; Scott Lamothe, Meeyoung Lamothe and R. C. Feiock, "Examining Local Government Service Delivery Arrangements Over Time", *Urban Affairs Review*, Vol. 44, No. 1, 2008。

不论是辖区特征与民营化方向呈正相关性，还是二者不存在直接相关性的研究结果，都未能准确揭示辖区特征与民营化之间的真正关系。这一方面反映了目前该领域研究定量分析中变量的确定存在不少问题，另一方面反映了对该问题仅仅采用定量分析本身的不足。遗憾的是，虽然有学者看到了这一点（如拉莫斯夫妇等在《不同时期地方政府服务供给的考察》一文就意识到了这一问题）。① 但在他们的研究中，却没能较好地解决这一问题。本部分以辖区特征的三个特征：管理结构、合同管理能力和市场条件来试图对辖区特征对民营化方向的影响做更进一步分析。

一 管理结构对民营化发展的影响

在美国，不同城市的治理形式各异。但城市政府最常用的两种形式是议会经理型和市长议会型。② 议会经理型政府是由一个通过选举产生的城市议会和一名由议会任命的职业化市政经理组成。城市议会负责城市政策的制定，而市政经理则负责行政工作。通常情况下，城市议会禁止干预城市经理行政工作，但可以随时废除市政经理。相比之下，市政议会型政府由一名选举产生的市长和一个同样由选举产生的议会组成。由市长担任城市的首席行政官（CAO），而议会充当城市的立法机关。这种类型的城市还可以任命一位职业化城市经理，但城市运作由市长掌控。不论城市是由任命的经理还是由选举的市长执政，但往往都是由部门经理构成的管理机构负责服务提供。服务合同服务外包决定通常是由市长或经理与负责执行决策的部门领导共同做出。③

① 详情参见 Scott Lamothe, Meeyoung Lamothe and R. C. Feiock, "Examining Local Government Service Delivery Arrangements Over Time", *Urban Affairs Review*, Vol. 44, No. 1, 2008。

② 其他的治理形式还有城镇会议和直接投票方式，但相对很少。相关论述可参见 Jonathan Levin and S. Tadelis, "Contracting for Government Services: Theory and Evidence from U. S. Cities", NBER Working Paper, No. 13350, 2007 (http://www.nber.org/papers/w13350)；［美］文森特·奥斯特罗姆等：《美国地方政府》，井敏、陈幽泓译，北京大学出版社 2005 年版；井敏：《"百纳被"——美国地方政府治理体系》，《学习时报》2008 年 10 月 20 日。

③ Jonathan Levinand S. Tadelis, "Contracting for Government Services: Theory and Evidence from U. S. Cities", NBER Working Paper No. 13350, 2007；［美］文森特·奥斯特罗姆等：《美国地方政府》，井敏、陈幽泓译，北京大学出版社 2005 年版。

有几项研究对议会经理型政府外包做了分析①，这类政府有一名任命的职业经理。职业经理在服务提供过程中注重创新和效率。他们认为，政府像公司一样运作时，就会获得最大化效率。② 而且人们通常认为，与其他传统型政府的公共官员相比，城市经理更懂得合同管理的本质，因而更能成功推行向社会购买服务政策。③ 这种职业化能力会使议会经理型政府能更为有效地管理外包过程，他们因此更加倾向于采用外包的服务提供方式。因此，与市长议会等政府形式相比，议会经理型政府回购服务的可能性也就更小。尽管如此，目前却没有足够的证据和研究能够为此结论提供支持。

二　合同管理能力对民营化发展的影响

民营化研究者知道，成功的政府服务外包在很大程度上取决于公共官员管理合同和监督提供商绩效的有效程度。布朗与波托斯基提出了合同管理能力的三种形式：可行性评价能力、执行能力和评估能力。④ 在考虑民营化之前进行可行性分析并很好地列出实施计划，能让管理者在实际采购与招标过程中做好更加充分的准备。通过了解他们需要从服务外包中得到什么，并根据明确的绩效规定标准认真选择能够胜任的承包商，公共管理者就可能写出更为精确的合同，从而防止在实施外包过程中出现诸多可能出现的问题。对提供商绩效的定期监督和阶段性评估，对确保有效的合同管理也很关键，因为这样做会提醒生产商按照合同责任和合同目标进行服

---

① James Clingermayer and R. C. Feiock, *Institutional Constraints and Policy Choice: An Exploration of Local Governance*, Albany, NY: State University of New York Press, 2001; Amir Hefetz and Mildred E. Warner, "Privatization and Its Reverse: Explaining the Dynamics of the Government Contracting Process", *Journal of Public Administration Research and Theory*, Vol. 14, No. 2, 2004; Jonathan Levinand S. Tadelis, "Contracting for Government Services: Theory and Evidence from U. S. cities", Working Paper, Stanford University, 2005; M. Jae Moon and Peter de Leon, "Municipal Reinvention: Managerial Values and Diffusion among Municipalities", *Journal of Public Administration Research and Theory*, Vol. 11, No. 3, 2001, pp. 27 – 51.

② Trevor L. Brown and Matthew Potoski, "Transaction Costs and Institutional Explanations for Government Service Production Decisions", *Journal of Public Administration Research and Theory*, Vol. 13, No. 4, 2003; Jeffrey L. Brudney et al., "Exploring and Explaining Contracting out: Patterns among the American States", *Journal of Public Administration Research and Theory*, Vol. 15, No. 3, 2005, pp. 393 – 419.

③ Amir Hefetz and Mildred E. Warner, "Privatization and Its Reverse: Explaining the Dynamics of the Government Contracting Process", *Journal of Public Administration Research and Theory*, Vol. 14, No. 2, 2004.

④ Trevor L. Brown and Matthew Potoski, "Contract – Management Capacity in Municipal and Country Governments", *Public Administration Review*, Vol. 63, No. 2, 2003.

务提供，在合同语言和条件模糊的情况下尤其如此。① 因此，高水平的合同管理能力通常形成成功的合同，它与回购服务呈反相关性，相关的经验研究也支持这种关系。②

三 市场条件对民营化发展的影响

任何交易都是在一定市场条件下完成的。我们这里按照城市类型与人口两种不同的性质来划分市场。ICMA 调查将前者分为中心城市、郊区和其他（即中心城市和郊区之外的市场类型）三类市场；后者可将市场分为大城市、中等城市和小城市三类不同的城市市场。③

竞争性市场能有效地提供服务是民营化支持者的主要理由（如民营化大师萨瓦斯一直持该观点）。在缺乏替代性服务提供商的地方，公共服务提供的外包就不会实现预期的成本节省，因为非竞争性会为进入合同关系的少数承包商创造垄断性或寡头控制的环境。④ 但是，在存在竞争的市场环境中，私人市场就会提供获得效率的机会。⑤ 因此，在竞争性大和限制机会主义行为的竞争性市场领域，回购服务的可能性更小。

ICMA 对包括中心城市、郊区和其他类型城市做了统计分析。从 ICMA 调查数据中可以看到，与前一个阶段（1992—1997 年）相比，核心大都市区在第二阶段（1997—2002 年）的新外包的比例更低，而在这

① Meeyoung Lamothe, "Issues of Contract Implementation and Management: The Case of Performance Contracting in Florida Human Services", *International Review of Public Administration*, Vol. 8, No. 2, 2004, pp. 59 – 75.

② Scott Lamothe, Meeyoung Lamothe and R. C. Feiock, "Examining Local Government Service Delivery Arrangements over Time", *Urban Affairs Review*, Vol. 44, No. 1, 2008.

③ 这项调查参照美国管理和预算署的标准，将城市区分为核心城市和外围郊区。在核心城市，有 40% 的居民在大都市的中心城市工作，其中就业人口比例至少在 75%。所有其他大城市被区分为外围郊区。农村的独立政府由它们所在县的非城市地位决定。详情可参见 OMB, *Alternative Approaches to Defining Metropolitan and Nonmetropolitan Areas*. Washington D. C.: Office of Management and Budget, 2000（http://www.whitehouse.gov/omb/fedreg/msa.html）。

④ Donald Kettl, *Sharing Power: Public Governance and Private Market*, Washington D. C.: Brookings Institution, 1993.

⑤ Trevor L. Brown and Matthew Potoski, "Transaction Costs and Institutional Explanations for Government Service Production Decisions", *Journal of Public Administration Research and Theory*, Vol. 13, No. 4, 2003; Amir Hefetz and Mildred E. Warner, "Privatization and Its Reverse: Explaining the Dynamics of the Government Contracting Process", *Journal of Public Administration Research and Theory*, Vol. 14, No. 2, 2004; Michael A. Nelson, "Municipal Government Approaches to Service Delivery: An Analysis from a Transactions Cost Perspective", *Economic Inquiry*, Vol. 35, No. 1, 1997.

两个阶段中，其回购服务比例均比郊区同级别的地区高。在第二阶段，农村政府的新外包比例也不高，但这里的收回外包比例也低。这或许反映了因有限的竞争和职业化管理水平不高而使得管理市场的能力不强。①

民营化方向与人口之间是一种非线性关系。② 服务外包比例最高地区是中等城市，这些城市政府内部服务提供的比例更低，私人承包商生产与提供更多的服务。最大城市具有支持内部提供的规模和条件，工会和公民也会反对民营化。另外，更小的乡镇受到的阻力更小，但往往缺乏服务提供商市场。③ 加拿大麦吉尔大学的赫布顿和詹利特在对加拿大民营化的研究中，将人口作为一个变量，对同等人口的城市做出测量。结果显示，在加拿大，中心城市民营化的比例比郊区低。这与以前显示的郊区城市民营化比例更高的研究结果一致。④

在 ICMA 2002—2003 年的调查中，问卷发放对象是人口为 25000 以上所有的县和人口超过 10000 的所有城市的首席行政官（CEO），以及人口在 2500—24999 人的市与县的随意样本。2003 年的调查包括 67 项服务提供领域（比 1997 年调查增加了 3 项）。

从调查数据可以看出，两个阶段中，郊区的合同外包比例都比较高。公共选择理论认为，郊区最喜欢通过市场提供产品和服务。⑤ 服务需求具有更大的同质性（提供给一个同质性更大的人群），居住选择（迁移）更高。公共部门服务提供在大城市和独立的农村政府比重最高。农村中独立

---

① 由 Germà Bel 教授主持的巴塞罗那大学在 2003—2005 年对西班牙供水和固体垃圾收集所做的调查结果表明，西班牙的民营化情况与此相一致。在内部提供在西班牙的小城镇更为普遍，该方式是一个倒 U 形，中等城市的私人提供比例高，而小城市的比例最小。详情参见 Germà Bel and Mildred E. Warner, "Privatization of Solid Waste and Water Services: What Happened to Costs Savings?" Working Paper, University of Barcelona, 2007；Hebdon 和 Jalette 2004 年对加拿大的相关调查也反映了这种关系。详情参见 Robert Hebdon and Patrice Jalette, "The Restructuring of Municipal Services: A Canada - United States Comparison", *Environment and Planning C: Government and Policy*, Vol. 26, 2008, pp. 144 - 158。

② Trevor L. Brown and Matthew Potoski, "Transaction Costs and Institutional Explanations for Government Service Production Decisions", *Journal of Public Administration Research and Theory*, Vol. 13, No. 4, 2003.

③ Mildred E. Warner and Amir Hefetz, "The Uneven Distribution of Market Solutions for Public Goods", *Journal of Urban Affairs*, Vol. 24, No. 4, 2002, pp. 445 - 459.

④ Robert Hebdon and Patrice Jalette, "The Restructuring of Municipal Services: A Canada - United States Comparison". *Environment and Planning C: Government and Policy*, Vol. 26, 2008, pp. 144 - 158.

⑤ George A. Boyne, "Competition and Local Government: A Public Choice Perspective", *Urban Studies*, Vol. 334, No. 5, 1996.

政府的民营化比重最低，回购服务的比例也最低（也许部分原因是缺乏私人供应商的竞争性市场），大城市政府的回购服务比例很高（但后一个阶段，即 1997—2002 年比前一个阶段，即 1992—1997 年的比例更高），部分原因在于它们已经足够大了，能够享受规模经济。经历了十多年的民营化试验之后，对民营化的态度变得更加理智，于是将那些不如意的外包服务收回，重新由政府自己提供。

从上述分析有关辖区特征三个重要方面的分析可以看出，管理结构、管理能力和市场条件与民营化决定（外包还是收回外包）都存在一定的相关性，并且所呈现的是一种多层次的复杂关系，而不像以前研究者所认为的那种简单的正向或反向关系。

至此，我们已经分析了服务特性与辖区特征对民营化的影响。从上述分析可以看出，虽然这两种特征对民营化发展方向的影响都不是简单线性关系，而是表现出一种多层次的复杂关系。它难以用简单的正向或反向关系来描述。如今，经验丰富的政府管理者懂得了合同外包会耗费额外的交易成本。在公共与私营企业中，何时进行内部“提供”，何时从外面“购买”服务的定夺是一种很复杂的决定，它建立在服务和市场特性以及内部知识和控制的需求之上。①

另外，目前还有一个被严重忽视的问题，那就是辖区特征与服务特性的相互作用对民营化发展方向的影响。我们认为，服务特性与其他提供特征尤其是辖区特征的相互关系在地方政府决定是实施内部化（即回购服务）服务还是维持合同关系非常重要。以前的研究显示，因为考虑到会增加交易成本，地方决策者最初并不愿意将那些资产专用性高的服务民营化。但有研究表明，一旦资产专用性高的服务被外包，随后其内部化的可能性严重取决于提供服务的政府是否还保持着内部提供的能力。② 这种情况显然不能仅仅用服务特性或辖区特征的单方面影响做出说明。

① Michael A. Nelson, “Municipal Government Approaches to Service Delivery: An Analysis from a Transactions Cost Perspective”, *Economic Inquiry*, Vol. 35, No. 1, 1997; Mildred E. Warner and Amir Hefetz, “Managing Markets for Public Service: The Role of Mixed Public/Private Delivery of City Services”, *Public Administration Review*, Vol. 68, No. 1, 2008.

② Scott Lamothe and Meeyoung Lamothe, “The Dynamics of Local Service Delivery Arrangements and the Role of Nonprofits”, *International Journal of Public Administration*, Vol. 29, No. (10/11), 2006.

第四节 影响民营化发展的其他因素

从前面两节内容可以看出，服务特性与辖区特征对民营化发展方向有着十分重要的影响，但它们仍然不能完全反映民营化发展全貌。其他因素，如意识形态、惯性（以前所使用的模式）、民营化的提供商类型、服务外包方式以及公众态度等因素，均在不同程度上影响着民营化方向的发展变化。下面将对这些因素及其对民营化方向的影响逐一做出分析。

一 意识形态对民营化的影响式微

虽然民营化并非新事物，“运用私营部门力量满足公众需求的做法可以说与家庭一样历史悠久”。① 然而，私有化狂热却是新自由主义全球化的特征。② 20 世纪 60 年代，民营化倾向开始兴起，哈耶克、弗里德曼等著名新自由主义经济学家为之鸣锣开道③，他们的经典著作，则为民营化的发展奠定了理论基础。④ 20 世纪 70 年代以后，随着新自由主义成为主流经济学思潮，并在其推动下，民营化开始在世界范围内得到大规模发展。撒切尔政府早期的民营化主要受意识形态影响⑤，以至于有学者指出，“意识形态的狂热已经使英国走到了这一步：新右派势力想从根本上永久性地改变权力结构和公民的投票意向”。⑥ 早期美国的民营化发展也是深受意识形态的影响。⑦ 而以世界银行等国际性组织在发展中国家所推行的新自由主义政策则为民营化在第三世界的迅速推广起到了推波助澜作用。

---

① ［美］E. S. 萨瓦斯：《民营化与公私部门的伙伴关系》，周志忍等译，中国人民大学出版社 2013 年版，第 14 页。

② Alan G. Nasser, “The Tendency to Privatize”, *Monthly Review*, Vol. 54, No. 10, 2003.

③ ［德］魏伯乐等主编：《私有化的局限》，王小卫等译，上海三联书店 2006 年版，第 6 页。

④ ［美］E. S. 萨瓦斯：《民营化与公私部门的伙伴关系》，周志忍等译，中国人民大学出版社 2013 年版，第 14 页。

⑤ ［澳］欧文 · E. 休斯：《公共管理导论》，张成福等译，中国人民大学出版社 2007 年版，第 125 页。

⑥ Ken Wiltshire, “The British Privatization Process: A Question of Accountability”, *Australian Journal of Public Administration*, Vol. 45, 1986, pp. 344 – 360.

⑦ 1990 年，参议院预算委员会主席写信给管理预算局局长说：“里根政府追求（联邦政府私有化的）计划看来只考虑‘私有化’这一模糊不清的意识形态目标，而没有认真考虑所获得的实际效果或所浪费的金钱。”参见 Senator Jim Sasser，转引自 John E. Yang. *Reagan – Era Efficiency Program Called Wasteful*, Washington Post, April 28, 1990。

因此，常规智慧认为民营化及其发展方向深受意识形态的影响。① 人们通常认为，受自由市场影响更深的国家或地区的民营化程度更高；相反，社区主义或社会主义意识形态浓厚的国家或地区的民营化程度更低。如果说民营化发展的早期在一定程度上反映了这一事实的话，那么，随着民营化的发展，这种观点越来越难以得到支持。

随着时间的推移和人们对民营化认识的加深，如今，民营化已经超越党派偏好或意识形态，成为一种务实并得到广泛应用的治理方式和公共服务管理模式。② 如通常认为，美国比欧洲国家的民营化水平更高，但事实却恰恰相反。近年来，欧洲国家的民营化水平普遍高于美国。如前所述，20 世纪 80 年代以来，美国民营化增长一直很有限，ICMA 的长期跟踪调查显示，美国地方政府的直接提供一直占据最重要的地位，长期在 60% 上下。其中，1982 年大约占 57%，1992 年大约占 54%，1997 年大约占 50%，2002 年大约占 59%，2007 年大约占 52%，2012 年则上升到 58%。而 1982 年美国地方政府公共服务完全外包（外包对象包括私营部门、非营利部门及其他地方政府，即政府间合作）占所有服务的比重为 34%，而 1992 年、1997 年的这一数字分别为 28%、33%，同 1992 年相比，1997 年的民营化比重还有所下降，仅为 28%。2002 年其比重更是急剧下降，仅为 18%（见图 2－5）。因此，虽然 2007 年的比重上升快，达到 30%，但总体来看，1997 年之前，美国公共服务合同外包比重有限增长，而 1997 年之后，合同外包比重呈下降趋势。因此，1997 年被学者称为美国民营化发展的"分水岭"。③ 相反，欧洲国家的民营化要高于这种水平。④ 如以供水服务为例，1992 年、1997 年、2002 年美国纯公共部门提供的比例分别为 74.6%、74.6% 和 75.9%，完全外包的比例分别为 16.7%、25.3% 和 9.8%⑤；而西班牙

---

① Scott Lamothe, Meeyoung Lamothe and R C. Feiock, "Examining Local Government Service Delivery Arrangements Over Time", *Urban Affairs Review*, Vol. 44, No. 1, 2008.

② Dennis Daley, "The Politics and Administration of Privatization", *Policy Studies Journal*, Vol. 24, No. 4, 1996, pp. 629－631；［美］E. S. 萨瓦斯：《民营化与公私部门的伙伴关系》，周志忍等译，中国人民大学出版社 2002 年版，第 339 页。

③ Amir Hefetz and Mildred E. Warner, "Beyond the Market vs. Planning Dichotomy: Understanding Privatisation and its Reverse in US Cities", *Local Government Studies*, Vol. 33, No. 4, 2007.

④ Germà Bel, *Economía y Política de la Privatización Local*（*Economics and Politics of Local Privatization*）, Madrid: Marcial Pons, 2006; Amir Hefetz and Mildred E. Warner, "Beyond the Market vs. Planning Dichotomy: Understanding Privatisation and its Reverse in US Cities", *Local Government Studies*, Vol. 33, No. 4, 2007.

⑤ International City/County Management Association（ICMA）. *Profile of Alternative Service Delivery Approaches*, US Municipalities, 1992, 1997, 2002, Washington D. C..

2003 年供水服务的情况是，纯公共部门提供为 27.7%，合同外包为 41.8%。① 可见，西班牙民营化程度远远高于美国。就连美国邻邦加拿大的民营化程度也明显高于美国，而与美国相比，加拿大的社区主义意识形态要高得多。②

美国公共雇员意识形态密度最高的东北部的民营化比例比其他所有地区都高。③ 而在加拿大，除不列颠哥伦比亚和列入“西部其他地区”少数省份与属地之外，所有其他区域和省份的民营化比例都比美国东北部高很多，其中安大略省最高，其次是临海省份和纽芬兰、阿尔伯塔和魁北克。高出比例从魁北克的 4.7% 到安大略的 6.6%。④

20 世纪 90 年代中期，美国加利福尼亚大学政府与公共事务研究中心创始人赫希（Werner Z. Hirsch）通过对地方固体垃圾处理的研究，得出了“政治和意识形态因素与经济因素相比，显得越来越不重要”的结论。⑤ 近期以来，更多的经验研究证明了这一点。如华纳与霍布顿对美国纽约政府回购服务的研究显示，意识形态未能决定服务提供方式的选择。⑥ 务实的地方政府管理者根据服务成本采用多种方案，包括购买服务与回购服务、政府间合作等。因此，在地方政府层面，对于服务提供方式的决定，政府决策者更加注重的是实际，而不是受意识形态影响——如果他们觉得公共部门提供是更好的选择，他们就会选择内部提供，如果购买服务更加合适，他们就会选择向社会购买服务，而当民营化服务出现问题或不能实现满意的目标时，又会采取回购服务的方式，将民营化服务重新收回。⑦

---

① Germà Bel, *Economíay Política de la Privatización Local* (*Economics and Politics of Local Privatization*), Madrid: Marcial Pons, 2006.

② Robert Hebdon and Patrice Jalette, “The Restructuring of Municipal Services: A Canada – United States Comparison”, *Environment and Planning C: Government and Policy*, Vol. 26, 2008.

③ Amir Hefetz and Mildred E. Warner, “Beyond the Market vs. Planning Dichotomy: Understanding Privatisation and its Reverse in US Cities”, *Local Government Studies*, Vol. 33, No. 4, 2007.

④ Robert Hebdon and Patrice Jalette, “The Restructuring of Municipal Services: A Canada – United States Comparison”, *Environment and Planning C: Government and Policy*, Vol. 26, 2008, pp. 144 – 158.

⑤ Werner Z. Hirsch, “Contracting out by Urban Governments—A Review”, *Urban Affairs Review*, Vol. 30, No. 3, 1995.

⑥ Mildred E. Warner and Robert Hebdon, “Local Government Restructuring: Privatization and its Alternatives”, *Journal of Policy Analysis and Management*, Vol. 20, No. 2, 2001.

⑦ Amir Hefetz and Mildred E. Warner, “Privatization and Its Reverse: Explaining the Dynamics of the Government Contracting Process”, *Journal of Public Administration Research and Theory*, Vol. 14, No. 2, 2004; Scott Lamothe, Meeyoung Lamothe and R. C. Feiock, “Examining Local Government Service Delivery Arrangements Over Time”, *Urban Affairs Review*, Vol. 44, No. 1, 2008.

全美县联合会（the National Association of Counties）在2000年所做的政府运作调查也证明了意识形态与政治因素在决定民营化方向中已经变得越来越不重要。此次专门对私人合同稳定性问题做调查。在144个作了回答的县中，13.8%（20个）的说最近三年中，回购过1项服务。回答者还表露了他们决定回购服务的重要原因。其中一半是关于服务提供者和经济问题，1/4是外包和监督问题，而另外1/4是管理和劳工问题。只有10%的回答者将政治问题列为一种因素。①

总之，地方政府管理者比公共选择理论所想象得更加务实。② 20世纪最后几十年见证了在政府服务提供中市场作用不断加强的深刻试验。然而，这一试验并未带来充分的效率、公平和表达标准，从而致使形势发生逆转，公共服务民营化比重开始下降，回购服务兴起并呈增长趋势。③ 民营化对效率和服务质量的诺言远未实现。在美国，经过了十多年的民营化试验之后，人们尤其是地方政府管理者开始走出早期对民营化盲目热衷和主要受意识形态驱使的不理性行为，意识形态淡出，开始变得更加理性和务实。他们会根据服务提供成本与公民满意度等综合因素考虑在公私部门之间选择服务提供方式，公共部门提供、购买服务与回购服务、政府间合作、混合公私提供等多种可选择的公共服务提供方式同时并存。④

二 惯性（过去所使用的模式）对民营化的影响

如果将当前服务提供的制度安排视为政府对生产服务还是购买服务进

---

① National Association of Counties, *Operations Survey*, Washington D. C.: NACO., 2000.

② Robert Hebdon and Patrice Jalette, "The Restructuring of Municipal Services: A Canada - United States Comparison", *Environment and Planning C: Government and Policy*, Vol. 26, 2008, pp. 144 - 158.

③ Amir Hefetz and Mildred E. Warner, "Privatization and Its Reverse: Explaining the Dynamics of the Government Contracting Process", *Journal of Public Administration Research and Theory*, Vol. 14, No. 2, 2004.

④ Amir Hefetz and Mildred E. Warner, "Beyond the Market vs. Planning Dichotomy: Understanding Privatisation and its Reverse in US Cities", *Local Government Studies*, Vol. 33, No. 4, 2007; Scott Lamothe, Meeyoung Lamothe and R. C. Feiock, "Examining Local Government Service Delivery Arrangements Over Time". *Urban Affairs Review*, Vol. 44, No. 1, 2008; Mildred E. Warner and Amir Hefetz, "Managing Markets for Public Service: The Role of Mixed Public/Private Delivery of City Services", *Public Administration Review*, Vol. 68, No. 1, 2008. 公众对民营化热情降温也表明民众受私有化意识形态指引的下降。据ICMA调查，1997—2007年，积极支持民营化的公民在1992年、1997年、2002年和2007年的比例呈稳定下降趋势，分别为7.5%、7.1%、6.3%、3.9%。参见International City/County Management Association, *Profile of Alternative Service Delivery Approaches*, Survey Data, 1997, 2002, 2007, Washington D. C.。

行决策的结果，那么，以前的研究忽略了影响服务供给选择的一大关键因素——过去的服务提供制度安排。其实，过去服务提供制度安排对未来服务提供方式的选择有重要影响。① 这一点可以从1997年和2002年美国地方政府服务提供方式的变化得到证明。通过对ICMA调查数据中有关1997年与2002年美国地方政府公共部门提供的分析，我们可以发现，1997年公共部门提供的服务，到2002年，仍然有81%服务是同样的提供方式。② 最近有学者对此做了专门关注。通过对ICMA 1992—1997年的调查数据与美国统计局数据分析，布朗和波托斯基等学者研究发现，在实践中，服务提供方式的选择具有很大的流动性：公共部门提供将来会转变为购买服务，购买服务今后又可能转变为公共部门提供。然而，服务提供方式的选择具有很强的惯性，即使发生了变化，但以前的服务提供模式对其变化为其他模式会产生重要影响。③

对于为什么过去的做法会决定未来决策，可以从以下几个方面加以分析。

首先，在复杂和充满不确定性的条件下，组织惯性和渐进主义会限制地方政府官员与过去的服务提供制度安排激进地做出决裂的能力。风险趋避④和有限理性的公共管理者会更加倾向于维持既有的服务提供模式，而非尝试一种更好却充满不确定性的可替代模式。⑤ 惯性对两个方向的选择都有制约，即一方面不愿意外包内部提供的服务，另一方面却又不情愿回购外包的服务。

其次，管理者担心变化服务提供模式会增加成本也造成一种倾向于维

① Trevor L. Brown, Matthew Potoski and David M. Van Slyke, "Changing Modes of Service Delivery: How Past Choices Structure Future Choices", *Environment and Planning C: Government and Policy*, Vol. 26, 2008.

② International City/County Management Association, *Profile of Alternative Service Delivery Approaches*, Survey Data, 1997, 2002, Washington D. C. .

③ Trevor L Brown, Matthew Potoski and David M Van Slyke, "Changing Modes of Service Delivery: How Past Choices Structure Future Choices", *Environment and Planning C: Government and Policy*, Vol. 26, 2008.

④ 风险趋避是一种风险应对方法，是指通过计划的变更来消除风险或风险发生的条件，保护目标免受风险的影响。

⑤ Charles E. Lindblom, *The Intelligence of Democracy: Decision Making through Mutual Adjustment.* New York: Free Press, 1965; Gary J. Miller and Andrew B. Whitford, "Trust and Incentives in Principal - agent Negotiations: The 'Insurance/Incentive Trade - off'", *Journal of Theoretical Politics*, Vol. 14, No. 2, 2002, pp. 231 - 267; [美] 西蒙、赫伯特:《管理行为》，机械工业出版社2006年版。

持现状的偏见。① 管理内部服务提供所需要的治理结构和技能与承包给外部生产商所需要的治理结构和技能大不相同。因此，使用公共雇员提供一种服务的辖区将难以胜任民营化所要求的一些能力，如评估和选择胜出的投标，起草、谈判和确定适合的合同，监测和评估绩效，根据以前的绩效重新确定或终止合同。同理，因为缺乏足够的服务提供能力，已经做出外包的服务也将难以重新进行内部提供。要想对这种情况做出补救，就需要资源投资，这可能会有损服务，这两方面都可能付出政治代价。因此，通常情况下，过去的服务提供方式会对目前乃至未来服务提供方式的选择产生重要影响。

最后，改变现有的提供与管理制度和建立新的制度所需要的代价降低了服务提供方式转变的可能性。因此，地方政府并不是频繁地更改服务提供方式。布朗和波托斯基等最近研究结果显示，直接提供服务的地方政府最可能坚持现有模式。另外，由于已经因改变服务提供方式造成了成本，所以，已经实施了服务购买的地方政府的服务提供决定会变得更具动态性：有时将服务购买改为内部提供，有时则继续保持市场提供，只是更换一下生产商类型。政府最有可能改变联合性服务提供方式，这也许是因为此类服务提供方式的变换成本更低，风险因此而被减小。服务提供方式是动态的，但模式变化的可能性受以前服务提供方式的强烈影响。②

惯性（过去的服务提供模式）之所以强烈影响今后服务提供模式的选择，尽管原因是多方面的，但根本原因或许在于，同其他任何事情一样，服务提供方式也具有路径依赖，而从一种服务提供方式转向另一种方式，都是需要成本和代价的。

服务提供方式的惯性作用为管理实践提供了一些很重要启示。可以概括为如下几个方面：

第一，服务提供方式虽然是动态的，但并非完全任意流动的。从一种方式转变为另一种方式并不是无缝隙的，相反，它需要成本，从而使一些转变比其他转变更加容易。这在因政治原因而实施昂贵的转变（如从服务购买转变为政府直接提供）的时候，将给管理者提出重大挑战。当政

① Trevor L. Brown, Matthew Potoski and David M. Van Slyke, "Transaction Costs and the Changing Patterns of Local Service Delivery", Paper Presented at the Annual Meeting of the Association of Public Policy Analysis and Management, November 3 – 5, Washington D. C..

② Trevor L. Brown, Matthew Potoski and David M. Van Slyke, "Changing Modes of Service Delivery: How Past Choices Structure Future Choices", *Environment and Planning C: Government and Policy*, Vol. 26, 2008, pp. 127 – 143.

治顾问决定采用哪一种模式能最好地实现其政策目标时，公共管理者应该理智地告诉他们不同方式转变的成本信息。

第二，因为不同方式的转变，成本并不一样，对公共管理者及其政治监察人员来说，也许最具策略性和弹性的考虑是联合性服务提供。保持一定的内部服务提供能力能降低未来回购服务而改为直接提供的成本，并减轻合同失败的风险，因为这样往往更能做到服务提供方式的选择进退自如。相反，如果服务外包之后，政府未保持该服务的任何生产能力，就会完全依赖私人生产商来生产这类服务。这样，即使外包不能节省费用，政府对外包的服务也不满意，但是，政府已经无奈其何。即便想购回，也将无力回天。这样，地方政府无疑就完全被承包商挟持。

三　生产商类型对民营化方向的影响

在资产专用性例子中，仅仅考虑可测性还不能充分解释为什么地方政府有时会选择内部化服务，而不是将难测量的服务进行外包。进一步考察那些难测量的服务会发现，很多这样的服务是公共卫生（健康）与人力服务项目，例如吸毒和酗酒处理、精神保健、儿童福利等①，这些项目需要密集型劳动力服务提供。学者意识到了由于不同的部门对劳动力的要求和管理不一样，私营部门具有能在劳动力密集型服务中节省成本的优势，其管理者通常聘用那些不太能称职和业余的雇员，采用更为灵活的人才聘用和解聘方式，以及更低的福利和收入标准。② 虽然这些服务提供的成本节省可以看到，但公共管理者深深注意到了政府与承包商服务提供目标的差异、道德的潜在损害与交易成本的增加等问题。为了克服这两难问题，地方政府通常依赖非营利组织提供这些服务。③ 非营利组织在劳动力成本方面能够与营利组织抗衡，因为它们能够有效利用志愿者。

而且，由于非营利组织的使命与目标和政府更加一致，其道德危害被最小化。由于营利公司的利益最大化本性，难测量的服务外包给这些公司时，目标差异及与此相关的交易成本会更大。因此，难测量的服务外包给

① 详细资料可参见 ICMA 1992 年、1997 年和 2002 年的调查结果，以及 Brown 和 Potoski（2003）对资产专用性和可测性分值的统计。

② James Ferris and Elizabeth Graddy, "Contracting Out: For What? With Whom?", *Public Administration Review*, Vol. 46, No. 4, 1986, pp. 343 - 354.

③ Donald Kettl, *Sharing Power: Public Governance and Private Market*, Washington D. C.: Brookings Institution, 1993；［美］莱斯特·萨拉蒙：《公共服务中伙伴——现代福利国家中政府与非营利组织的关系》，田凯译，商务印书馆 2008 年版。

营利组织比外包给非营利组织和/或其他政府机构时，回购服务有可能发生；难以测量和服务输入、输出与遵守合同监督困难也会影响服务回购，但在服务外包给非营利组织或其他政府时，测量难度与回购服务的概率无关，而当服务外包给营利组织时，则会增加回购服务的可能性。①

四　服务外包方式对民营化方向的影响

这里所说的服务外包方式是指完全外包与联合外包。② 因为固定生产成本高和存在进入壁垒，资产专用性对收回外包服务呈负面影响。但是，回购服务阻力会因使用联合外包而被缓解。在回购服务过程中，使用完全外包的辖区会比保持一部分内部生产能力的同行遇到更大的财政负担。

联合外包是地方政府跨服务行业第二大最常用的服务提供方式③，但对该方式在服务制度安排决定中所起的作用的研究很少。虽然布朗和波托斯基等在《决定政府服务提供的交易成本和制度解释》一文中有所论及，但该文的研究还只是局限于服务类型是如何决定联合外包方式的采用的。然而，联合外包在非完全外包情况下，是否会使政府收回已经外包的服务？

其实，由于联合外包是一种作为服务提供的政府与外部承包商分担服务的提供，并至少保持一些服务提供能力的服务提供方式。④ 政府内部这种服务提供能力对是采取回购服务还是继续保持服务购买有着重要影响。联合外包会使公共决策者没有必要将服务提供重新内部化。而且，政府内部保持一些服务的提供能力还会遏制承包商可能存在的机会主义行为，因为地方政府官员知道服务提供者的绩效和运作成本的比较信息。另外，如果承包商将政府的服务提供能力视为政府随时有可能接管这些服务的提供而取代其合同有力威胁，承包商的投机行为就会得到遏制。简单地选择联

---

① Scott Lamothe, Meeyoung Lamothe and R. C. Feiock, "Examining Local Government Service Delivery Arrangements Over Time", *Urban Affairs Review*, Vol. 44, No. 1, 2008.

② 联合外包指的是"政府与其他实体签约但仍然保持服务的部分内部生产能力"的服务提供制度安排。参见 Trevor L. Brown and Matthew Potoski, "The Influence of Transaction Costs on Municipal and County Government Choices about Alternative Modes of Service Provision", Paperpr Esented at the 6th National Public Management Research Conference, October 18 – 20, Indiana University, 2001。

③ Trevor L. Brown and Matthew Potoski, "Transaction Costs and Institutional Explanations for Government Service Production Decisions", *Journal of Public Administration Research and Theory*, Vol. 13, No. 4, 2003.

④ Ruth Hoogl and De Hoog, *Contracting out for Human Services: Economic, Political, and Organizational Perspectives*, Albany: State University of New York Press, 1984.

合外包而不是完全外包本身就能减少潜在交易成本和减小回购服务的动力。另外，如果联合外包服务的特性能带来成功的市场提供的话（例如，资产专用性低或可测量性低的服务），那么，就没有理由认为联合外包与高比重回购服务会呈正向关系，而会变得更为复杂：当政府联合生产与提供这些服务而不是完全外包时，高资产专用性服务的回购服务更有可能发生；联合外包服务不需要任何高资产专用性投资时，回购服务则会更少。①

五 公民表达对民营化的影响

公民表达作为考量民主国家的重要变量，在民营化研究中被严重忽视。在民营化研究中，最先将公民表达作为一个专门变量的是华纳和贺菲茨，在《将市场方法应用到公共服务：一项效率评估》一文中，他们建立了公民表达指标，以测量新公共服务更加重视公民权对民营化方向发展的影响。② 在此基础上，他们利用一个建立在管理者对十个有关公民参与服务提供过程回答的公民表达指数。③ 研究结果表明，与服务特性及财政压力等其他因素相比，1997—2002 年，公民表达变量首次变得重要起来，越重视公民表达权的地区，新外包越少，回购服务比重越高。而在 1992—1997 年，该变量在对民营化方向的影响方面，其作用很不明显。④

这可以表明，在 1992—1997 年，受意识形态与政府再造运动等影响，城市管理者更具创新精神，他们通过检验更具市场导向的服务提供方式的潜力积极探索新公共管理改革。但一些不同的问题解释了 1997—2002 年这一阶段中服务提供从市场向政府回归的转变。管理者开始超出公共服务提供过程中只关心交易成本和效率，而转向同时重视公民表达。这些更为广泛的关注反映了市场管理和计划的社会选择途径对寻求接近最优社会方

---

① Scott Lamothe, Meeyoung Lamothe and R. C. Feiock, "Examining Local Government Service Delivery Arrangements Over Time", *Urban Affairs Review*, Vol. 44, No. 1, 2008.

② Mildred E. Warner and Amir Hefetz, "Applying Market Solutions to Public Services: An Assessment of Efficiency, Equity and Voice", *Urban Affairs Review*, Vol. 38, No. 1, 2002.

③ 这些表达指标是：回答如下系列相关问题的平均得分：支持民营化的积极公民、反对民营化的公民、来自服务对象/顾客的可行性评价、来自公民咨询委员的可行性评价、对私人可选择服务提供方式的公民咨询委员会的建立、实施过程中对公民的调查、内部服务投诉机制的保持、实施后对公民满意度的监测、对实施后的公民调查，以及对公民投诉的监测。参见 Amir Hefetz and Mildred E. Warner, "Beyond the Market vs. Planning Dichotomy: Understanding Privatisation and its Reverse in US Cities", *Local Government Studies*, Vol. 33, No. 4, 2007。

④ Amir Hefetz and Mildred E. Warner, "Beyond the Market vs. Planning Dichotomy: Understanding Privatisation and its Reverse in US Cities", *Local Government Studies*, Vol. 33, No. 4, 2007.

案的努力。

在《重建市政服务：加拿大与美国的比较》一文中，霍布顿与詹利特利用贺菲茨和华纳界定的公民表达指标，对美国与加拿大公民表达差异性做了比较研究。他们建立的指标显示，美国的公民表达（1.23）要高于加拿大（1.03）。这在一定程度上也可以解释为什么美国回购服务非常显著，而加拿大的回购服务却不如美国那么明显。①

这一点，还可以从 ICMA 调查中反映出来。1992—2007 年，在“你们政府采取了哪些举措以确保民营化服务提供成功实施?”问题中，“调查公民对可选择服务提供方式的态度”一直呈稳定增长趋势，1992 年、1997 年、2002 年与 2007 年的比例分别为 10.3%、15.6%、18.5% 和 24.9%。② 这反映了美国地方政府在选择服务提供方式的过程中对民众的尊重和公民满意度的重视。这也可以反映出公民表达在决定地方政府服务提供方式中扮演越来越重要的作用，无论是以购买，还是以回购的方式提供公共服务，越来越受到公共民意的影响。

① Robert Hebdon and Patrice Jalette, "The Restructuring of Municipal Services: A Canada – United States Comparison", *Environment and Planning C: Government and Policy*, Vol. 26, 2008, pp. 144 – 158.

② International City/County Management Association (ICMA), *Profile of Alternative Service Delivery Approaches*, US Municipalities, 1992, 1997, 2002, 2007, Washington D. C..

第五章　政府回购服务何以率先在美国出现

从第三章和第四章分析可以看出，在很大程度上，民营化发展过程中存在的种种问题促成了政府回购公共服务的发展，而且表现颇为明显。民营化的发展方向（购买服务或回购服务）受服务特性、辖区特征、惯性、意识形态、承包商类型与服务提供方式等多方面因素影响。然而，仅仅这些因素还不足以解释美国地方政府回购服务的兴起与发展。为什么其他国家的政府回购服务并不像美国那么明显？甚至尚未出现？难道美国民营化存在的问题，如缺乏效率与难以带来成本节省等问题，其他国家不存在吗？如果民营化普遍存在的这些问题在其他国家同样存在的话，那么，与其他国家相比，美国的民营化有何不一样？是什么因素导致政府回购服务在美国率先出现？并成为一种与服务购买同等重要的服务提供方式？

我们认为，与其他国家相比，美国民营化之所以显示出一种更具动态性的发展态势，政府回购服务成为民营化发展的一大显著特征，很可能是因为美国民营化发展过程中存在某种与其他国家不一样的特征，正是这种特征使美国民营化呈现出一条不同于其他国家的发展道路。

本章通过比较美国与西班牙地方政府固体垃圾收集和供水的制度安排，进一步论述美国民营化不同于其他国家的特殊性或差异性，并探讨这些特性是如何影响美国民营化方向的发展，使美国的民营化发展更具动态性，回购服务成为美国民营化进程中的重要服务提供方式。

第一节　理论分析和基本假设

公共选择理论最先是由诺贝尔经济学奖获得者、美国著名经济学家尼斯坎南（Willam A. Niskanen）在《官僚制与代议制政府》一书中提出来的，将政府官僚视为寻求公共预算和公共权力最大化的新古典主义行动者。在他看来，政府提供服务往往过于浪费、没有效率，也不能对公民需要的选择做出积极回应。在这样的背景下，民营化提供了一种在市场环境中通过竞争和可以为公民提供更多选择而打破政府垄断和提高效率的“万灵丹”。美国经济学家蒂伯特（Charles M. Tiebout）最先对公共市场失败观点提出质疑，他认为，至少在地方政府层面，并不存在为地方政府管理者带来竞争压力以使其更有效率和公民/顾客可以选择的公共服务市场。① 因此，竞争性市场的重要性在美国乃至全球的民营化争论中引起了广泛而激烈的讨论。

其中，劳瑞对公共选择的市场原则提出了质疑，他指出，公共服务充其量不过是在任何一个既定地方市场中只有一家买方（政府）和少数几个可选择的私人提供商所组成的准市场而已。② 斯科拉在《关于私有化的经济学》一书中则从理论与经验两个方面为该观点提供了支持。③ 对该领域的经验研究不难发现，民营化都能节省成本，虽然有些是因为研究设计存在问题，但其他研究表明，缺乏竞争、合同细化难题与委托代理问题是导致合同失败的首要原因。④ 一项对所有已经出版的有关水电民营化服务的定量研究分析发现，因缺乏竞争而很难支持公共选择理论。⑤ 这些学者认为，致力于市场、公司和管制环境研究的产业组织理论，对解释民营化环境下缺乏费用节省更加有效。政府购买服务加大了所有权和管理之间的分离，产业组织更加重视对组织的控制（通过规制和资本市场操作）有助于改善所有权目标和管理活动之间的合作关系，而通过合同设计来刺激动态的竞争和减少未来垄断的可能性是很困难的。⑥

---

① Charles M. Tiebout, “A Pure Theory of Local Expenditures”, *Journal of Political Econom*, Vol. 64, No. 5, 1956, pp. 416 – 424.

② David Lowery, “Consumer Overeignty and Quasi – market Failure”, *Journal of Public Administration Research and Theory*, Vol. 8, No. (2), 1998.

③ Elliott Sclar, *You Don't Always Get What You Pay for: The Economics of Privatization*, Ithaca: Cornell University Press, 2000.

④ George A. Boyne, *Public Choice Theory and Local Government: A Comparative Analysis of the UK and the USA*, New York, NY: St. Martin's Press, 1998; William D. Eggersand J. O'Leary, *Revolution at the Roots: Making Our Government Smaller, Better, and Closer to Home.* New York, NY: Free Press, 1995; Graeme A. Hodge, *Privatization: An International Review of Performance.* Boulder, Colo, Westview Press.

⑤ Germà Bel and Mildred E. Warner, “Privatization and Costs”, Paper Presented at the International Workshop on Local Government Reform: Privatization and Public – Private Partnership, (Barcelona, Spain) 2006.

⑥ Patrick Bolton and Mathias Dewatripont, *Contract Theory*, Cambridge, MA: MIT Press, 2005.

美国哥伦比亚大学商学院博尔顿（Patrick Bolton）等学者认为，缺乏成本节省问题是可以通过更为高端的公共管理，如更好的签约、绩效管理等来解决。① 但这一问题似乎并非如此简单。正如前一章所论述的那样，它是深植于公共服务市场特性之中的。事实上，很多公共服务市场具有以规模经济为特征的自然垄断。虽然这会支持私人提供公共服务，就像私人公司能够集聚多个城市的公共服务提供一样②，它也会在一种更好的状态下支持公共垄断，以确保垄断租金重新分配于公众收益而不是让私人获利。市场治理的形式（竞争抑或垄断）取决于交易的频度、提供过程中不确定性和信息的不对称与资产专用性投资。③ 对于供水和垃圾收集这样的公共服务而言，其资产专用性高，而地方服务市场的专有性特征使信息变得非常关键。在这种情况下，垄断便成为最常用的治理方案。

1937 年，诺贝尔经济学奖获得者科斯在其成名作《公司的本质》一文中将交易成本概念引入经济分析。“生产还是购买”的决定在根本上取决于公司性质、技术和信息。尼尔森（Michael A. Nelson）对私营部门“生产还是购买”决定的分析表明，企业内部生产往往既便宜又安全。④ 或许正因为如此，近年来回购服务在大型私营企业开始盛行。⑤ 所以，没有证据表明政府购买服务（即使是处在竞争市场中）的效率更高。最近有关城市提供服务的研究发现，在供水领域，公共部门提供与私人提供差别并不大。⑥ 关于这一点，第三章已经做了分析，此处不再赘述。

虽然人们通常认为，美国公共服务民营化程度更高。但研究数据表明，大多数欧洲国家地方政府购买服务比例都高于美国。例如，对于 G7

① William D. Eggers, *Cutting Local Government Costs Through Competition and Privatization*, Los Angeles, CA: Reason Public Policy Institute, 1997；［美］E. S. 萨瓦斯：《民营化与公私部门的伙伴关系》，周志忍等译，中国人民大学出版社 2002 年版。

② John D. Donahue, *The Privatization Decision Public Ends*, *Private Means*, New York, NY: Basic Books, 1989.

③ Oliver E. Williamson, “Public and Private Bureaucracies: A Transaction Cost Economics Perspective”, *Journal of Law*, *Economics & Organization*, Vol. 15, No. 1, 1999.

④ Michael A. Nelson, “Municipal Government Approaches to Service Delivery: An Analysis from a Transactions Cost Perspective”, *Economic Inquiry*, Vol. 35, No. 1, 1997.

⑤ Deloitte, 2012 *Global Outsourcing and Insourcing Survey*, New York, NY: Deloitte Consulting, 2012.

⑥ 一项对美国、英国与法国的调查研究参见 Scott J. Callan and Janet M. Thomas, “Economies of Scale and Scope: A Cost Analysis of Municipal Solid Waste Services”, *Land Economics*, Vol. 77, No. 3, 2001, pp. 548 – 560。一项有关西班牙的研究参见 Germà Bel and A. Costas, “Do Public Sector Reforms Get Rusty? Local Privatization in Spain”, *Journal of Policy Reform*, Vol. 9, No. 1, 2006, pp. 1 – 24。

国家来说，如果不考虑德国的话，意大利是 20 世纪 90 年代最大的民营化国家，其次是法国和英国。① 即使在瑞典、挪威、芬兰与丹麦等以高福利著称的国家，民营化程度也不低。例如，在这些国家，固体垃圾收集的私人提供是绝大多数城市的主要形式（在 60%—80% 之间），但同类服务的提供美国却只有不到一半的城市是由私人完成的。在供水服务领域，在英国、法国和西班牙等国家，人口在 10000 人以上的城市中，有 50% 以上的城市是由私人完成的②，而美国却只有不到 10% 的城市是由私人提供的。③ 最近研究发现，从民营化的整体水平看，2011 年民营化程度最高的国家是荷兰、德国、芬兰和英国，分别为 68.06%、66.88%、57.40% 和 56.06%④，其比例都明显高于同时期的美国。

本书选择美国与西班牙固体垃圾收集和供水服务民营化发展进行比较，主要因为，一方面，固体垃圾收回和供水服务的民营化具有典型性，而所以选择西班牙作为比较对象，是因为：（1）相对于更加崇尚自由竞争的美国而言，西班牙的社群主义更为浓厚，虽然也是市场经济国家，但其集体意识相对于美国更强，故在很大程度上能代表欧洲国家；（2）政府回购服务目前在西班牙尚未出现；⑤（3）西班牙 2003—2005 年所做的一项关于市政服务提供的调查为我们的研究提供了较为充分的数据，而该项目调查的主持人，巴塞罗那大学知名的经济学教授 Germà Bel⑥ 向本人提供翔实的相关资料又为这一比较研究进一步带来便利。

通过比较发现，美国和西班牙民营化发展存在明显的不同在两国公共

---

① OECD, *Financial Market Trends*, No. 82, June, 2002; Germà Bel, *Economía y Política de la Privatización Local* (*Economics and Politics of Local Privatization*), Madrid: Marcial Pons, 2006.

② OECD, *Competition in Local Services: Solid Waste Management*, Paris: Organization for Economic Cooperation and Development, 2000.

③ International City/County Management Association (ICMA), Profile of Alternative Service Delivery Approaches, US Municipalities, 1997, 2002, Washington D. C.: Mildred E. Warner and Amir Hefetz, "Pragmatism over Politics: Alternative Service Delivery in Local Government, 1992 - 2002", *The Municipal Yearbook* 2004, Washington D. C.: International City County Management Association, 2004, pp. 8 - 16.

④ José M. Alonso, J. Clifton and Díaz - Fuentes, "*Did New Public Management Matter? An Empirical Analysis of the Outsourcing and Decentralization Effects on Public Sector Size*", *Public Management Review*, Vol. 17, No. 5, 2015, pp. 643 - 660.

⑤ Germà Bel and Mildred E. Warner, "Privatization of Solid Waste and Water Services: What Happened to Costs Savings?", Working Paper, University of Barcelona, 2007.

⑥ Germà Bel 教授是西班牙知名的经济学家，主要从事公共政策和经济规制研究。2000 年以来，一直在美国康奈尔大学访学，与 Mildred Warner 教授和 Amir Hefetz 博士一起从事民营化问题研究。

部门组织中得到了反映。在美国，民营化更多地强调市场竞争，主张直接外包给私人公司和进行公私混合外包，目的在于为地方服务创造一个更具竞争性的市场。通过在同一个辖区让公私部门共同从事同类公共服务的生产，美国城市试图保持竞争和对地方市场服务提供的公共控制。① 相比之下，在西班牙，民营化发展却不太重视竞争，而是更多地维持来自规模经济的收益。② 这一做法的结果使西班牙在民营化的过程中，形成了新的组织形式，即混合组织形式，如公共公司和公私合作的混合所有权公司。③ 这些公司都为同一个辖区生产与提供公共服务。这种大环境为西班牙的民营化发展提供了更大组织弹性。我们认为，西班牙更大的组织弹性提供了一个比美国更为稳定的服务外包市场。美国地方政府服务更多地通过混合公私提供商提供同类服务，即市场层面的公私混合提供，以保持服务提供市场的竞争性。相比较而言，西班牙市政服务则通过混合组织形式使私人提供商与城市政府保持密切互动，从而使政府回购服务在西班牙难有生存的土壤。在理论层面，美国与西班牙的这种不同恰好体现了竞争性市场理论和产业组织理论的差异。

因此，本章试图对美国民营化的竞争性市场理论和西班牙产业组织理论的这种差异性加以论述。前者受公共选择理论驱动而强调市场竞争，后者则是建立在交易成本经济学基础之上，强调服务特性和公司特性。我们对公共服务组织进行分析，运用美国与西班牙服务提供方式的数据对这些差异进行详细论述。为了分析两国公共服务提供方式的差异性，假设美国民营化比例更大，政府回购服务比例高，而且处于一种更不稳定的状态，部分原因在于美国民营化改革深受公共选择理论的驱动，它强调市场竞争会比公共垄断带来更大的收益。而西班牙市政服务提供则更多地反映了产业组织理论，建立公私混合企业，从而使之既能受益于市场参与，又能受益于来自垄断提供的规模经济。这种情况使西班牙的民营化发展趋于更加稳定，没有必要回购外包服务。

---

① Mildred E. Warner and Amir Hefetz, "Managing Markets for Public Service: The Role of Mixed Public/Private Delivery of City Services", *Public Administration Review*, Vol. 68, No. 1, 2008.

② Germà Bel and A. Costas, "Do Public Sector Reforms Get Rusty? Local Privatization in Spain", *Journal of Policy Reform*, Vol. 9, No. 1, 2006.

③ 在这类公司中，同一公司中的所有权由公共和私人共同拥有。

第二节　美国和西班牙公共组织的不同

美国与西班牙地方政府的不同形式构成两国公共组织的重要不同。美国是典型的先有地方然后才有国家的国家，地方政府具有根深蒂固的自治传统，其自治程度非常高。相比之下，西班牙地方政府缺乏自治传统，尽管经历一百多年的发展演变，在自治方面发生了很大变化，有了较大程度的提高，但与美国高度自治的地方政府相比，差距仍然很大。或许正是两国公共组织及其管理方式的不同造成了其民营化的不同发展道路。鉴于目前我国学术界对西班牙地方政府历史与现状比较陌生，有必要对西班牙地方政府的历史演变做一简要分析。

一　西班牙地方政府的历史演变

西班牙地方体制的中心框架是在 1834 年之后建立的，该体制很大程度上是模仿法国在 1789 年革命之后所建立的模式。尽管这一框架与法国相比，其人为色彩较少，并且与西班牙的文化、历史和社会现实更为接近，但它仍不过是法国体制核心要素的再创造。①

在西班牙案例中，地方议会（即市议会）和第二层级的结构（即省议会）缺乏资源和合法地位，难以作为一个独立的政策制定者动员选举和进行政治支持的工具，它们甚至只是一个用于镇压的机构。②

1978 年西班牙《宪法》确立了将“地方自治”作为整个地方政府体制的基础性原则。如《宪法》第 137 条规定：“国家可以按照地域组织为市政当局、省和自治地方，所有的这些主体均有自主权去处理各自的事务。”可见，在西班牙地方政府历史上，1978 年《宪法》包含了对地方政府的原则予以明确承认的法则。1985 年正式颁布《地方政府基本法》。1978 年《宪法》和 1985 年《地方政府基本法》在“地方自治”的原则上建立了一个地方政府的体制。根据这些原则，地方议会有权选择自己要

---

① ［西班牙］琼・博泰拉：《西班牙地方政府：介于中央集权传统与地方分权之间》，载［瑞典］埃里克・阿姆纳、斯蒂格・蒙丁主编《趋向地方自治的新理念?》，北京大学出版社 2005 年版，第 86 页。

② 在 1923—1930 年的独裁政府就是这样的，而在 1939—1975 年的佛朗哥统治更是如此。不过，不可忽略的是，在民主和左翼西班牙传统中存在十分重要并得到广泛传播的“地方自治主义者”潮流。

优先做的事情，去选择恰当的行为方式，自由地做决定。所有这些都包括在已经存在的法律框架之中。

一个系统分析表明，目前对西班牙地方政府政治化的理解可以从三个重要维度进行。①

一是日益增强的地方主义。在这里，问题的解决和日程的安排并不是出于国家和政党的考虑，而是要出自对地方的现实和问题的理解。

二是行为者地方关系网（包括公司、市民组织、贸易组织等）的发展。这些行为者在地方政府成为相关伙伴，其中政府的管理行为是一种关系式的政策制度的结果。

三是（与上面所提到的两点有明显的联系）与地方政府的思想和行为的战略方式相关性的增加。地方政府、私有企业、社会组织等之间的互动发生在共享的市政项目的精心策划中。在这里，不同的人相互合作，目标有待实现，设备有待提高，人们可以感受到广泛的制度上的和社会的认同。

西班牙地方政府的地位在过去30多年已经发生了实质性变化。民主化、大范围职能的承担和财政地位的提高已经赋予地方政府在西班牙政府体制中扮演一个很重要的角色。地方政府的行为也成为目前西班牙民众最关心的一个政治领域。西班牙政府已经迅速从被迫的一体化、典型的独裁统治结构（两者都根植于极为古老的传统之中）过渡到广泛的自治，在这其中，地方政府不是中央决策在地方一级的管理者，而是一个独立的个体，有能力决定自己的事项和建立合作伙伴关系网，并将这些运用到实际事务当中。②

尽管如此，但从上述分析不难看出，经过30多年的改革与发展，虽然西班牙地方政府在自治方面发生了实质性变化，但与美国地方政府根深蒂固的自治传统与高度自治相比，显然存在很大差距。如在美国，联邦政府权力有限；相反，各州在立法等诸多方面都享有高度自治权。美国地方政府所享有的高度自治权，显然是西班牙地方政府无法比拟的。

二　西班牙：为实现规模经济而管理公司

西班牙地方政府的传统及其治理理念以及地方政府、私有企业、社会

---

① 转引自［西班牙］琼·博泰拉《西班牙地方政府：介于中央集权传统与地方分权之间》，载［瑞典］埃里克·阿姆纳、斯蒂格·蒙丁主编《趋向地方自治的新理念?》，北京大学出版社2005年版，第96页。

② 同上书，第102页。

组织之间的互动对公共服务提供产生直接影响。

一方面，西班牙地方公共服务依赖市政提供。国家法律要求政府提供大多数地方服务。如 1985 年《地方政府基本法》对所有地方政府都必须提供的一系列细微的服务（供水、废品回收、街灯……根据人口的数量对各种事务都做出了规定）。① 在那些很小的城市尤其如此，这些地方对那些最为重要的地方服务更加重视，如固体垃圾收集或供水等。

另一方面，在市政服务提供的这一框架之下，作为一般性制度，地方服务生产或提供的组织形式多种多样。有纯公共部门提供和纯私人提供，以及混合公司或组织提供。纯公共部门提供指的是由公共官僚机构或公共单位提供服务。管理机构或公共单位是在行政法制的约束下运作。

纯私人提供是指由私人所有的公司提供服务。私人公司与公共行政之间的关系通过合同规定。私人商业法则的规定应用于私人公司的管理和组织。因此，私人公司在地方政府的一些关键问题上比公共官僚机构具有更大的灵活性。大多数对外部供应商的合同是通过竞争性招标付酬的。但也并非都是如此，因为竞争性招标在西班牙不是强制性的。供水和垃圾收集的服务市场非常集中。② 在固体垃圾收集，三大控股公司（Fomento de Construccionesy Contratas、Ferrovial - CESPA 和 ACS - Urbaser）控制了 2/3 的合同。在供水方面，两大控股公司（Aguas de Barcelona 和 Fomento de Construccionesy Contratas）控制了 3/4 的合同。

除了纯公共和私人提供，西班牙和其他一些欧洲国家还存在另外两种组织形式：公有公司和公私混合公司。公有公司（以下简称公共公司）在政府拥有组织的服务提供最终控制权方面与公共官僚机构相似。但是，公共公司管理者的自主权是很大的。而且，公共公司是在私人商业法规框架之下进行管理和组织的。这意味着它们在员工组织与投入招标等方面具有更大的灵活性。公共公司是很多大城市与中等城市用于固体垃圾收集（如塞维利亚）和供水（如马德里、塞维利亚）的组织形式。

公私混合公司（以下简称混合公司）是指所有权在公共行政和私营部门分开的公司。通常情况下，政府保持公司控股，但公司是在私人商业法规下运作。私人股东倾向于组建大公司，以便在私人提供特定地方

---

① 转引自［西班牙］琼·博泰拉《西班牙地方政府：介于中央集权传统与地方分权之间》，载［瑞典］埃里克·阿姆纳、斯蒂格·蒙丁主编《趋向地方自治的新理念?》，北京大学出版社 2005 年版，第 91 页。

② Germà Bel, *Economíay Política de la Privatización Local* (*Economics and Politics of Local Privatization*), Madrid: Marcial Pons, 2006.

服务的市场中居牢固地位。在该组织形式中，地方（地方以上的）政府通过合资与私人公司签订合同。这代表了一种维持来自规模经济收益的方式。这种收益是产业组织理论所预期的。大多数混合公司处在地方政府的有效控制之下，因为地方政府通常控制着一半或更多的股份。在这些公司，日常运营通常由私人股东操作，但政府保持对战略决策的控制。也有些混合公司，地方政府只控制一小部分股份，其中一个重要的例子就是巴伦西亚市供水服务。在这里，私人股东拥有关于服务决定权的更大控制权，而地方政府的收益是，很容易获得相关服务的信息及公司的信息，从而使监督成本较低，因此降低了交易成本。人们希望混合公司的管理者在地方政府的有力控制下，能更多地为地方政府的目标努力，而更少地为实现私人利益的最大化。这是部分民营化理论研究所期望的。①

组织安排的多样性和灵活性是西班牙经验的核心特征。② 如果进一步考察西班牙五个最大城市（马德里、巴塞罗那、巴伦西亚、塞维利亚和萨拉戈萨）水服务的提供，就会更为清晰地看到这一点。Canal de Isabel Ⅱ，一家由地区政府所有的公共公司负责管理马德里的供水。私人公司AGBAR，从1882年开始，一直负责巴塞罗那供水服务提供。混合公司EMIVASA负责巴伦西亚的供水服务。这家公司是由私人公司Aguas de Valencia（占80%）和市政府（占20%）共同所有。由地方政府所有的公共公司EMASESA负责塞维利亚的供水服务。萨拉戈萨（Zaragoza）则是由政府内部提供水服务。在固体垃圾收集领域，在西班牙最大的10个城市中，其中6个城市是私人提供，2个是混合公司，有1个是公共公司，1个是公共官僚机构。

美国意义上的公私混合提供（即市场层面的混合）在西班牙不普遍。③ 在西班牙，只有公私混合外包的极个别例外。例如，在超过2万人口居民的城市中，只有马德里的Parla在固体垃圾收集领域存在公私混合

---

① 不少学者对此做过论述。可参见 D. Claudeand J. Hindriks，*Strategic Privatization and Regulation Policy in Mixed Markets*，Département des Sciences Économiques de l' Université Catholique de Louvain，Discussion Paper，2005 – 16，2005。

② Germà Bel and Joan Calzada，"Privatization，Universal Service and Regulatory Agencies"，Paper Presented at 14th Conference on Postal an Delivery Economics（Bern，Switzerland，May 2006）.

③ 实际上，在欧洲国家，瑞典是唯一一个公私提供在同一辖区同时存在现象较为普遍的国家。这种混合市场提供在瑞典的城市中，1997年有14%的份额。参见 OECD，*Competition in Local Services：Solid Waste Management*，Paris：Organization for Economic Cooperation and Development，2000。

提供的情况；而在供水服务，只有巴利阿里群岛的 Calvià 和 Marratxí 由混合公私提供。

由此可见，公私部门在公司层面上的合作以及形式多样的组织安排使回购服务在西班牙民营化中难有生存的土壤，也没有必要。在西班牙最近几十年的民营化发展进程中，很少出现政府回购服务的现象，即使发生了这样的事情，也不过是发生新外包的一个过渡阶段罢了。①

三　美国：为了竞争而管理市场

美国有崇尚市场自由竞争的传统。美国在公共服务提供中也更加注重市场竞争。对于供水和收集垃圾这样的基础性公共服务，美国城市也没有要求通过法律方式规定由哪些部门提供。但是，公共直接提供一直都是最为普遍的服务提供方式，尽管政府购买服务也很普遍。美国地方政府有着很长的合同外包历史。当一项新服务出现时，而公共部门没有承担这样的服务之前，通常是由私营或非营利部门来提供。合同制被灵活地用于各种需求的服务。②

虽然合同外包是一种周期性试验③，从 20 世纪 80 年代合同外包在美国公共话语中被重新命名为民营化开始，美国对民营化的争论变得更加政治化。④ 1982 年，ICMA 发起了对替代性服务提供方式的调查；“再造政府”改革主张运用竞争性理论来降低成本、提高效率和扩大顾客选择。⑤地方政府急于寻找可替代的服务提供方式。ICMA 调查数据显示，到 1997

---

① Germà Bel, "The Coining of 'Privatization' and Germany's National Socialist Party", *Journal of Economic Perspectives*, 2006, 20 (3), pp. 187 – 194.

② ［美］库珀、菲利普：《二十一世纪的公共行政：挑战与改革》，王巧玲、李文钊译，中国人民大学出版社 2006 年版；［美］E. S. 萨瓦斯：《民营化与公私部门的伙伴关系》，周志忍等译，中国人民大学出版社 2002 年版。

③ Moshe Adler, "Been There, Done That: The Privatization of Street Cleaning in Nineteenth Century New York", *The New Labor Forum*, 1999 (Spring/Summer), pp. 88 – 99; AmirHefetz and Mildred E. Warner, "Beyond the Market vs. Planning Dichotomy: Understanding Privatisation and its Reverse in US Cities". *Local Government Studies*, Vol. 33, No. 4, 2007.

④ Jeffrey Henig, "Privatization in the United States: Theory and Practice", *Political Science Quarterly*, Vol. 104, No. 4, 1989 – 1990, pp. 649 – 670.

⑤ ［美］戴维·奥斯本、彼德·普拉斯特里克：《改革政府——企业精神如何改革着公营部门》，周敦仁译，上海译文出版社 1996 年版。

年，美国民营化一直略显增长趋势。[①] 但非常引人注目的是，相关数据显示，在美国，公共部门提供仍然一直是最普遍的服务提供方式。ICMA 调查显示，1982—2002 年地方政府公共直接的提供比例分别为 57.2% 和 58.8%，20 年公共部门直接提供的比例不仅没有下降，反而增长了 1.6 个百分比。而在 1997—2002 年，回购服务与混合提供则呈明显增长趋势。[②]

与西班牙公私部门在公司层次的混合提供不同，美国的这种混合提供存在于市场层面，而非公司层面。虽然公私伙伴关系日益变得普遍，但地方政府仍然不愿意建立（公私）混合公司。[③] 最近相反，地方政府来用在市场层面混合提供服务的方式，即通过在同一种服务中同时运用私人合同和公共部门提供的方式。这样做有助于让地方政府通过维持直接参与服务提供过程来确定成本与提供过程的基准[④]，要么通过公共和私人之间的竞争性招标维持地方服务市场的竞争[⑤]，要么在协作服务提供中加强公私伙伴关系，在这一过程中，私人合伙方承担一些服务提供，公共合伙方则承

---

① Mildred E. Warner and Amir Hefetz, "Pragmatism over Politics: Alternative Service Delivery in Local Government, 1992 - 2002", *The Municipal Yearbook* 2004, Washington D. C.: International City County Management Association, 2004, pp. 8 - 16; Mildred E. Warner and Amir Hefetz, "Managing Markets for Public Service: The Role of Mixed Public/Private Delivery of City Services", *Public Administration Review*, Vol. 68, No. 1, 2008.

② 相关详情可参见 ICMA 1982—2002 年对美国地方政府公共服务提供的追踪调查资料：International City/ County Management Association, *Profile of Alternative Service Delivery Approaches*, Survey Data, 1992, 1997, 2002, Washington D. C.，以及相关研究 Mildred E. Warnerand AmirHefetz, *Privatization and the Market Structuring Role of Local Government*, Economic Policy Institute, No. 112, 2001; Amir Hefetz and Mildred E. Warner, "Beyond the Market vs. Planning Dichotomy: Understanding Privatisation and its Reverse in US Cities", *Local Government Studies*, Vol. 33, No. 4, 2007。也可参见本书第二章的相关内容。

③ ［美］E. S. 萨瓦斯：《民营化与公私部门的伙伴关系》，周志忍等译，中国人民大学出版社 2002 年版。

④ Trevor L. Brown, Matthew Potoski and David M Van Slyke, "Changing Modes of Service Delivery: How Past Choices Structure Future Choices", *Environment and Planning C: Government and Policy*, Vol. 26, 2008; Rowan Miranda and Allan Lerner, "Ureaucracy, Organizational Redundancy, and the Privatization of Public Services", *Public Administration Review*, Vol. 55, No. 2, 1995, pp. 193 - 200; Mildred E. Warner and Amir Hefetz, "Managing Markets for Public Service: The Role of Mixed Public/Private Delivery of City Services", *Public Administration Review*, Vol. 68, No. 1, 2008.

⑤ Michael J. Ballard and Mildred E. Warner, "Taking the High Road: Local Government Restructuring and the Quest for Quality", in AFSCME (eds.), *Power Tools for Fighting Privatization.* Washington D. C.: American Federation of State, County and Municipal Employees, 2000.

担其他方面的服务提供。① 这一形式的混合提供有助于在市场中形成公共和私人提供者之间的竞争，为地方政府提供服务性质和成本的完全信息，从而降低交易成本，并确保政府有能力在服务提供合同失败时承担责任。② 混合提供还与服务提供过程中对公民满意度重视的增长密切相关。因此，这正如华纳等所认为的那样，可以将混合提供方式理解为一种创新和动态决策过程的一部分：在这一过程中，城市管理者认识到需要对市场效益、承包成本和服务提供中的公民参与做出平衡③，从而有助于保证服务质量。

民营化收益与美国市场的竞争有着密切关系。④ 但是，其中也存在一个致命问题，那就是地方服务市场缺乏竞争性，没有可供挑选的提供商。以至于学者斯科拉认为，竞争在公共服务市场中并不存在。⑤ 混合提供是竞争的重要来源，也与 Miranda 和 Lerner 所认为的成本更低密切相关。⑥ 例如，在得克萨斯州的卢博克市，城市被划分为不同的区，只有一些区的服务提供是对外招标，而其他则由政府提供。这保证了地方市场的竞争性——至少保持了公共部门与私营部门员工之间的竞争。卢博克市的垃圾收集需要通过竞争性招标，并鼓励公共雇员参与竞标这项服务。但卢博克市与其他地方大不相同的是，只有 1/3 的服务可用于任何既定时间的招标，城市绝不能将所有的服务都进行民营化。⑦ 这有助于在产业并购的环境中维持地方市场的竞争性。在垃圾收集领域，该行业如今已经被三家主

---

① Mildred E. Warner and Amir Hefetz, "Managing Markets for Public Service: The Role of Mixed Public/Private Delivery of City Services", *Public Administration Review*, Vol. 68, No. 1, 2008.

② Rowan Miranda and K. Andersen, "Alternative Service Delivery in Local Government, 1982 – 1992", in *Municipal Yearbook* (Washington D. C.: International City – Cunty Management Association), 1994, pp. 26 – 35.

③ Mildred E. Warner and Amir Hefetz, "Managing Markets for Public Service: The Role of Mixed Public/Private Delivery of City Services", *Public Administration Review*, Vol. 68, No. 1, 2008.

④ WilliamD. Eggers and J. O'Leary, *Revolution at the Roots: Making Our Government Smaller, Better, and Closer to Home*, New York, NY: Free Press, 1995; E. S. Savas, Privatization: The Key to Better Government, Chatham, N. J: Chatham House, 1987.

⑤ Elliott Sclar, *You Don't Always Get What You Pay for: The Economics of Privatization*, Ithaca: Cornell University Press, 2000.

⑥ Rowan Miranda and Allan Lerner, "Ureaucracy, Organizational Redundancy, and the Privatization of Public Services", *Public Administration Review*, Vol. 55, No. 2, 1995.

⑦ Michael J. Ballard and Mildred E. Warner, "Taking the High Road: Local Government Restructuring and the Quest for Quality", in AFSCME (eds.), *Power Tools for Fighting Privatization*, Washington D. C.: American Federation of State, County and Municipal Employees, 2000; Mildred E. Warner and AmirHefetz, "Managing Markets for Public Service: The Role of Mixed Public/Private Delivery of City Services", *Public Administration Review*, Vol. 68, No. 1, 2008.

要私人提供商所主导——垃圾管理公司、垃圾联合产业与联合服务。但在不少专门性的地方市场，往往被一家提供商所垄断。

对竞争的强调导致美国民营化方式不稳定。政府回购服务在美国正变得更加普遍。在所有的政府与服务中，回购外包服务的平均比例从1992—1997年的11%上升到了1997—2002年的18%。如今，随着人们对合同外包不稳定性的普遍认识，回购服务在美国得到了更多的关注。① 回购服务问题不仅得到学术界的重视，还逐步引起了地方政府管理者的关注。如在ICMA 1997—2002年与2002—2007年两个阶段的调查中，地方政府管理者就“在过去5年中，你们的地方政府收回了以前外包的服务吗?”这一问题的回答中，回答了“是”的比例分别占22.2%和21.6%。②

在2002年的调查中，ICMA增加了一个问题，即“地方政府管理者为什么要收回外包”。他们回答的主要原因是市场管理造成服务质量问题和不能节省成本。③ 对调查数据的统计分析显示，回购服务与交易成本问题（监督承包商）和竞争不充分有关。④ 这些分析还发现，大城市地区政府回购服务的比例更大。大城市能享受内部规模经济，从而使政府回购服务成为可能。美国经验显示，地方政府管理者明白在服务提供改革过程中管理市场的重要性，这一过程主要受竞争理论驱动。

在美国环境中，这种混合提供方式被视为城市管理者已经从公、私服务提供的二元论中转向一种中间立场，整合市场与计划，以保证效率、服

① 相关研究可参见 Ballard and Warner（2000）；Hefetzand Warner（2004，2007）；Warner and Hebdon（2001）；Warner et al.（2003）；Hebdon and Patrice Jalette（2008）；Brown et al.（2008）。

② International City/County Management Association（ICMA），*Profile of Alternative Service Delivery Approaches*，US Municipalities，2002，2007，Washington D. C..

③ Mildred E. Warner and Amir Hefetz，“Pragmatism over Politics：Alternative Service Delivery in Local Government，1992 – 2002”，*The Municipal Yearbook* 2004，Washington D. C.：International City County Management Association，2004，pp. 8 – 16；International City/County Management Association（ICMA），*Profile of Alternative Service Delivery Approaches*，US Municipalities，2002，2007，Washington D. C..

④ Amir Hefetz and Mildred E. Warner，“Privatization and Its Reverse：Explaining the Dynamics of the Government Contracting Process”，*Journal of Public Administration Research and Theory*，Vol. 14，No. 2，2004；Amir Hefetz and Mildred E. Warner，“Beyond the Market vs. Planning Dichotomy：Understanding Privatisation and its Reverse in US Cities”，*Local Government Studies*，Vol. 33，No. 4，2007.

务质量和公民满意的有效方式。①

第三节　公共组织不同导致公共服务提供方式选择的差异

前一节分析了美国与西班牙公共部门组织及其管理方式存在明显不同。那么，这些不同在公共服务提供实践中是如何反映出来的？接下来运用美国与西班牙城市的调查数据，进一步分析两国服务提供方式的差异性。美国的资料主要运用 ICMA 的调查数据。西班牙的数据采用 2003—2005 年巴塞罗那大学对西班牙市政服务所做的调查。如前所述，美国的调查是 ICMA 做的，每五年一次，包含人口在 1 万人以上的所有城市和 2.5 万人以上的所有县。分别从 8 个人口在 1 万人以上的市和 2.5 万人以上的县中随意选出一个作为样本。1992 年、1997 年与 2002 年的回复率分别是 24%（1283，1133 可用）、32%（1586，1460 可用）和 31%（1504，1444 可用）。这一调查涵盖了垃圾收集和供水在内的 64 项不同的城市服务。2002 年调查又增加了 3 项服务。调查还将服务分成三大类：完全由公共雇员提供的服务、只通过合同提供的服务（完全外包）和公私混合提供。该调查在时间上的延续性和内容上的广泛性为研究提供了充足资料和数据。

西班牙的调查是在 2003—2005 年完成的。在西班牙巴塞罗那大学知名经济学教授 Germà Bel 的倡导和主持下，巴塞罗那大学在 2003—2005 年也做了一次西班牙市政服务调查。调查主要集中在垃圾收集和供水两个领域，它提供了居民在 30000 人以上所有城市（216 个）、居民人口在 1 万—3 万人之间一半城市（216 个）以及居民人口在 2000—1 万人之间 8%（124 个）的城市的信息。西班牙调查将合同外包分为五种形式：内部提供（纯公共部门提供）、公共公司（私人法规下的公共部门提供）、混合公司（公私共同拥有所有权）、私人提供（纯私人提供）和公私混合提供（即像美国那样将服务提供在公共与私人提供商之间分开，处于平等的竞争平台）。为了提高与 ICMA 调查设计可比性，西班牙调查也增加了一个有关回购服务的问题。

---

① Mildred E. Warner and Amir Hefetz, "Managing Markets for Public Service: The Role of Mixed Public/Private Delivery of City Services", *Public Administration Review*, Vol. 68, No. 1, 2008.

表5－1和表5－2显示了垃圾收集和供水服务在美国与西班牙的提供情况。虽然因为美国与西班牙调查结构的不同而使可比性受到限制，但即便如此，我们还是可以从对关键性差别的比较中得出一些有用的结论。从表中可以看出，私人提供或完全外包在两个国家的垃圾收集中最普遍，但西班牙的比例远远高于美国。西班牙私人提供的服务（相当于美国的合同外包）是最普遍的组织形式，几乎有60%的城市采用该方式，而美国2002年却只有不到一半的城市采用了这种方式。美国公共直接提供几乎是西班牙的两倍。内部提供在西班牙的小城镇更为普遍，该方式是一个倒U形，中等城市的私人提供比例高，而小城市的比例最小。这与美国公共部门提供在农村的比例最高的情况相类似。①

表5－1　　美国1992—2002年固体垃圾收集和供水的趋势　　单位:%

	纯公共部门提供			公私混合提供			完全外包		
	1992年	1997年	2002年	1992年	1997年	2002年	1992年	1997年	2002年
居民垃圾收集	46.7	36.8	44.5	9.8	8.0	10.5	43.3	57.1	45.0
供水	74.6	74.6	75.9	8.7	7.4	14.3	16.7	25.3	9.8

注：美国的市与县：1992年n＝1444；1997年n＝1460；2003年n＝1133。

资料来源：M. E. Warner and A. Hefetz，2004，Pragmatism over Politics：Alternative Service Delivery in Local Government，1992－2002，in ICMA（eds.），*The Municipal Year Book* 2004，Washington D. C.：International City County Management Association，pp. 8－16.

西班牙私人提供的水服务比例远远高于美国，占41.8%，而美国只有10.5%。美国的大多数城市继续使用公共直接提供（75.9%），相比之下，西班牙只有1/4的公共直接提供。

---

① 关于美国在这方面的详情可参见Mildred E. Warner and Amir Hefetz，"Rural－Urban Differences in Privatization：Limits to the Competitive State"，*Environment and Planning C－Government and Policy*，Vol. 21，No. 5，2003；Mildred E. Warner，"Market－Based Governance and the Challenge for Rural Governments：US Trends"，*Social Policy and Administration*：*An International Journal of Policy and Research*，Vol. 40，No. 6，2006；Mildred E. Warner，"Civic Government or Market－Based Governance? The Limits of Privatization for Rural Local Governments"，*Agriculture and Human Values*，Vol. 26，No. 1，2009。2004年，在加拿大也做了一项类似的调查，关于不同类型城市的公共服务合同外包的结果与美国和西班牙的情况相类似。前一章对此曾有所论及，详情可参见Robert Hebdon and Patrice Jalette，"The Restructuring of Municipal Services：A Canada－United States Comparison"，*Environment and Planning C*：*Government and Policy*，Vol. 26，No. 1，2008，pp. 144－158。

表 5 - 2　　西班牙 2003 年固体垃圾收集和供水　　单位:%

城市（人口）	纯公共部门提供（公共官僚机构）	混合提供			私人提供（合同）
		公共公司	混合公司	公私混合	
居民垃圾收集（加权平均）	24. 2	12. 4	7. 0	0. 1	56. 3
供水（加权平均）	27. 7	23. 9	6. 4	0. 1	41. 8

注：人口超过 2000 人的城市，n = 540。

资料来源：巴塞罗那大学调查资料：Germà Bel，*Economía y Política de la Privatización Local*（Economics and Politics of Local Privatization），Madrid：Marcial Pons，2006. 该数据由此次调查的主持人，巴塞罗那大学知名的经济学教授 Germà Bel 提供。

在西班牙，不仅供水与垃圾服务私人提供比例都高，其公司层面的混合提供也比美国高出很多。美国政府却在市场层面实施服务公私混合提供（在垃圾服务中占 10. 5%，供水中占 14. 3%），而西班牙政府运用混合提供的比例不到 1%（见表 5 - 2）。相反，西班牙城市更喜欢建立混合公司（在供水服务中占 30. 4%，垃圾服务中占 19. 5%）。这种在公司层面的混合高出美国在市场层面的混合的两倍。在西班牙的供水服务中，公共公司和混合公司比公共官僚机构更为重要。这似乎可以解释，通过公司层面的混合，西班牙城市能够保持规模经济，从而能享受来自私人提供的收益。而通过市场层面的混合，美国城市则拒绝了这种可能性。

ICMA 调查的持续性和长期性让我们能够对不同时期进行比较。从该调查可以看出，美国市政服务的私人提供在 1997 年达到顶峰，但 2002 年大大下降。在顶峰期，美国的垃圾服务合同外包与西班牙大致相当，但供水合同外包只有西班牙的 2/3。2002 年，美国垃圾服务的合同外包比重回到了 1992 年的水平，而供水则比 1992 年的水平还要低。而西班牙的数据却显示，其民营化却还在不断增长。虽然西班牙的调查只不过是包含了一个阶段，但访谈人员问及了民营化出现的时间，数据显示，自 20 世纪 80 年代以来，西班牙垃圾收集和供水服务的民营一直呈增长趋势。表 5 - 3显示了城市在不同阶段实施私人提供方式的民营化的分布情况。自 20 世纪 80 年代以来，实施了垃圾服务民营化的城市中，有 2/3 的城市实施了私人提供，而在供水服务中，近 20 年来，有 3/4 的城市实施了私人提供。

表 5 - 3　不同时期西班牙垃圾收集和供水服务民营化分布情况　单位:%

实施民营化的年代	垃圾服务	供水服务
1974 年之前	15	23
1974—1983 年	17	4
1984—1993 年	36	35
1994—2003 年	32	38
总数	100	100

注：100 = 所有的城市在所有年代的私人提供（其中 41% 为垃圾收集服务，42% 为供水服务）。

资料来源：巴塞罗那大学调查资料：Germà Bel，*Economíay Política de la Privatización Local*（Economics and Politics of Local Privatization），Madrid：Marcial Pons，2006. 该数据由此次调查的主持人，巴塞罗那大学 Germà Bel 教授提供。

美国和西班牙民营化经验的另一个关键不同反映在合同不稳定性上。通过比较 ICMA 调查的回复，可以追踪不同时期民营化的发展方向。在美国，当一些政府还在实施新外包的同时，其他一些政府却在回购服务，即将以前民营化了的服务收回。在 ICMA 的样本中，1997—2002 年，垃圾收集服务中，回购服务的平均比重为 11.5%，而供水领域的回购服务比重接近垃圾收集服务的两倍（见表 5 - 4）。居民垃圾收集和供水，回购服务的比重都是新外包的两倍。这可能是由于大量实施民营化的城市发现其结果并不满意。这有助于解释总体上完全外包比重的下降和公共部门提供比重的增加。2003 年西班牙的调查专门询问了回购服务的情况，但结果发现，政府回购服务在西班牙几乎尚未发生。与此相似的是，与 2000 年加泰罗尼亚市（Catalonian）做的一项调查相比，西班牙民营化发展非常稳定。

表 5 - 4　1997—2002 年美国的回购服务与新外包　单位:%

服务	回购服务	新外包
居民垃圾收集	11.5	5.8
供水	19.0	8.1

资料来源：M. E. Warner 和 A. Hefetz 对 ICMA 1997—2002 年调查数据的分析。

地方政府服务市场的竞争性管理难度很大。这种困难可以从美国低比例的民营化及其发展的不稳定中反映出来。虽然调查设计的不同使我们难以对统计数据做出进一步的分析，但前面有关地方政府组织和改革差异的分析已经表明了一部分解释。尽管两个国家都显示了混合提供方式的重要性，但西班牙在公司层面的混合提供比美国在市场层面的混合提供比重大得多。我们相信，在公司层面的混合带来了规模经济和控制的收益，而美国政府在市场层面的混合提供却享受不到这样的收益。这可以解释为什么美国的公共服务提供更多地通过回购而转向纯公共部门提供。

第四节　本章小节

我们的分析更加关注公共服务改革，地方政府如何做出有效参与公共服务提供市场的选择。最近的技术和经济变化尚未改变垄断结构仍然是很多地方公共服务基本特征的事实。因此，管理垄断与管理竞争相比，即使不是更加重要，至少也是同等重要。① 对政策制定者和政府管理者而言，理解垄断与竞争的边界是选择城市基本服务提供政策的关键问题。

国家在政府干预、制度安排和市政环境方面的差异使地方公共服务千差万别。诚如本章开始部分所说的那样，本章对美国与西班牙在供水与垃圾收集的比较所得出的主要结论，即与西班牙相比，美国更加重视市场竞争，更加注重市场层面的公私混合提供，只能部分地解释美国民营化发展的动态性和政府回购服务的发展，而并不能对此做出完全解释。造成这一差别的不少原因或许存在于两国地方政府的历史传统等其他方面的差异之中。因为与西班牙相比，各国民营化发展的环境显得千差万别。例如，作为美国毗邻的加拿大，与美国版的竞争型市场经济相比，其服务市场是一种合作型市场经济。而且，相对于美国人更加注重个人自由意志而言，加拿大人的社群主义意识更为强烈。然而，加拿大的民营化比例同样比美国高，政府回购服务的迹象也不明显。② 这也反映出了目前的主流理论如公共选择与交易费用理论等在解释这一问题上的局限。下一章将对此做进一步阐释。

所以，要更加充分解释美国民营化发展，未来研究需要进一步放宽视野，也需要做更为复杂的经验分析。

---

① Mildred E. Warner and Amir Hefetz, "Managing Markets for Public Service: The Role of Mixed Public/Private Delivery of City Services", *Public Administration Review*, Vol. 68, No. 1, 2008.

② Robert Hebdon and Patrice Jalette, "The Restructuring of Municipal Services: A Canada – United States Comparison", *Environment and Planning C: Government and Policy*, Vol. 26, No. 1, 2008, pp. 144 – 158.

第六章　案例研究：政府回购服务是如何发生的

政府回购服务已经成为民营化运动兴起之后全球公共管理发展的一种十分重要现象。何以如此？欧美发达国家类似政府购买服务的市场化改革，受新公共管理理论、公共选择理论影响和新公共管理运动的推动。这些理论关注如何节约公共服务成本，强调市场机制的优越性，认为企业效率高于政府，用政府购买服务等市场化手段提供公共服务能够节省成本和改进服务质量。然而经历了20年的民营化试验之后，越来越多的研究表明，民营化倡导者有关私营企业参与公共服务提供能降低成本和提高效率等承诺均未真正实现，相反，林林总总的民营化失败已成为常态，乃至出现了“民营化危机”。[①] 这种民营化危机一方面导致了公众对民营化的质疑与反对，另一方面也直接引发了学术界对民营化成效的进一步研究。那么，民营化推动者的承诺实现了吗？民营化究竟有没有使民众生活变得更美好？政府何以要收回外包服务？下面以美国亚特兰大和加拿大哈密尔顿水务民营化案例为重点对象，对该问题做出更为微观的考察与分析。

第一节　案例背景

一　美国亚特兰大市水服务的购买与回购

亚特兰大因成功举办1996年奥运会而闻名世界。长期以来，该市水服务一直由政府提供。但因大量人口增长和缺乏对水利部门的充分投资，1997年，该市水服务（包括供水和废水处理）开始陷入困境，全市每年

---

① Mario Candeias et al. , “Crisis of Privatization - return of the Public Sphere”, *Impressum*, *RLS Policy Paper*, No. 1, 2008.

需要为此支付约5000万美元。而且，因未能达到州和联邦环境标准，该市还面临环境保护署的一系列诉讼。① 在这种近乎绝望的情况下，1997年12月，市长比尔·坎贝尔决定对整个供水系统和其中的一个污水处理厂实施民营化。希望通过购买服务的方式来缓解困境。

然而，“亚特兰大决定对水服务实施民营化来解决财政危机，而不是去应对水供应问题或质量问题”。② 该市聘用评估供水和污水处理操作系统的顾问，他建议采用一些替代机制来满足城市水服务需求。之后不久，这项决定就付诸实施了。③ 正式招标始于1998年3月。共有5家公司参与竞标。最后，出价最低的联合水务公司（以下简称联合水务）竞标成功。为期20年的合同总额达到2140万美元/年。联合水务向亚特兰大承诺，每年可为市里节省2000万美元，同时对其日益恶化的水系统进行全面检修。这样算来，在合同期限内，全市预计将节省4亿美元以上。④ 根据合同预期，联合水务将运营、管理和维护供水系统，同时负责原水供应、处理和分配、收费和其他客户服务工作。该公司还承担一定主件修理及改进工作。资本改良规划、定价、谈判、为政府间用水协议和大量用水协议提供法律支持，以及所有其他相关的政府职能，则由市政当局负责。⑤

1999—2003年，亚特兰大的水服务均由联合水务提供。但结果与想象相差甚远。在此期间，问题重重。其中，最主要的问题包括公司违背了有关资本投资的承诺，未能兑现之前为市里节约成本的承诺。许多本应由联合水务完成的工作都没有完成。例如，根据合同，联合水务将为客户安装新水表。而在整个合同期内，该公司每年仅装750个。这一数量原本在一个月内就可以安装好。此外，自来水不时发出污染物质超标通知和警报，让公众觉得所付的钱没有得到等价服务。联合水务更注重开发维护管

---

① Steven Labovitz, *Privatization of the City of Atlanta's Water System: A Cost Savings Initiative and a Plan for the Future*, *WRPMD: Preparing for the 21st Century*, Proceedings of 29th Annual Water Resources Planning and Management Conference, Tempe, Arizona, 1999, pp. 1 – 9.

② Steven Cohen, William Eimicke, *The Responsible Contract Manager: Protecting the Public Interest in an Outsourced World*, Washington D. C.: Georgetown University Press, 2008, p. 187.

③ Steven Labovitz, *Privatization of the City of Atlanta's Water System: A Cost Savings Initiative and a Plan for the Future*, *WRPMD: Preparing for the 21st Century*, 1999, p. 1.

④ United Water Resources News, *United Water Signs Contract with the City of Atlanta for the Management of the Largest Public – private Partnership for Water Operations in the United States.* Press Release, September 1, 1998.

⑤ Steven Labovitz, *Privatization of the City of Atlanta's Water System: A Cost Savings Initiative and a Plan for the Future*, *WRPMD: Preparing for the 21st Century*, 1999, p. 6.

理系统，而不是针对客户的需求。正如一位官员所说：“为客户服务的忠诚度几乎为零。客户服务不是计费系统那样的机器人。”虽然这些问题在富兰克林市长上任不久之后便引起了联合水务的重视，但不论联合水务怎么提升其整体绩效，仍达不到合同规定的水平。这让市政当局感到非常失望。“1999 年亚特兰大和联合水务签订合同带来的不是公众的节省和个人受益，而是各方的痛苦和失望”。① 正是因为如此，市政当局最终决定终止与联合水务的合同关系，将水服务重新回归市有。亚特兰大不到 4 年的水服务市场化改革尴尬谢幕。

二　加拿大汉密尔顿市水服务的购买与回购

20 世纪 90 年代初，因经济低迷而导致财政紧缩，致使汉密尔顿市政府官员决定考虑让私营部门参与提供服务。之后不久，菲利普公用事业管理公司和其母公司菲利普环保公司（以下简称菲利普）以合同形式上交了一份提议书，主动提出经营该地区的供水和污水处理厂、泵站和水库。该提案还包含了一些有关提高该地区经济发展的保证措施。除此之外，这些措施还包括每年可节约运行成本 50 万美元，创造 200 个全职工作岗位，并对社区做出 1500 万美元以上的投资。② 在制定提案期间，汉密尔顿的供水和污水处理系统存在诸多问题，如管理不善、机构臃肿等，并且很长一段时间内不符合省里的相关规定。③ 包括该地区的工会和将被返聘到该私人公司的管理人员在内的许多人，都认为如果能够接受菲利普的提议，对该市来说是一件好事。因此，未通过招标，该市就和菲利普签订了为期 10 年，投资金额达到 1.8 亿美元的合同，用于经营该地区供水系统。

尽管政府对该合同满怀期待并给菲利普提供了全面的政治支持，但合同中的两款内容引起了极大的关注和争论：第 4.05 条，要求该公司每年投资 1 万美元的设备维护费用；第 5.01 条，制定了市政当局和公司之间各种成本节省的分摊方式。根据该方式，菲利普将收取 60% 的成本节省费用。但是，如果成本节省总额达到年度预算的 20%，菲利普的份额将增至 80%。不少人认为，第 4.05 条允许菲利普拖延供水和污水处理设施

① Douglas Jehl, “As Cities Move to Privatize Water, Atlanta Steps Back”, *New York Times*, February 10, 2003.

② Ken Peters, “Region Eyes Big Bucks from Philip: Multimillion Plan to Run Sewer, Water Services at Savings”, *The Hamilton Spectator*, September 28, 1994.

③ Elizabeth Brubaker, *Revisiting Water and Waste Water Utility Privatization*, Paper Prepared for the Panel on the Role of Government, 2003, p. 3.

的维修，直至成本超过 1 万美元的上限。第 5.01 条是菲利普削减在诸如劳动力方面成本的潜在诱因。①

到 1995 年，菲利普才完成 1994 年合同规定的不到一半的任务。更值得注意的是，合同生效后不久，在供水和污水处理设施部门工作的不少员工便开始担心失修的设备、不断恶化的卫生和安全条件。公司违反当初承诺，为了节省成本，已辞退很大一批员工，从而使问题进一步恶化。在随后几年，压缩工作人员成了一个大问题，以至于当地国际执业工程师协会在 1999 年举行罢工以示对进一步裁员的抗议。除了人事问题，1996 年，主污水处理厂抽水系统出现故障，污水泄漏，淹没了大量民房和工厂，并且致使数百万升未经处理的污水流入汉密尔顿海港和周边湿地。污水泄漏事故被称作是汉密尔顿史上最糟糕事件②，虽然菲利普后来也承担了责任，但大量费用最终还是由纳税人埋单，包括清理费用及由此产生的责任索赔费用。③

2004 年，合同满十年期限之前，汉密尔顿公共工程部门开始审查周围供水和污水处理业务管理的新制度安排。该部门提出两种方案：一是合同模式——由私人经营提供供水服务（通过招标程序）；二是市政提供模式——将外包的水服务提供重新收归市有。尽管根据合同规定，菲利普遇到了一些困难，还遭到了强烈的政治反对，但市议会还是投票赞成维持合同模式。然而，为了避免重复以前所犯错误，该市在 2004 年的“征求建议书”中加入了非常严格的要求。颇具讽刺意味的是，竞标要求如此严格，以至于最后包括美国水务公司在内的四强公司，均未达到资格要求。意外的是，美国水务公司的出价是现有合同规定的两倍多，并远高于市政当局的预算。④ 最后，考虑政府雇员要求收回水服务等多方面因素，汉密尔顿市议会投票决定，2004 年 9 月解除服务购买合同而恢复市政当局对汉密尔顿市水服务的管理与控制，为期十年的水务市场化改革就此画上了句号。

---

① John Anderson, *An Analysis of Public – private Sector Partnership*: *The Hamilton – Wentworth – Philip Utilities Management Corporation PPP*, A Report Prepared for the Canadian Union of Public Employees, 1999.

② Mark McNeil, "Incinerator Closure the end of a Dirty Air Era: Health Effects of Emissions Stillunknown", *The Hamilton Spectator*, May 18, 1996.

③ Ken Peters, "Legal Action Proposed in Sewer Flood: Suit Protects Taxpayers from 'Potential Millions'", *The Hamilton Spectator*, *Ontario*, September 11, p. B3, 1996.

④ City of Hamilton, *Subject*: *Hamilton Water and Wastewater Operations Contract* (*PW* 04001*a*), City Wide Implications, 2004.

第二节　政府为何回购服务：基于两个案例的分析

了解了亚特兰大和汉密尔顿市政当局实施购买水服务政策的背景之后，接下来，从效率、成本节省和服务质量三个方面分析案例中体现的政府购买服务的成效。

一　政府购买水服务提高效率了吗?

民营化改革的最大推动力在于政府购买服务等市场化手段能够提高效率。在亚特兰大，效率成了民营化支持者的口号。在合约签署并交付后，亚特兰大前市长比尔·坎贝尔指出，“这项改革将使公众与纳税人受益于科技的进步，更具高效和创新的管理。这份合同将会带来一个‘双赢’局面”。① 但正如前文所言，购买水服务每年只节省1000万美元（仅为联合水务最初所做承诺的一半），而且这些节省并非来自效率的提高，而是来自提前退休政策。该政策显著减少原有雇员的数量。例如，在联合水务承担供水设施管理之前，亚特兰大全市约有750名员工。很快就有大约1/4员工在公司倡导的提前退休政策中退休。之后的裁员又进一步减少工作人员。截至合同终止前，联合水务仅雇用了大约350名工人。而所有这一切都发生在联合水务曾经许下的不裁员承诺之后。② 不仅如此，压缩工作人员还产生了其他负面作用。例如，联合水务对消费者新水表的安装只能以每年750个的速度进行。而当时亚特兰大市政当局安装相同数量的水表仅需一个月时间。

类似情况也发生在汉密尔顿。首先，菲利普对于如此庞大的供水和废水服务提供系统没有管理和操作的经验。与联合水务在亚特兰大的做法类似，汉密尔顿效率的提高几乎也是通过精减人员而实现的。该公司合同曾承诺：①保障员工目前的工资水平；②设立员工分红计划；③创造150个

---

① United Water, *Suez and Atlanta Reach a Mutual Disolution Agreement for the City's Drinking Water Services Contract*, Feb. 4, 2003, http://www.waternunc.com/gb/suez_ eng02_ 2003.htm, accessed March 10, 2013.

② Peter Gleick et al., The Privatization of Water and Water Systems. In Peter Gleick et al. (eds.) *The World's Water: The Biennial Report on Freshwater Resources*, Washington D. C.: Island Press, 2002, pp. 57-85.

以上的新就业机会。然而，到 1997 年，在供水和污水服务提供系统中，就有大约 50 个工作岗位被取消，这就产生了大约 70 万美元的成本节省。① 这不仅引起了当地员工工会的不满，而且让政府相关官员感到十分难堪，因为他们对自己的员工被裁毫不知情。②

另外，初始合同规定：该市直接负责任意设施的维修事宜，使每年的维修费用超出高达 1 万元，无疑进一步为效率问题蒙上阴影。对此，很多人声称，这是导致菲利普拖延解决问题的关键原因，除非能有效规定超出限额，并有效控制公司运营成本。但是汉密尔顿市很难做到这一点。仅仅几年之后，当污水处理厂的员工因为不断恶化的工厂环境而担心自己的健康和安全时，效率方面的一系列问题进一步凸显出来。主污水处理厂的水泵故障事件则将这一问题推向了高潮。该故障归咎于菲利普缺乏合格的经营者，汉密尔顿市备用下水道失灵，以及将清理费用转嫁给纳税人及与之相关的法律诉讼。

二　政府购买服务节省成本了吗?

民营化推动者宣称，民营化的一大重要优势是能够大量节省成本。但亚特兰大和汉密尔顿的水服务市场化改革并没有为两个城市节省多少成本。例如，在亚特兰大，联合水务承诺在合同实施期间节省大约 2100 万美元，但实际上只节省了 10 万美元。而且，这些节约并不是来源于新技术的引进，而是来自提前退休政策、普遍减少劳动力，以及对员工培训时间的压缩。此外，节约的这 10 万元也从来没有用到消费者身上，因为联合水务声称要为其完成的一些大型城市基建工程开具账单。联合水务一度曾试图增加 8000 万美元的合同以弥补一些所谓的支出，而这被亚特兰大拒绝。尽管如此，联合水务再次决定收取 8000 万美元基建工程的额外支出，同样被亚特兰大的水务委员拒绝。不仅如此，联合水务还向亚特兰大市索要 3760 万美元的额外服务授权、主件修理和保养费用。但索要费用

---

① George Hoath, *History of the Hamilton – Wentworth Sewage Treatment Plant*, International Union of Operating Engineers Roundtable, Hamilton, Ontario, Canada, 2000.

② Steve Arnold, "Councilors Red – faced over Sewage Surprises: Nasty Flood and Lay – offs Are Cited", *The Hamilton Spectator*, April 10, 1996.

的工程却是要么没有完工，要么压根儿就没有开工。[①] 由于联合水务的怠慢与在节省成本上的失败，亚特兰大现在花费了数百万美元来升级它的系统，而这原本应由联合水务来承担。亚特兰大市政当局还陷入了要求提高水价以承担其费用的窘境。

在汉密尔顿，通过购买水服务节省成本的愿望也未实现。除了清理费用及与大量污水溢出（约合 250 万美元）相关法律索赔而产生的意料之外的纳税人负担，菲利普是如何在合同中承诺每年为纳税人节省 50 万美元也无从得知。根据合同第 5.01 条，该公司计划以六四开的比例与该市一起分享成本节省成果。如果成本节省达到年度预算的 20%，菲利普的市场份额将增至 80%。问题是，成本节省是通过裁员（这已被认为是造成污水溢出的重要原因）与将水处理设施的维修和保养标准降低了 25%（这会造成不安全情况）而实现的。一些节省是通过关闭该地区的污泥焚烧炉而实现的，因为这种炉子需要 1000 万美元维修费。菲利普后来将污泥运至填埋场，该做法每吨可节省 60 美元，每天可运送 150 吨左右。虽然此举曾为纳税人的经济收益而受赞道，但菲利普自己因此而节省了 60% 的成本。[②] 此外，在同一时期，由污水处理厂产生的固体废物的运输和处置成本增加了 500%。这有利于菲利普，因为菲利普是通过其姊妹公司提供的运输。[③] 因此，与亚特兰大市一样，汉密尔顿政府购买水服务这一市场化机制并未让纳税人节省水费开支。

三　政府购买服务改进服务质量了吗？

改进服务质量是公共服务市场化改革推动者的另一重要承诺。市场化改革理论认为，相对政府而言，企业更加注重顾客满意度，因此政府向企业购买服务有助于改进服务质量。但案例中两个城市市场化改革之后之所以又收回服务，重要原因之一就是由于市场化服务提供不仅没有改进服务质量；相反，因服务质量下降而丧失了民众的信任。

---

① Geoffrey Segal, Issue Analysis: the Atlanta Water Privatization: What Can We Learn? Georgia Public Policy Foundation, May 18, 2011, http://www.gppf.org/default.asp?pt1/4news&RT1/420, accessed Dec. 1, 2013. 该市对支付要求的调查揭示出了其他的不当计费。例如，日常维护被冠以主件修理而索要费用。调查进一步发现，领着亚特兰大工资的联合水务工作人员，同时为亚特兰大之外的联合水务项目工作。参见 Public Citizen, *Water Privatization Fiascos: Broken Promises and Social Turmoil*, Washington: Public Citizen, 2003。

② Jim Poling, "Sludge Incinerator Closing", *The Hamilton Spectator*, January 6, 1996, p. B2.

③ George Hoath, *History of the Hamilton – Wentworth Sewage Treatment Plant*, International Union of Operating Engineers Roundtable, Hamilton, Ontario, Canada, 2000.

在亚特兰大，联合水务的重点更多是维护性管理，并因此忽视了公众需求。例如，在供水服务合同期限，消费者经常痛苦地抱怨供水的质量及水中污染物质超标的警报急剧上升。联合水务也承诺将不会增加水费，因为这些可以通过成本节省来避免。然而，在采取一系列措施后，这一承诺最终并未兑现，水价仍然以每年12%的速度增长。这些问题导致许多消费者对供水以及废水处理系统失去了信心。居民也抱怨这一系统很糟糕，反应迟钝，并且出现了包括水管破裂在内的各种故障。① 由于公众对该公司持续的信任缺失，该市最终花费100万美元聘请检验人员对联合水务公司的报告进行检测。检验人员调查出联合水务公司曾经采取一系列非常糟糕的举措，最终导致市政当局下决心与该公司解除合同关系。汉密尔顿在供水与废水处理系统的管理和运营等方面存在大量问题，其中主要包括因供水和污水处理系统老化而造成的服务提供上的故障。而被认为是菲利普过错的污水溢出事故，也严重地打击了公众对菲利普的信心。

第三节　本章结论

通过对上述两个案例的详细分析不难发现，亚特兰大和汉密尔顿两个城市之所以要回购水服务，主要原因在于政府购买服务在提高效率、节省成本和改进服务质量诸方面的失败。水服务民营化并未使公众生活更美好。尽管这只是个案，但所反映的问题却具有相当普遍性意义。如美国最大的十家水务公司实施民营化改革之后，水费不仅未降低；相反，都成倍甚至多倍地提高了。② 罗马俱乐部报告《民营化的局限》通过对法国水服务民营化调研后指出："法国水务民营化在成本效率方面未见任何提高，但在没有合适理由的情况下，消费价格却明显提高了。"③ 我国水务民营化改革更是"水质上不去，水价节节高"。④ 这种情况在其他领域的民营化改革中也普遍存在，如前述德国公交民营化后票价迅速上升。近年来，

① Douglas Jehl, "As Cities Move to Privatize Water, Atlanta Steps Back", *New York Times*, February 10, 2003.

② Food & Water Watch, *Trends in Water Privatization*, Aug. 22, 2011, http: //documents. food and water watch. org/doc/Privatization Trends, pdf, accessed Nov. 5, 2013.

③ Ernst Ulrich von Weizsäcker et al. eds., *Limits to Privatization: How to Avoid Too Much of a Good Thing: A Report to the Club of Rome*, Taylor & Francis, 2005, p. 24.

④ 葛昀：《中国城市水务市场化改革反思》，《绿叶》2009年第12期。

我国公交领域的特许经营和城管外包更是问题重重。

最近的学术研究也反映了这一结果。越来越多相关研究表明，政府购买服务能提供效率、节省成本和改进服务质量的假设只是一种错觉。如一项对所有已经出版或发表的供水和垃圾收集服务研究（包含全球这两项服务的绝大多数研究）的元回归分析表明，在统计上并不能为政府购买服务能够降低成本提供支持。① 正是因为如此，《民营化：成功与失败》一书一针见血地指出，“民营化成功的案例不是没有，但更常见的情形是绩效更差，令其倡导者大跌眼镜”。② 目前有关政府购买服务存在问题及导致政府回购服务原因的主要研究从另一个方面证明了这一结果。笔者对相关领域最重要的五项研究统计发现，导致政府回购服务的重要原因主要包括公共服务市场化降低了服务质量、不能节省成本、合同管理/监督成本高与缺乏竞争市场等。其中，降低了服务质量和不能节省成本已成为导致政府回购服务最普遍和最主要的原因（见表6－1）。

表6－1　　　　不同研究中导致回购服务的原因③

主要问题	ICMA（2002—2007）	APSE（2009）	Warner 和 Hefetz（2012）	Deloitte（2012）	Young 和 Macinati（2012）
服务质量降低	●	●	●	●	●
不能节省成本	●	●	●	●	●
合同管理/监督成本	●	●	●		●
缺乏竞争性市场	●	●	●		●
公众满意度	●	●	●	●	
价值冲突	●	●	●	●	

不仅如此，民营化倡导者所提倡的政府购买服务能缩减政府规模的承诺也是一句空话。时至今日，仍然没有比较充分的证据证明政府购买服务

① Germà Bel, X. Fageda and M. E. Warner, “Is Private Production of Public Services Cheaper than Public Production? A Meta－regression Analysis of Solid Waste and Water Services”, *Journal of Policy Analysis and Management*, Vol. 9, No. 3, 2010, pp. 553－577.

② Gérard Roland eds., *Privatization: Successes and Failure*, 2008, p. 1.

③ 该表包括了迄今为止有关民营化失败与回购服务的主要研究。这些研究主要通过或运用调查资料对回购服务的原因做了分析。其中，德勤咨询公司（Deloitte）则着重对近年来全球500强的一些企业服务回购现象进行了调研。表中前三项研究来源于前引相关文献，后两项分别参见 Deloitte, 2012 Global Outsourcing and Insourcing Survey, New York, NY: Deloitte Consulting, 2012; Susanne Young and M. S. Macinati, “Health Outsourcing/Backsourcing: Case Studies in the Australian and Italian Health Sector”, *Public Management Review*, Vol. 14, No. 6, 2012。

能缩减政府规模。相反，最新研究表明，政府购买服务并未缩减政府规模。① 美国民营化实践表明，民营化虽然在一定程度上抑制了政府组织的直接扩张，但是政府职能的范围、管辖的领域和间接雇用的人员却持续增长。②

可见，随着实践的发展和研究深入，市场化神话逐渐被揭穿。以政府购买服务为重要工具的民营化改革为什么并非如其倡导者所说的那么美好，而是问题不断、危机重重？根本原因还在于私人资本的逐利性与公共服务的公益性之间矛盾的难以调和性。马克思在《资本论》中对资本的逐利性和贪婪性已做了经典论述。公共服务的本质属性是公共性和公益性。其本质是为了满足大众需求和增加社会福利③，强调的是服务提供的普遍性和均等性。公共性强调公民权、代表性、公正、平等和正义，而市场价值（私人资本）则重视消费主义、竞争、生产力和营利。④ 公共服务市场化之后，大量私人资本进入公共产品与服务领域，其天然的逐利性和贪婪性必然暴露无遗。提高服务价格、选择性服务，甚至要挟政府、俘获政府等问题，都将难以避免，从而严重损害公共服务的公益性和公共性。公共服务市场竞争的稀缺则为这些问题的发生提供了更大的可能。而政府方面，行政人员的“经济人”本性则通常会使政府行政人员借改革之名推卸责任、疏于监管，甚至干预市场、俘获企业，谋取私利。在这样的情况下，如果没有完善的法律法规与监管体系作为约束，民营化失败在所难免。在这种风险重重的合同交易中，回购服务也因此成为市场管理的一种关键性工具。⑤

---

① José M. Alonso, J. Clifton and Díaz – Fuentes, “*Did New Public Management Matter? An empirical Analysis of the Outsourcing and Decentralization Effects on Public Sector Size*”, *Public Management Review*, Vol. 17, No. 5, 2015, pp. 643 – 660; S. Lago – Penas and J. Martinez – Vazquez, *The Challenge of Local Government Size*: *Theoretical Perspectives. Northampton*, MA: Edward Elgar Publishing, 2013.

② 敬乂嘉：《美国政府对民营化的管理》，载顾丽梅编《公共政策与政府治理》，上海人民出版社 2006 年版，第 199 页。

③ 徐家良、赵挺：《政府购买服务评价机制研究》，《政治学研究》2013 年第 5 期。

④ M. Shamsul Haque, “The Diminishing Publicness of Public Service under the Current Mode of Governance”, *Public Management Review*, Vol. 61, No. 1, 2001.

⑤ Mildred E. Warner, “Insourcing Versus Outsourcing in the United States”, 2014, Unpublished.

第七章　政府回购服务与民营化未来趋势

本章分析民营化发展的未来走向。对如下两个问题进行阐释：一是主要通过美国与加拿大民营化发展的比较分析，对目前相关主流理论公共选择与交易成本理论在民营化问题上的解释力做出检视；二是分析 2008 年全球性金融危机对世界民营化发展可能造成的影响。

第一节　民营化发展的跨国比较：对相关主流理论的检视

目前相关主流理论如公共选择和交易成本等难以对民营化发展中出现的一些问题做出合理解释。该部分将通过美国与加拿大、西班牙等欧洲国家民营化的发展，对主流理论公共选择与交易成本理论的解释力做进一步检视。

一　公共选择与交易成本理论简述

对由政府过多地提供市场不能提供的公共服务的重视导致公共选择理论的出现。公共选择理论就是“非市场决策的经济研究”或“将经济学应用到政治学”的理论。[①] 它注重以经济学的方法，研究公共决策相关实证问题。套用诺贝尔经济学奖得主布坎南的说法，公共选择理论是一种“不带浪漫主义的政治研究”。[②] 公共选择理论认为，至少在地方层面存在一种公共服务的竞争机制。为进一步采用通过新公共管理的市场导向的竞

---

① Dennis C. Mueller, *Public Choice II*, New York: Cambridge University Press, 1989, p. 1.

② James M. Buchanan, “Politics without Romance: A Sketch of Positive Public Choice Theory and Its Normative Implications”, In James M. Buchanan, R. D. Tollison (eds.), *The Theory of Public Choice II*, Ann Arbor: University of Michigan Press, 1984, pp. 11 – 22.

争服务提供奠定了基础①，从而导致了对民营化支持的增长。② 长期以来，在有关公共服务合同外包与民营化争论中，公共选择理论一直占主导地位。该理论认为，竞争是获得效率的万灵丹，而政府具有天生的垄断特征，政府行政人员的“经济人”本性使其一切活动并非为了公共利益；相反，是与其他组织与个人一样，通过政府预算的最大化而实现自身利益最大化，从而导致政府提供的无效率。因此，民营化服务提供是改变政府的无效率而提高效率的最佳方式。在该理论看来，民营化与自由市场经济呈正相关性，越是自由的市场经济环境，民营化就会越有活力。③

近期以来，另一种替代理论变得颇为流行，即服务提供的交易成本理论。该理论承认市场治理结构以及在市场结构和委托代理问题背景下对“生产”还是“购买”决策框架的需要。要评估政府购买服务的优势和不足，必须重视政府组织和市场的特征。④ 因此，是竞争程度、服务类型和合同规格及监督难度等因素决定服务外包给私营部门的程度。管理决策是在有限理性框架中做出的，在该框架中，虽然政治无时不在，但是，“生产还是购买”服务的决定是建立在成本和收益而非“狭隘利益”之上。

二　美国与加拿大民营化环境的差异

美国与加拿大在不少方面存在一致性。例如，它们都拥有高度完整与发达的经济，相似的文化影响和稳定的民主制度。但作为两个不同国家，其在各方面的差异也是显而易见的。美国著名政治学者西蒙·利普塞特曾撰文指出两国在多方面差异巨大。⑤ 其中，显著不同之一就是福利国家的实施。加拿大比美国更早实施福利政策，从覆盖面和收益来看，其范围也更广⑥，是一个类似于欧洲国家的福利国家。早在 1927 年就颁布实施

---

① ［美］戴维·奥斯本、彼德·普拉斯特里克：《改革政府——企业精神如何改革着公营部门》，周敦仁译，上海译文出版社 1996 年版。

② E. S. Savas, *Privatization: The Key to Better Government*. Chatham, NJ: Chatham House, 1987.

③ Ibid.; E. S. Savas, *Privatization and Public - private Partnerships*, New York: Chatham House, 2000.

④ Oliver E. Williamson, *The Economic Institutions of Capitalism: Firms, Markets, Relational Contracting*. New York, NY: McMillan, 1987.

⑤ 利普塞特同时指出，美国人和加拿大人也不一样，“他们是两种迥然不同的历史的产物，是两种迥然不同的情势的产物”。参见［美］西蒙·利普塞特《加拿大和美国：巨大的差距》，《现代外国哲学社会科学文摘》1993 年第 4 期。

⑥ Robert T. Kudrle and Theodore R. Marmor, “The Development of Welfare states in North America”, in *The Development of Welfare States in Europe and America* (eds.) by Peter Flora Arnold J. Heidenheimer (Transaction Books, New Brunswick, NJ), 1981, pp. 81 - 121.

《养老金法》，开始以中央拨款的方式承担国民的养老责任。[①] 调查表明，加拿大人对政府在社会中的作用问题上，有众多不同的看法。例如，由于社区主义价值观更为浓厚，他们认为政府应该为社会与经济问题提供解决方案。[②] 加拿大人很珍惜公共卫生保健的单付款人制度就是一个十分突出的例子。另外，美国人自由意志主义意识更强，他们对政府持有更多的怀疑态度。[③] 而在经济体制方面，相对于美国的自由市场经济而言，加拿大是一种合作型的市场经济。美国人则一直崇拜私人市场，以表达他们对公共权力的厌恶。[④] 而加拿大人则很信任政府，他们比美国人更倾向于请政府处理经济问题和其他问题。[⑤]

比较美国与加拿大公共服务民营化倾向的一种有用框架是用以分析国家就业制度的多样性资本主义理论。作为一种自由市场经济，美国更喜欢运用市场导向的管理方法。作为一种更具合作性的市场经济，加拿大则更多地依赖工会和集体议价。[⑥] 两个国家的工会化水平都很高。2003 年，美国为 37.5%，但加拿大更高，其公共部门工会的密度是 72.0%[⑦]，相当于美国的近 2 倍。

按照公共选择理论，由于加拿大人对政府的态度可能更加积极[⑧]，工会化水平更高，再加上合作型市场经济模式，加拿大各级政府在市政服务方面应该生产并提供更多的服务，而更少地采用民营化方式提供服务，政府回购服务也更有可能发生。实际情况如何呢？

---

① 潘记永：《加拿大社会政策研究》，博士学位论文，山东大学，2013 年。

② Seymou Matin Lipset and N. M. Meltz, *The Paradox of American Unionism*, Cornell University Press, Ithaca, N. Y., 2004.

③ Seymou Matin Lipset, *Continental Divide: The Values and Institutions of the United States and Canada*, Routledge, New York, 1990.

④ Donald Kettl, *Sharing Power: Public Governance and Private Market*, Washington D. C.: Brookings Institution, 1993, p. 1. 为表达简洁，本书将这两国的市场经济分别称为美国版的市场经济和加拿大版的市场经济。

⑤ ［美］西蒙·利普塞特：《加拿大和美国：巨大的差距》，《现代外国哲学社会科学文摘》1993 年第 4 期。

⑥ Peter A. Hall and David Soskice, "An introduction to Varieties of Capitalism", in *Varieties of Capitalism: The Institutional Foundations of Comparative Advantage* eds. by P. A. Hall and D. Soskice, Oxford University Press, New York, 2001, pp. 1 – 68.

⑦ Bureau of Labor Statistics, *Union Members Summary*, *Bureau of Labor Statistics*, Washington D. C., 2004; Statistics Canada, *Perspectives on Labour and Income*, Vol. 5, No. 8, 2005.

⑧ Seymou Matin Lipset and N. M. Meltz, *The Paradox of American Unionism*, Cornell University Press, Ithaca, N. Y., 2004.

三　两国相关调查及其结果

2002—2003 年，ICMA 对美国服务提供的可选择方式进行了调查。在美国 2002—2003 年的这次调查中，问卷发放对象是人口为 2.5 万以上所有的县和人口超过 1 万人的所有城市的首席行政官（CAO），以及人口在 2500—24999 人的市与县的随意样本。① 调查对象与范围包括 67 项服务提供领域，比 1997 年调查增加了 3 项服务。

ICMA 调查显示，虽然由地方政府提供的服务比例处于下降趋势，但公共部门提供仍然是最为普遍的服务提供方式，占所有服务提供的一半以上（1982 年至今，美国公共服务的公共部门提供的比例一直在 60% 左右徘徊）。外包给私营组织和其他政府提供服务的比例分别为 18% 和 16.5%。调查还表明，大约 40% 的地方政府在民营化提供过程中遇到过阻力，主要来自员工、选举官员、部门领导、严格的劳动合同与缺乏能够胜任的私人提供商。②

2004 年，在加拿大进行一项类似于 ICMA 对美国地方政府的调查。该调查复制 ICMA 2002—2003 年对美国市县服务提供方式的调查方法，2004 年将问卷发给了加拿大的城市管理者。对 67 项指定服务的可选择服务提供方式（对营利公司与非营利组织的外包、凭单、补贴和志愿服务）进行提问。

运用 ICMA 的问卷，相关人员与 2004 年将封好了的问卷分发给 5000 人口以上所有市镇的城市管理者。217 个城市政府回复了问卷，回复率为 28.1%，这与 ICMA 2002—2003 年 24% 和 1997 年的 32% 大致相当。这项调查在区域样本方面包含所有省份和两个属地。样本中，城市工会化比例为 73.3%，这与 2003 年加拿大公共部门 72% 的工会密度一致。

表 7－1 是这两次调查城镇服务提供平均比例情况。从表中可以看出，美国城市公共雇员提供服务的比例远远高于加拿大，而美国的营利性民营化服务提供的比例却更低。

① Mildred E. Warner and AmirHefetz, "Pragmatism over Politics: Alternative Service Delivery in Local Government, 1992－2002", *The Municipal Yearbook* 2004, Washington D. C.: International City County Management Association, 2004, pp. 8－16.

② International City/County Management Association (ICMA), *Profile of Alternative Service Delivery Approaches, US Municipalities.* Washington D. C., 2007; Mildred E. Warner and Amir Hefetz, "Pragmatism over Politics: Alternative Service Delivery in Local Government, 1992－2002", *The Municipal Yearbook* 2004, Washington D. C.: International City County Management Association, 2004, pp. 8－16.

表 7 -1　　美国（2002—2003 年）与加拿大（2004 年）城镇服务提供平均比例比较

	美国	加拿大
城镇的数量（个）	1283	210
服务提供的平均数	33. 73	37. 11
平均人口（人）	82562	44662
公共雇员提供服务的比例（%）	54. 72	50. 90
营利性民营化服务提供的比例（%）	16. 16	26. 57

资料来源：根据 Warner 和 Hefetz（2004）、ICMA（2007）、Hebdon 和 Jalette（2008）的相关调查数据整理而成。

表 7 -2 是对这两次调查结果涉及的 7 项服务的统计分析详细情况：公共工程/交通、公用事业、公共安全、公园与娱乐、卫生与人力、文化与艺术和辅助服务。

表 7 -2　　美国（2002—2003 年）与加拿大（2004 年）的城镇服务提供与民营化服务类型比较　　单位:%

	美国		加拿大	
	公共雇员提供	营利组织民营化提供	公共雇员提供	营利组织民营化提供
公共工程/交通（20）	49. 1	20. 9	63. 1	33. 6
公用事业（4）	31. 4	22. 4	22. 7	31. 6
公共安全（7）	65. 3	15. 5	58. 8	16. 8
公园与娱乐（3）	60. 6	13. 0	71. 1	19. 3
卫生与人力（15）	29. 1	11. 2	23. 4	16. 3
文化与艺术（3）	37. 1	19. 2	57. 1	2. 8
辅助服务（15）	72. 0	18. 9	80. 7	33. 5
平均数	50. 3	17. 4	55. 4	25. 8

注：括号中的数字表示每一类服务的具体服务类型，总数是 67 项。

资料来源：Robert Hebdon and Patrice Jalette，“The Restructuring of Municipal Services：A Canada - United States Comparison”，*Environment and Planning C*：*Government and Policy*，2008，Vol. 26.

与表 7 -1 显示每个城市服务的平均数所不同的是，如表 7 -2 所示的是平均每个城市提供 7 项服务中的每一项服务。平均而言，虽然在提供的这些服务中，加拿大市政比美国市政提供的高 5. 1%，但是，加拿大的民营化水平却比美国高 8. 4%。

四　两大主流理论解释力的不足

从这一对比中可以非常明显看出，与美国地方政府相比，虽然加拿大地方政府有着比美国更为强烈的劳工反对、更为浓厚的社区主义价值观、公民更加信任政府，以及更具合作性的市场经济，但其民营化比例却比美国更高。另外，在加拿大这次调查中，虽然发现了市政服务提供的回购服务现象，但并不明显，而美国调查显示出的回购服务比例占整个服务提供方式比例的 18%。这种结果显然与公共选择和交易成本理论不相符合。

不仅美国同加拿大的比较反映出当代相关主流理论对民营化问题的解释乏力，美国与欧洲国家民营化发展的对比也充分反映了这一点。与美国相比，欧洲国家整体上福利色彩更加浓厚。按照公共选择与交易成本等理论，美国城市的民营化更高，但数据表明，大多数欧洲国家地方服务合同外包比例都高于美国。例如，即使在瑞典、挪威、芬兰与丹麦等以高福利著称的国家，民营化程度也不低。例如，在这些国家中，固体垃圾收集的私人提供是绝大多数城市的主要形式（60%—80%之间），但同类服务的提供美国却只有不到一半的城市是由私人完成的。在供水服务领域，在英国、法国和西班牙等国家，人口在 1 万人以上的城市中，有 50% 以上的城市是由私人完成的①，而美国却只有不到 10% 的城市是由私人提供。②如西班牙供水的私人提供比例占总比例的 42%，而美国只有 10%。美国的大多数城市继续使用公共直接提供（75%），相比之下，西班牙却只有 1/4 的公共直接提供。在政府回购服务方面，西班牙几乎尚未发生（见第五章）。而从民营化的整体水平看，最近（2011 年）民营化程度最高的国家是荷兰、德国、芬兰和英国，分别为 68.06%、66.88%、57.40% 和 56.06%③，其比例均明显高于同时期美国。

---

① Germà Bel, *Economía y Política de la Privatización Local* (*Economics and Politics of Local Privatization*), Madrid: Marcial Pons, 2006; OECD, *Competition in Local Services: Solid Waste Management*. Paris: Organization for Economic Cooperation and Development, 2000; OECD, *Global Trends in Urban Water Supply and Waste Water Financing and Management: Changing Roles for the Public and Private Sectors*, Paris: Organization for Economic Cooperation and Development, 2000.

② Mildred E. Warner and Amir Hefetz, "Pragmatism over politics: Alternative Service Delivery in Local Government, 1992 - 2002", *The Municipal Yearbook* 2004, Washington D. C.: International City County Management Association, 2004, pp. 8 - 16.

③ José M. Alonso, J. Clifton and Díaz - Fuentes, "*Did New Public Management Matter? An Empirical Analysis of the Outsourcing and decentralization Effects on Public Sector Size*", *Public Management Review*, Vol. 17, No. 5, 2015, pp. 643 - 660.

如何解释这一现象，公共选择理论对此显然无能为力。以至于该领域的知名研究者贺菲茨和贝尔等认为这是一个世界性难题。

五　几点启示

通过上述分析可以发现一个颇为有趣的现象，公共选择理论作为民营化的重要理论基础，在推动民营化的发展过程中发挥了重要作用，然而，30多年来世界民营化的发展实践却与该理论要旨背道而驰。如何解释民营化这种发展态势？贝尔等没有找到合理答案。其实，世界民营化发展实践与公共选择等西方主流经济学理论之间形成的这种悖论，正反映出这些主流理论本身的问题。实践发展不以人的意志为转移，人类创建的任何理论不可能完美无缺。正是如此，世界民营化的这种发展态势，为我们提供了诸多启示。

首先，如同其他理论一样，公共选择理论也不是完美无缺的。自从其产生以来，就不断有学者对其提出质疑。如第五章所述学者劳瑞对公共选择的市场原则所提出的质疑。他指出，公共服务充其量不过是在任何一个既定的地方市场中只有一家买方（政府）和少数几个可选择的私人提供商所组成的准市场而已。一项对所有已经出版的有关水电民营化服务定量研究的元分析也发现，因缺乏竞争而很难支持公共选择理论。① 因此，世界民营化发展实践与公共选择理论不一致，也就不难理解。

其次，民营化实践并非如公共选择理论等西方主流理论所想象的那样充分，也不像这些理论的倡导者所想象的那么有效率。因受公共选择理论和新自由主义的影响，英国政府在撒切尔担任首相期间试图发动大规模的私有化运动，并对世界各国产生影响。但即便是撒切尔的私有化运动也很有限，仅限于几个实体经济部门。在涉及公共利益，就是提供公共服务或者福利的部门，私有化运动遇到来自民主政治的很大阻力。为了应对此次金融危机，欧洲各国政府纷纷诉诸国有化，对此，欧洲社会并没有出现反对声音。而作为私人资本主义典型代表的美国，民营化也远非很多人想象的那样普遍，即使在世界民营化发展最快的时期，其民营化的增长也非常有限，所占比例只不过从1982年的15.6%增长到2002年的17.6%，到2012年，其比例则又下降到16%。另外，由公共部门提供的服务一直占

---

① Germà Bel and Mildred Warner, "Privatization and Costs", Paper Presented at the International Workshop on Local Government Reform: Privatization and Public - Private Partnership (Barcelona, Spain), 2006.

主导地位，从1982年至今，其所占比例一直在60%上下徘徊。

最后，中国学者应该以中国的问题修正西方理论，而不是套用西方理论。任何理论都不能强求完美，本书对公共选择理论的分析充分说明了这一点。由美国学者提出的公共选择理论或许适合于美国，但并不一定完全适合其他国家，尤其是中国。这也无可厚非。但我们需要注意，我们在研究问题尤其是中国问题时，可以借用西方政治与经济学等学科的实证方法，但绝不能套用西方理论，而应该以中国问题修正西方理论，分析这个理论的问题出现在哪里，并试图构建更加符合中国国情的理论。唯有如此，我们的研究才能更具科学性。

第二节　金融危机对世界民营化发展的影响

一　新自由主义浪潮下世界民营化的发展

民营化并非新事物，“运用私营部门力量满足公众需求的做法可以说与家庭一样历史悠久”。① 20世纪60年代，民营化倾向开始兴起，哈耶克、弗里德曼等著名新自由主义经济学家为之鸣锣开道，而他们的经典著作，则为民营化的发展奠定了理论基础。② 20世纪70年代以后，随着新自由主义成为主流经济学思潮，并在其推动下，民营化开始在世界范围得到大规模发展。因为不仅新自由主义为民营化快速发展奠定了理论基础，而世界银行等组织在发展中国家所推行的新自由主义政策也为民营化在第三世界的迅速推广起到了推波助澜的作用。③

20世纪70年代，西方国家出现失业和通货膨胀并存的“滞胀”局面，凯恩斯主义所倡导的国家干预无法阻止世界任何地方的经济危机，已变得日益明显，新自由主义重新抬头，并成功地填补了这道意识形态的鸿沟。其主要思想是在政府和市场关系问题上，反对凯恩斯主义的国家干预政策，相信不受干扰的市场机制是最有效率的资源配置方式，主张

---

① ［美］E. S. 萨瓦斯：《民营化与公私部门的伙伴关系》，周志忍等译，中国人民大学出版社2002年版，第14页。

② 同上。

③ 国际性组织如世界银行和国际货币基金组织极力倡导民营化，并将其作为任何援助计划的一种要求。参见［澳］欧文·E. 休斯《公共管理导论》，张成福等译，中国人民大学出版社2007年版，第117页。

实行“自由化”、“私有化”和国家干预的最小化。在金融问题上信奉所谓的“有效市场假说”，认为各种资产价格是对该资产所代表的各种信息的完全反映，只要信息是公开、透明的，金融市场就不可能产生泡沫。在国际经济和金融秩序上主张减少政府干预和管制，提倡自由贸易和资本在国家间尽可能不受限制的自由流动。① 新自由主义的这些主张迎合了陷入多方困境的西方各国领导人，成为他们推行改革的大旗，如撒切尔夫人就宣称自己是新自由主义者，推行的国有化改革就是大规模私有化。

1969年著名管理学家德鲁克在《断裂年代》一书中提出了民营化建议，最先用的词是“再私营化”，即政府最终将会把所有的产业私有化，重新回到市场中去。② 此后，民营化开始在西方国家蓬勃兴起。撒切尔夫人和里根分别于1979年和1980年当选英国首相和美国总统，他们推行的改革对民营化运动起到了推波助澜作用。撒切尔夫人公然宣称自己是新自由主义者，从1979年开始，她在英国大刀阔斧地推行了一系列民营化改革。大量国有公司出售给私营部门，其中不少国有公司差不多都送给了私人。自来水和电力等公用事业的民营化分别于1989年和1990年实施，并于1988年将地方政府的强制性竞争招标作为法定要求。1988年，美国里根政府提出了一系列雄心勃勃的民营化建议，克林顿政府的“政府再造”运动继续将缩小政府规模作为基本执政理念。受英国影响，20世纪80年代，许多西方国家如新西兰、澳大利亚等纷纷实施民营化改革。③ 80年代之后，民营化在西方工业化国家普遍展开。

西方工业化国家的民营化改革浪潮直接影响发展中国家，它们步工业化国家的后尘，也开始尝试民营化改革。但发展中国家大规模推行民营化改革是在所谓的“华盛顿共识”之后。1990年，由美国国际经济研究所在华盛顿牵头召开的一个讨论20世纪80年代中后期以来拉美经济调整和改革研讨会。该会议的参加者既有拉美国家政府官员和部分学术机构代表，又有美国财政部等部门官员，金融界和企业界的人士，还有世界银行、国际货币基金组织，以及面向拉美的美洲开发银行等国际机构的代

① 张宇、赵峰：《新自由主义政策：金融危机最深刻的根源》，《中国青年报》2008年12月1日。

② Peter R. Drucker, *The Age of Discontinuity*, Harper and Row, New York, NY, 1969.

③ 如澳大利亚，从20世纪80年代中期开始，民营化作为一种压倒性优先战略在全国展开。详情可参见Colley, Linda Katurah and Head, Brian, “Changing Patterns of Privatization: Ideology, Economic Necessity, or Political Opportunism”, *International Journal of Public Administration*, Vol. 36, No. 12, 2013。

表。会议提出了指导拉美经济改革的十条政策主张，被称为“华盛顿共识”。其理论基础就是新自由主义。就这样，作为推迟还债期限的代价，私有化被强加给拉美国家乃至整个第三世界。后来，以“华盛顿共识”为基本依据的“休克疗法”的改革思路和措施，又成为苏东国家改革的指导方针。

民营化之所以得到快速发展，原因虽然是多方面的，但新自由主义既起基础性作用，同时又以世界银行等组织在世界范围内所推行的新自由主义政策为民营化的迅速推广起到了强制性推广作用。①

二　从购买服务到回购服务：世界民营化发展的新取向

（一）世界民营化发展的高潮已逝

从美国30多年的发展态势看，民营化增长非常有限。根据ICMA的长期跟踪性调查以及相关研究表明，从1997年美国地方政府民营化发展进一步发生逆转，收回外包服务进一步上升，而完全外包速度明显下降，前者在所有服务提供方式中所占比例超过了后者的一倍。民营化在1997年达到顶峰后，公共部门提供和混合提供比例增加。② 之后的比例虽然有所变化，但从此后十几年（到2012年）的数据看，美国地方政府民营化发展已经颇为稳定，公共部门提供的公共服务一直占主导地位。

从西方主要发达国家30多年以来民营化发展态势看，虽然各国民营化的发展道路并不一致，但总体而言，国际民营化的发展高峰期是20世纪90年代。20世纪90年代中期为民营化发展的转折点，特别是1990年末之后，民营化的发展速度普遍下降，甚至出现急剧下降的态势。学者Bortolotti和Siniscalco通过对国际民营化综合分析之后发现，如今，20世纪90年代大规模的民营化发展周期已经结束了。③ 1999年达到高峰之后，全球民营化的年均收入迅速下降46%，2001年其价值达到了440亿美元，2002年与2003年的数据也证实了这一逆向发展趋势（见图2－3）。该数字返回到了20世纪80年代后期的水平。如今，民营化似乎进入穷途末

---

① 对世界银行来说，拥有一个“充满活力的私营部门”是一个国家成功发展必不可少的。参见World Bank Group,“Site Map”/“About Development”, 2004 (http//www. WorldBank. org)。

② International City/County Management Association (ICMA), *Profile of Alternative Service Delivery Approaches*. US Municipalities, Washington D. C., 1997, 2002; Mildred E. Warner and Amir Hefetz, “Managing Markets for Public Service: The Role of Mixed Public/Private Delivery of City Services”, *Public Administration Review*, Vol. 68, No. 1, 2008.

③ Bernardo Bortolotti and Domenico Siniscalco, *The Challenges of Privatization: A International Analysis*, Oxford University Press, 2004, p. 2.

路，欧洲尤其如此。他们还以英国、欧洲大陆、拉丁美洲、中东和北非、亚洲与大洋洲为单元对不同地区的民营化做了分析。结果显示，虽然世界各地民营化发展的程度与采用的方法并不完全一致，但其结果在总体上均与这一趋势相吻合，经历了20世纪90年代的发展高峰之后，世界各地民营化发展均呈下降趋势。世界银行对民营化的专项研究也表明国际民营化的这一发展趋势。①

（二）政府回购服务的兴起与发展

政府回购服务的兴起与发展已成为民营化发展的最新趋势和公共服务提供的新取向。在美国，贺菲茨和华纳根据ICMA的调查结果就此做了研究。1997年之前的几次调查显示，回购服务在所有服务提供方式中所占比例不大，变化也不明显。而1997—2002年其所占比例急剧上升，从11%增加到18%，超过了1992—1997年的一倍。② 除了美国之外，政府回购服务在其他西方国家也有了不同程度的发展。如英国、新西兰、加拿大与澳大利亚乃至不少发展中国家。英国于1998年废除了强制性合同招标，其承包铁路轨道建设的公司在2000年夏破产后，这一铁轨建设于2003年部分被重新收回国有。澳大利亚与新西兰通过重新强调政府的领导与指导能力在很大程度上反映了对以前广泛外包的限制。2001年12月，私有化后12年的新西兰航空公司被重新收为国有。③ 加拿大的民营化也出现了逆向发展趋势，而且，回购服务出现的原因与美国完全一致。④ 韩国的铁路民营化及其所造成的一系列问题引起民众的强烈不满，继2009年11月全国铁路总工会举行罢工之后，2013年12月，韩国全国铁路工会再次举行长达近1个月的大罢工，反对铁路私有化。

在发展中国家，回购服务也开始出现。2005年12月18日，玻利维

---

① World Bank Privatization Database, 2005（http://rru.worldbank.org/privatization）. 详情可参见本书第二章。

② Amir Hefetz and Mildred E. Warner, "Privatization and Its Reverse: Explaining the Dynamics of the Government Contracting Process", *Journal of Public Administration Research and Theory*, Vol. 14, No. 2, 2004; Amir Hefetz and Mildred E. Warner, "Beyond the Market vs. Planning Dichotomy: Understanding Privatisation and its Reverse in US Cities", *Local Government Studies*, Vol. 33, No. 4, 2007.

③ ［德］魏伯乐等主编：《私有化的局限》，王小卫等译，上海三联书店2006年版，第154—157页。

④ Robert Hebdon and Patrice Jalette, "The Restructuring of Municipal Services: A Canada - United States Comparison", *Environment and Planning C: Government and Policy*, Vol. 26, 2008, pp. 144 - 158.

亚争取社会主义运动总统候选人埃沃·莫拉莱斯以超过半数的高得票率直接当选，之后宣布将实施一系列社会改革，彻底摒弃新自由主义和私有化经济政策，把天然气等能源工业企业收归国有。委内瑞拉也正积极在能源、电信和制造业领域推行国有化，先后将一批跨国公司拥有的企业重新收归国有。在我国，鉴于对民营化服务的种种问题，近年来导致公众对民营化的质疑乃至否定。① 如重庆市1998年启动的小型水利设施市场化改革，由于政府部门从自身利益出发，在市场化过程中把制度成本转嫁给承包方和农户，为社会不满情绪埋下根源；而农民实际需求和利益被忽视，而且缺乏适当机制和渠道进行表达，最后的结果就是矛盾的升级和上访、群体性事件的爆发，导致2006年重庆市大旱中酿成巨大损失。② 2007年，安徽合肥民营化公交的野蛮行车，5个月致11人死亡。③ 曾引发媒体和社会公众热议的郑州市金水区"城管外包"，于2011年5月12日寿终正寝，实行了一年多的这项"新政"，因金水区政府违法决策，将一些城市管理执法权承包给物业公司行使，利用物业公司"以暴制民、以违法制止违法"，直接导致一年连续发生6起物业公司人员粗暴不文明执法案件，被郑州市委、市政府正式叫停。④

而在广州，虽然从20世纪90年代以来，广州市的环卫服务体制经历了一个从政府专营到市场化的历程。但是近年来，在广州市环卫服务的市场化改革中却出现了一些新现象。某些街道将已经发包出去的环卫服务业务全部收回来自己管理，通过环卫站重新聘请工人，承继旧有的管理体制对工人进行管理。某些街道虽然没有把外包的环卫服务业务回收，但是另外聘请了一支临时性的环卫工人队伍，或者直接管理或者将这支队伍挂靠在保洁公司，但是街道拥有对这批临时性的环卫工人队伍直接的管理权，包括人事权及财政权。⑤

不仅如此，在拉美等发展中国家，还出现了因民营化服务提供价格提高，超出了低收入家庭的支付能力，公民反民营化运动不断高涨，最突出

---

① 周志忍：《认识市场化改革的新视角》，《中国行政管理》2009年第3期。

② 关于重庆市小型水利设施市场化改革的详情，可参见郑风田、董筱丹、温铁军《农村基础设施投资体制改革的"双重两难"》，《贵州社会科学》2010年第7期。

③ http：//ah. news. 163. com/07/0524/10/3F8J6QFI0057rt. html.

④ 参见《东方今报》2011年5月17日。

⑤ 详情参见黄锦荣、叶林《公共服务"逆向合同承包"的制度选择逻辑——以广州市环卫服务改革为例》，《公共行政评论》2011年第5期。

的是发生在玻利维亚科恰班巴的水暴动。① 而在墨西哥，则出现了“墨西哥困境”，“世界银行共识”推广之后，不但没有扭转原有基础设施的低效，反而带来了更大的问题，如社会力量无力承担高额建设管理费用，国家力量的撤除加速了资金链断裂，使基础设施建设停滞不前；水费急速增长超出农户的经济承受能力，出现了农户“用水贵、用水难”；水资源使用不平等问题更加突出，造成更大的贫富差距；用水者更加关注短期利益，对水资源进行掠夺性使用，而水资源的可持续性受到破坏等。②

只不过由于这些国家缺乏像美国 ICMA 这样的详尽调查数据，所以回购服务发展难以形成美国这么精确的数据。

三 金融危机对民营化发展可能产生的影响及发展趋势

由 2007 年美国次贷危机引发并迅速波及全球的金融危机堪称“百年一遇”。从危机发生的原因与各国纷纷采取的“国有化”救治危机药方均不难看出，它必将对世界民营化发展产生深远影响。

首先，金融危机导致人们对新自由主义政策与私有化的质疑和抵制空前高涨，进一步动摇了民营化的理论基础。

20 世纪 80 年代以来以撒切尔夫人和里根为首的、激进的私有化改革，本是为回应 20 世纪 40 年代以来（以罗斯福新政为代表）大政府逐渐变得臃肿和低效的改革诉求而进行的。但改革在打压政府对企业的监管、减少政府规制、无原则相信市场能力方面走得过远。③ 这一强大的改革浪潮，在激进的保守党人推波助澜下，打破了新政以来社会与市场互动的基本平衡。推崇私利为上，认为政府越小越好，市场万能，相信经济收益会自动流淌给贫困阶层。却忽略了亚当·斯密当年提出“看不见的手”的时代背景和对政府制衡市场重要前提的讨论，容忍收入贫富悬殊的扩大化，鼓励和追逐财富贪婪和巧取豪夺，从而导致公共伦理丧失，社会良心失声。

20 世纪 80 年代新自由主义，虽然成为西方主流经济思想，但人们对它的反对声却从未间断，主要原因在于新自由主义主导的民营化经济改革并不成功。近年来，新自由主义和私有化在全球范围遭到越来越强烈的反

① 详情参见 Benjamin Kohl, “Privatization Bolivian Style: A cautionary tale”, *International Journal of Urban and Regional Research*, Vol. 4, 2004, pp. 893 – 908。

② 参见郑风田、董筱丹、温铁军《农村基础设施投资体制改革的“双重两难”》，《贵州社会科学》2010 年第 7 期。

③ 蓝志勇：《公共政策的缺失与当前世界性经济危机》，《公共管理学报》2009 年第 1 期。

对，即使在西方发达国家也不得人心，倡导新自由主义的国际经济组织如国际货币基金，在美国和西欧开会时都经常引发社会民众的抗议浪潮，参加抗议示威游行的人经常高达数万甚至十多万人。① 新自由主义模式引起美、英之外的西方各发达国家，特别是欧洲诸国广大人民的反对和不满，遭到主要中、左翼政党的抵制。甚至某些右翼党派由于畏惧民众的反对和“大选不投赞成票”，也不得不将施政纲领同新自由主义拉开距离，或者竞相发表有别于新自由主义的声明。

私有化对财富、收入和政治权利的分配产生了不利影响，这种不利感觉是普遍的而且还在增长：据2001年对拉美17个国家进行的调查，有63%的人“对国有企业的私有化是有好处的”的说法表示反对或强烈反对，反对的比例比2000年（57%）或1998年（43%）大得多。2000年斯里兰卡超过60%的受访者反对将剩下的国有企业私有化。在转型国家一般不难找到同样程度的对私有化的普遍不满，尤其是在俄罗斯。②

全球性金融危机发生以来，新自由主义更是遭到空前抵制，以至于人们将导致这次金融危机的根源归因于新自由主义。③ 因为从经济实践来看，新自由主义不是减少了，而是增加了资本主义世界金融危机发生的频率，并且一次比一次有更大的杀伤力。以“短期主义”为特征的新自由主义推行极端私有化，鼓励所谓的金融创新和经济过度虚拟化，倡导利率汇率自由化，放松金融监管，实施向大资本所有者倾斜的经济金融政策。新自由主义既是危机发生核扩散的原因，又是阻挡危机救助的障碍。从这次金融危机中各国的救助措施可以看出，金融股权的国有化，打破了新自由主义对政府干预经济的指责，在一定意义上颠覆了新自由主义的教条。因此，2008年2月，世界体系理论的主要创始人沃勒斯坦（Immanuel Wallerstein）撰文指出，2008年将是“新自由主义全球化终结”的一年。④ 风险社会理论的重要创始人乌尔里希·贝克2010年在复旦大学演讲中明确指出：“我们从这场危机中必须学到的其他教训是与新自由主义

---

① 杨斌：《新自由主义与转轨国家私有化的教训》，《高校理论战线》2008年第10期。

② Nancy Birdsall and John Nellis, “Winner and Losers: Assessing the Distributional Impact of Privatization”, *World Development*, Vol. 31, No. 10, 2003, pp. 1617 – 1633.

③ 张宇、赵峰：《新自由主义政策：金融危机最深刻的根源》，《中国青年报》2008年12月1日。

④ Immanuel Wallerstein, “2008: The Demise of Neoliberal Globalization”, *Commentary*, No. 226, Feb. 1, 2008.

关系密切的自由放任的自由市场资本主义在全球风险社会时代没有任何位置。”①

其次，金融危机发生以来，为了应对危机，全球掀起“国有化”浪潮，导致世界民营化继续走低。

这次危机的严峻态势已经促使各国政府纷纷开始不遗余力地救市，而“国有化”就是一些国家开出的遏制经济灾难的“药方”。在美国，在这次金融危机中，许多中小银行破产，联邦存款保险公司（FDIC）还列出逾百家濒危银行予以密切监视并准备接管。② 2008 年 10 月 8 日，西方国家央行同时采取行动下调基准利率。除了继续向银行间市场注资以增加流动性，已有越来越多的国家将向商业银行注资作为救市主要手段：英国首相布朗宣布将提供 500 亿英镑直接用于购买包括阿比国民、巴克莱、渣打、苏格兰皇家等在内的 8 家银行的优先股；法国总理菲永 8 日在国民议会宣布，政府将以国家参股公司的形式来救援濒临破产的法国金融机构；意大利总理贝卢斯科尼也透露政府已批准一项紧急法案，将创建一只稳定基金，方便意大利本国银行在面临流动性问题时寻求援助；西班牙也表态将动用最多 500 亿欧元购买金融机构的资产。2008 年 10 月 15—16 日，欧盟首脑会议在布鲁塞尔举行。与会 27 国领导人一致同意欧元区 15 国峰会于 12 日通过的应对金融危机战略，并呼吁全面改革国际金融

① ［德］乌尔里希·贝克：《风险社会的“世界主义时刻”》，载《社会科学研究辑刊》，复旦大学出版社 2010 年版。“9·11”事件发生之后，贝克指出，“如果说切尔诺贝利事件将推进核能开发、提高核能效用的理念送入坟墓的话，那么‘9·11’恐怖主义袭击事件将公开表明应该对美化和标榜新自由主义的各种言论说再见了”。在《“9·11”事件后的全球风险社会》一文中，贝克将“9·11”事件的发生与美国崇尚新自由主义政策直接联系起来。他指出，美国是一个彻头彻尾的新自由主义国家，因此，不愿意在公共安全方面花费太大的代价。据说，美国人很早就已经知道美国本土已成为恐怖主义分子的袭击目标，但是，相对于欧洲而言，美国的航空安全问题在一定程度却成了私有化的航空公司自身的问题，并且还由此带来戏剧性的奇妙结局。美国一些私有化的航空公司中的相当不固定的非全日制工作人员的工资低于快餐店里打短工的工人，这就意味着在一些航空公司里打短工的人其工资每小时还不到 6 美元。那些经过航空公司短短几个小时的职业培训和见习的人却占据着这些极为重要的安全岗位，他们往往因为工资太低，工作不到 6 个月就已经辞职另谋高就，航空公司也不得不另觅新人，如此循环往复。他进一步指出，“在一个充满全球性风险的世界中，新自由主义的标记和特征将迅速失去其可信赖性，通过经济学取代国家和取代政治学的这一思维理念已经不再令人信服”，“‘9·11’恐怖主义袭击事件所带来的全球性影响已经十分清楚地说明，客观现实与新自由主义者的理论推导和主观愿望恰恰相反，这种资本主义的原教旨主义对市场魔力的信仰目前已经被证明是一种十分危险的幻想”。参见贝克《“9·11”事件后的全球风险社会》，《马克思主义与现实》2004 年第 2 期。

② F. X. Solutions, “A Brief History of the Financial Crisis”, *Weekly Forex Fundamentals*, 2008 – 09 – 22.

体系，欧盟层面的主要措施，是对濒临破产的银行实行国有化。第二天德国政府拿出5000亿欧元救市；英国宣布救市方案，将动用5000亿英镑救市；法国政府出资3600亿欧元①救市。2008年11月29日，日本政府决定暂时接管已经资不抵债的日本十大地区银行之一的足利银行（Ashikaga Bank），并向其注入至少1万亿日元公共资金，这是日本政府自5年前亚洲金融危机以后，第一次对银行采取国有化救援方案。② 阿根廷政府将全国私人退休基金收归国有，以应付金融海啸。当全球主要银行纷纷披上"国有化"铠甲的时候，被市场冷落了许久的政府再次走到人们的身边，市场信心稍稍安定下来，喧嚣一时的新自由主义陷入沉默。从金融危机的发生、发展和救助的过程看，新自由主义既是危机发生核扩散的原因，又是阻挡危机救助的障碍。这次金融危机无异于从实践层面给新自由主义一记响亮的耳光，这也给部分热衷于此的国家一次深刻的教训。可以说，当前金融危机宣告了新自由主义理论和实践的基本破产。③

在金融危机的打击下，在理论上，民营化的理论基础受到严重动摇；在实践中，世界各国纷纷推出"国有化"救市举措。在这样的大背景下，世界民营化将何去何从？

从目前形势看，做出任何结论都可能为时过早，但是，从30多年来世界民营化的发展趋势和这次金融危机对民营化的冲击力度看，可以肯定，在未来一定时期内，世界民营化的下降趋势将持续下去，而且下滑速度将进一步加快；同时，回购服务也可能在全世界范围内浮出水面，并将迎来一个发展高潮。不过，从长期发展趋势看，世界民营化并不会因为这次金融危机而发生根本性逆转，因为民营化也是通往制度创新和市场发展不可逆转的过程④，而对公共作用重新重视也并非要回到以前的直接政府垄断；相反，我们看到美国地方政府利用市场，但将市场结构的作用用于

---

① 参见《英国宣布新救市方案将动用5000亿英镑救市》（http：//finance. sina. com. cn/roll/20081010/08372455944. shtml）。

② 根据临时国有化方案，日本政府将接管足利银行母公司足利金融集团所有股份，在东京证交所上市的足利金融集团将被列入特殊处理之列。包括董事长在内的该银行董事会所有成员都将下台，取而代之的是政府任命的管理团队，这些管理团队将由日本金融厅指派，并接受外部专家的监督。

③ 严海波：《都是新自由主义惹的祸?》，《人民论坛》2008年第21期。

④ Bernardo Bortolotti and Domenico Siniscalco, *The Challenges of Privatization: A International Analysis*, Oxford University Press, 2004.

创造竞争、管理垄断和减少合同外包的交易费用。① 欧洲国家的民营化比例仍然很高。不少发展中国家的民营化还处于上升阶段。而且，在资本主义世界体系的整个历史中，市场自由主义（30 多年来主要表现为新自由主义）和国家干预主义一直交替出现。

可以肯定的是，民营化大师萨瓦斯所声称的“席卷世界的民营化滚滚洪流”② 即使不至于被截断，也会发生暂时性逆转；民营化的意识形态特性会进一步淡出，民营化一定会带来经济效率的迷信将被打破；政府管理者与民众对待民营化的态度会变得更加理性和务实，政府管理者在选择服务提供模式时，会根据服务成本、公平与公民满意度等多方面因素综合考虑在公私部门之间进行选择。公共提供、政府购买服务与回购服务、政府间合作、混合公私提供等多种可选择的公共服务提供方式同时并存，优势互补，将成为未来民营化发展方向。而不至于再将私营部门作为公共服务提供的首选。民营化将不再被视为政府治理的唯一工具或最有效的工具，而只不过是众多治理工具中的一种，而且并不一定总是有效的。

① Mildred E. Warner, “Reversing Privatization, Rebalancing Government Reform: Markets, Deliberation and Planning”, *Policy and Society*, Vol. 27, No. 2, 2008.

② ［美］E. S. 萨瓦斯：《民营化与公私部门的伙伴关系》，周志忍等译，中国人民大学出版社 2002 年版，第 338 页。

第八章　结论与启示

第一节　研究结论

1992年，奥斯本和盖布勒在其著名的《再造政府》一书中宣称，运用市场机制提供服务能节省成本和提高服务质量，并告诫政府管理者，政府的职能是“掌舵而非划桨”。该书出版至今已经20多年，西方公共服务的民营化更是走过了30多个年头，然而结果却显示，市场的作用并没有当初奥斯本和盖布勒等所预期得那么大。30多年来，西方国家虽然广泛运用包括购买服务在内的各种替代性服务提供方式，而政府的直接提供依然一直是占主导地位的公共服务提供方式，民营化的增长颇为有限。这一状况在美国尤其如此。经历了20世纪90年代的发展高峰之后，民营化总体上呈下降态势，政府回购服务成为民营化发展的一种新取向。

美国地方政府公共服务由政府提供到购买服务，再到回购服务的动态发展过程展示了民营化发展更为完整的图景，深刻反映了当代西方国家政府与市场关系的规律性运动，预示了公共服务民营化改革的发展趋势和未来走向。这一发展过程也为我们研究民营化问题提供了完整的图景。从政府购买服务到回购服务的发展表明了民营化的动态性与公共服务提供方式的混合性与多样性特征。

然而，目前的相关研究主要停留在对公共服务由公共部门向私营部门转移的民营化阶段，仅仅展示了服务市场动态决策过程和民营化研究的部分图景，即民营化的“前效应”问题。而本书着重关注的是民营化的“后效应”问题，即实施民营化之后，如果不能提高效率，或政府与民众对民营化服务不满意，将会怎么办的问题。从美国地方政府的民营化发展实践看，公共服务民营化失败之后，重要且常用的方案之一就是回购服务。回购服务问题是本书试图探讨的核心问题。通过对美国地方政府民营化的考察，着力论述了政府收回民营化服务的内在动因，影响民营化发展方向的因素，以及回购公共服务在美国率先出现的原因。通过对这些问题的系统研究，本书得出以下结论。

一　美国民营化服务增长有限，公共部门提供服务始终占主导地位

对美国民营化发展的考察可以看出，30 多年来民营化的增长非常有限，公共部门一直在公共服务供给中占主导地位。根据 ICMA 的长期跟踪性调查以及相关研究表明，从 1997 年美国地方政府民营化发展进一步发生逆转，政府回购服务的比例进一步上升，而完全外包速度明显下降，前者在所有服务提供方式中所占比例超过了后者的一倍。民营化在 1997 年达到顶峰后，公共部门提供和公私混合提供比例增加。① 最近的调查显示，2012 年，政府回购服务的比例虽然略有下降，但与政府购买服务的比例持平。总体上公共部门提供服务的比例仍然高于民营化服务提供。从全球范围来看，虽然各国民营化的发展道路并不完全一致，但总体而言，世界民营化发展趋势与美国基本一致。世界民营化的发展高峰期是 20 世纪 90 年代。20 世纪 90 年代中期为民营化发展的转折点，特别是 1990 年后期之后，世界民营化的发展速度普遍减速，甚至出现急剧下降态势。如今，20 世纪 90 年代大规模的民营化发展周期已经结束了。②

二　民营化的逆向发展逐步显现，回购服务成为公共服务提供的新取向

经历了 30 多年的民营化试验之后，如今，民营化的逆向发展开始成为一种世界性现象，政府回购公共服务成为民营化发展新趋势和公共服务提供新取向。从美国地方政府的数据看，20 世纪 90 年代后期以来，民营化的逆向发展变得越来越明显，以致成为堪与其他民营化方式并列的重要服务提供方式。③ 除美国之外，政府回购服务在其他西方国家也有了不同

---

① International City/County Management Association（ICMA），*Profile of Alternative Service Delivery Approaches*，*US Municipalities*. Washington D. C.，1997，2002；Mildred E. Warner and Amir Hefetz，“Managing Markets for Public Service：The Role of Mixed Public/Private Delivery of City Services”，*Public Administration Review*，Vol. 68，No. 1，2008，pp. 150 – 161.

② Bernardo Bortolotti and Domenico Siniscalco，*The Challenges of Privatization*：*A International Analysis*，Oxford University Press，2004；World Bank，*World Bank Privatization Database*，2005（http：//rru. worldbank. org/privatization）.

③ Amir Hefetz and Mildred E. Warner，“Privatization and Its Reverse：Explaining the Dynamics of the Government Contracting Process”，*Journal of Public Administration Research and Theory*，Vol. 14，No. 2，2004.

程度的发展。如英国、新西兰、加拿大与澳大利亚乃至不少发展中国家。2001 年 12 月，私有化后 12 年的新西兰航空公司被重新收为国有。① 英国于 1998 年废除了强制性合同招标，其承包铁路轨道建设的公司在 2000 年夏破产后，这一铁轨建设于 2003 年部分被重新收回国有。澳大利亚与新西兰通过重新强调政府的领导与指导能力在很大程度上反映了对以前广泛外包的限制。加拿大的民营化也出现了逆向发展趋势。在发展中国家，拉美、中国政府回购服务也大量出现。不过由于这些国家缺乏像美国 ICMA 这样的详尽调查数据，所以，政府回购服务的发展难以形成美国这么精确的数据。

三　多方面因素及其相互作用共同影响民营化发展方向

从政府购买服务到回购服务已经成为公共服务提供的新取向。美国地方政府民营化发展表明，如今，公共服务提供在公共与私营部门之间来回运动。主要依据 ICMA 1992—2002 年调查数据，主要从 1992—1997 年、1997—2002 年、2002—2007 年与 2007—2012 年四个时间段进行配对分析，同时参照其他相关资料与研究的分析发现，影响民营化运动方向（购买服务还是回购服务）的因素是多方面的，服务特性与辖区特征对民营化发展方向有着十分重要的影响。其他因素，如意识形态、惯性（以前所使用的模式）、民营化的提供商类型、服务外包方式以及公众态度等因素，均不同程度影响民营化方向的发展变化。而且，各因素的相互作用所产生的影响决定地方政府采取公共部门提供、购买服务，还是回购服务，而非各因素单独发挥作用。公共选择理论已经难以说明政府回购服务比例的增加与其他服务提供方式的选用或变化；地方政府公共服务提供方式的选择也只能部分地由交易费用来解释。经历了 30 多年的民营化试验之后，人们对民营化的态度变得更为理性与务实，意识形态变得越来越淡出。

更为重要的是，公民表达所起的作用变得越来越明显。越重视公民表达权的地区，新购买服务的比例就越小，回购服务的比例则越大。政府回购服务既是市场管理的一部分，同时也是对更多地关注公民表达的一种回应。政府首先需要重视的是确保公民协商和公共价值。这些结果证实了既注重市场又重视公民表达权的地方政府改革的新平衡模式的存在与发展，同时也表明协商型社会选择理论框架的日趋重要性。

---

① ［德］魏伯乐等主编：《私有化的局限》，王小卫等译，上海三联书店 2006 年版，第 154—157 页。

四　更加注重市场层面的混合服务提供，是导致回购服务率先在美国出现的重要原因

美国与其他国家相比，民营化之所以显示出一种更具动态性发展态势，政府回购服务的发展非常明显，成为美国民营化中的一大显著特征，一定是因为美国民营化发展过程中存在某种与其他国家不一样的特征，正是这种特征使美国民营化呈现出一条不同于其他国家的发展道路。通过比较美国与西班牙地方政府固体垃圾收集和供水的制度安排，我们的分析表明，西班牙运用混合组织形式具有更大的灵活性，能与地方政府服务提供支持民营化的总体环境保持一致。因此，运用更加灵活的组织形式也减少了私人提供发挥着重要作用的服务市场的不稳定。这可以解释存在于近年来美国和西班牙两国民营化发展中的重要差异：虽然回购服务在美国不断增长，而西班牙至今仍然尚未发生。因此，西班牙的数据表明，政府直接或间接地垄断公共服务提供为合同外包带来了比竞争性市场更为稳定的环境。

美国市政经理承担着市场管理者的角色。主要通过依靠竞争保证效率（如公共选择理论所主张的那样），他们失去了来自规模经济的收益，而西班牙城市则通过运用更为多样的组织形式（公共公司和混合公司）享用这种收益。削弱公共垄断的权力深植于美国民营化的核心理念，市场竞争则被视为万灵丹。然而，地方政府的实践经验证明市场管理途径的局限性，并有助于解释美国合同的不稳定性，以及民营化比重的下降。

五　从购买服务到回购服务是公共管理发展的必然趋势

同其他事物发展一样，公共服务民营化也是分阶段并具有多面性。民营化并非通往市场的单行道，当民营化发展到一定程度，尤其是走过了头之后，回购服务不可避免地会发生。政府购买服务是公共服务提供由公共部门向私营部门运动的过程，政府回购服务则是公共服务提供由私营部门返回到公共部门的过程，从购买服务到回购服务所反映的是当代西方市场化改革是一个包含了公共服务提供在公共与私营部门之间来回运动的、动态的完整过程。其更深层次所反映的是人们对政府与市场作用的重新认识。这种动态发展过程从另一个角度深刻表明了西方民主国家政府与市场作用规律性的运动：当代西方政府与市场一直处于一种此消彼长的发展状态。当代西方国家经历了一定时期的民营化（市场化）试验之后，民众和地方政府管理者开始走出对市场化的盲目推崇，对市场的态度变得更加理性与务实。在实施民营化服务之后，如果政府和公众对私营部门的提供和服务

不满意，政府就有可能收回服务，而重新由政府提供。而全球性金融危机或许会成为一大标志性事件——标志着人类盲目崇拜市场的历史将会过去。

从购买服务到回购服务的发展，也反映了在政府治理变革的道路上，美国地方政府已经走完了民营化道路的全过程；而在很多国家，尤其是发展中国家，还只走了前半截。

经历民营化之路的全过程之后，美国地方政府管理者和公众已经超越了对民营化的盲从和迷信。如今，美国地方政府管理者在选择服务提供模式时，他们会根据服务成本、公平与公民满意度等多方面因素综合考虑在公私部门之间进行选择，同时运用包括政府提供、购买服务与回购服务、政府间合作、混合公私提供等多种替代性公共服务提供方式。这表明，从购买服务到回购服务是民营化发展的必经之路和趋势，是民营化发展更为完整的图景，表明了民营化发展的动态性与公共服务提供方式的混合性及多样性特征。而很多民营化研究通常还看不到这一点，他们能看到的还只是公共服务由公共部门向私营部门方向运动的民营化过程，因而难以理解民营化实践发展过程中出现的一些新现象，如政府回购服务问题。

六　民营化不会随政府回购服务与金融危机的发生而发生根本性逆转

政府回购服务兴起与发展表明，世界开始走出对民营化的迷信和盲从阶段，表明人们对待民营化的态度变得更为理性与务实，也表明世界民营化发展的转型，代表了公共服务供给的新取向。2008 年以来的全球性金融危机也必将对世界民营化发展产生深远影响。在金融危机的冲击下，必将在全世界范围内掀起一股逆民营化的高潮，但从长远看，民营化作为一种反传统的治理工具，并不会随政府回购服务的发展而发生根本性逆转。但政府回购服务表明了对公共作用的重新重视和回归。虽然世界民营化发展速度总体上呈下降趋势，但美国地方政府民营化的缓慢增长以及欧洲国家较高比例的民营化水平表明，对公共作用的重新重视并非要回到过去的政府直接垄断，相反，我们看到的是美国地方政府利用市场，但将市场结构的作用用于创造竞争、管理垄断和减少合同外包的交易费用。[①] 欧洲国家的民营化比例仍然较高。不少发展中国家的民营化还处于上升阶段。而且，在资本主义世界体系整个历史中，市场自由主义（30 多年来主要表现为新自由主义）和国家干预主义一直交替出现。因此，如果因政府回

① Mildred E. Warner, "Reversing Privatization, Rebalancing Government Reform: Markets, Deliberation and Planning", *Policy and Society*, Vol. 27, No. 2, 2008.

购服务的发展而认为民营化失败甚至因此彻底否认市场化改革方向是另一种极端。因为民营化作为一种治理工具，在对竞争的提倡和打破政府垄断等方面具有积极意义，也是毋庸置疑的。

七 回购服务的兴起表明民营化研究应该突破计划与市场二分法的传统思维，并同时兼顾“前效应”与“后效应”问题

在全世界范围内不断发生的经济危机，尤其是2008年以来的全球性金融危机再次表明，市场并非万能的，传统民营化研究只看到了民营化的“前效应”问题很难适合民营化的实践发展需要。重视与探讨民营化的“后效应”问题——回购服务问题，不仅对民营化理论不可或缺，有助于全面理解民营化发展和拓展民营化研究领域，而在实践中，更是全面深入把握民营化发展规律，降低民营化风险至关重要的环节。

总之，美国地方政府市场化改革正经历从购买服务到回购服务的发展，回购服务已成为民营化发展的新取向。美国地方政府公共服务由公共提供到民营化，再到逆民营化的动态发展过程展示了民营化发展的完整图景，反映了当代西方民主国家政府与市场关系的规律性运动，预示公共服务民营化改革的发展趋势和未来走向。

第二节 借鉴与启示

一 美国民营化和回购服务对我们的启示

20世纪90年代以来，民营化被广泛应用于全球众多数国家的公共服务领域。民营化虽然并非如萨瓦斯所说的“席卷全球的滚滚洪流”，但作为一种治理工具，确实具有不可逆转的一面。但自2000年以来，民营化逆向发展的趋势越来越明显。如何根据各国国情，借鉴世界其他国家的经验，探索具有本国特色的公共管理改革之路是摆在世界各国领导者面前的重要课题。笔者认为，美国民营化的动态发展与政府回购服务的出现至少能带给我们如下启示。

（一）从购买服务到回购服务反映了民营化发展的动态发展，政府管理者应该根据服务成本和公民满意度等多方面因素综合考虑服务提供方式的选择

在西方国家，经历了30多年的民营化试验之后，如今，意识形态进

一步淡出，民众和政府管理者开始走出对民营化的盲从和迷信过程，对民营化的不足有了更多的认识，对待民营化的态度变得更加理性与务实。实施民营化服务之后，如果政府和公众对私营部门的提供和服务不满意，政府就有可能回购服务，而重新由政府自己提供。根据服务提供成本与公民满意度等综合因素考虑在公私部门之间选择服务提供方式，公共提供、购买服务与回购服务、政府间合作、混合公私提供等多种替代性公共服务提供方式同时并存，优势互补，将成为未来民营化发展的方向。

（二）民营化是众多治理工具中的一种并非最有效的治理工具

通过考察30多年来美国民营化发展之后，我们发现，在美国的公共服务提供中，由地方政府提供的公共服务比例一直在50%以上。为什么美国大部分公共服务并未外包呢？而且，政府回购服务的趋势逐步凸显？原因其实很简单，因为民营化只不过是地方政府采用的众多治理工具之一而已，而且并非最有效的治理工具。即使民营化服务提供能提高效率，其空间并非人们开始想象得那么大。加强内部管理和增进公民选择同样能改善服务提供质量，提高公民满意度。因此，在当前各国行政改革的过程中，不宜对民营化寄予过高的期望，不要以为通过民营化的方式就能提高效率，相反，增强服务意识，练好内功，加强政府管理创新，发展民主和扩大公众参与，才是提高行政效率的法宝。其实，2007年以来由美国次贷危机引发并迅速波及全球的金融危机已经宣告了民营化一定能带来经济效率的神话的彻底破灭。

（三）公共服务的市场化提供要求政府强化市场建设与管理，加强自身能力建设

民营化要求政府有能力管理市场，同时要求公民具有参与市场的能力。美国著名公共行政学者唐纳德·凯特尔在《权力共享：公共治理和私人市场》一书中指出，“如果解决政府各种问题的答案是依靠私人市场的话，那么，为什么政府扩大了同私营部门的伙伴关系，其问题却不仅没有得到解决，反而还不断增多？简言之，答案在于竞争处方并非魔法子弹。政府与私营部门的关系并非自我管理，而是需要强大而有能力的政府实施积极的管理”。[①] 民营化并非像那些提倡民营化的理论家所认为的那样，是国家作用的减少，而是国家角色向包括了更为直接的市场管理角色管理的转变。合同架构、定价和质量管制等都是政府用于使市场在公共产

---

① Donald Kettl, *Sharing Power*: *Public Governance and Private Market*, Washington D. C.: Brookings Institution, 1993, pp. 5 – 6.

品提供中更具效率的工具。政府需要作为参与者参与市场，涉及合同期限、申请提供私人服务类型、业绩标准、公共雇员的安全感等，应该充分权衡成本、收益、风险、质量、效率、社会稳定与安全等因素，以确保竞争、效率、服务质量与更加广泛的公共目标。① 民营化并不是让政府外包并撒手不管，政府职责非但没有减少，对政府的要求反而进一步增加了。罗马俱乐部报告《私有化的局限》通过对全世界私有化的考察，总结了私有化的四大经验教训，其中的两大经验强调了加强政府作用的重要性，分别为逐步形成有效治理，强有力的管制和监管制度；确保对监管体制的民主控制，并使政府能够在私有化遭到重大失败时撤销私有化。② 另外，如果想收回不满意或者不能带来效率的民营化服务，必须保持一定的内部提供能力，否则，服务外包之后，即使想收回，也会感到无能为力。③

（四）政府职能应既掌舵又划桨

自奥斯本和盖布勒的畅销书《政府再造》出版以来，政府的职能是掌舵而非划桨成为对世界各国政府产生深远影响的经典语录。而从该书出版 20 多年来的政府改革与民营化的实践发展看，政府只是掌舵远远不够，如合同外包就不能一包了之，政府必须坚持全过程监管和动态调整，政府购买服务的成功离不开政府在合同制定招标与遴选、绩效监督、风险防范与决策评估等每一个环节的工作。

（五）民主是一种政治选择，而非市场选择

民营化与再造政府改革存在的主要问题是混淆了公民与顾客概念。顾客需要的是选择、质量和低廉的价格，但公民需要的不仅仅是市场过程的匿名性。在一个民主社会，需要公民参与这些服务选择的设计过程。这已经超出了对效率的探讨，还包含了价值。很多地方政府改革者过快地推动公司化模式，而忽略了公民选举，在服务提供过程中失去了地方控制、地方就业和社区认同而让公民失望。哪怕是这些服务被合并或由私人提供会

---

① Mildred E. Warner and Amir Hefetz, "Managing Markets for Public Service: The Role of Mixed Public/private Delivery of City Services", *Public Administration Review*, Vol. 68, No. 1, 2008.

② ［德］魏伯乐等主编:《私有化的局限》，王小卫等译，上海三联书店 2006 年版，第 545 页。

③ 例如，美国政府一直依靠一家私人承包商在位于科罗拉多州的工厂生产核武器触爆器，该承包商在生产过程中产生了大量的放射性物质和污染废料。公众的疾呼迫使政府在私人承包之后又支付了十亿美元以上的清理费用。参见周志忍《认识市场化改革的新视角》，《中国行政管理》2009 年第 3 期。罗马俱乐部报告《私有化的局限》指出："本报告给出的答案是：政府应该完全保持对服务质量的界定和监管权。如果市民不满意的话，应该有权投诉，不仅是作为消费者个体，而且是作为积极的政治人。"参见［德］魏伯乐等主编《私有化的局限》，王小卫等译，上海三联书店 2006 年版，序言。

更加便宜，但公民还是会为拥有他们自己的消防部门、图书馆和警察机关而感到自豪。民主是一种选择——政治选择，而非市场选择。① 它必须反映公共价值。地方政府官员已经发现，公民十分在意其所在地方公共服务的质量，以及他们自身参与这些服务的决定。仅仅只是市场选择是不够的。政府回购服务作为另外一种可选择服务提供方式的出现与发展，在一定程度上反映了地方政府在建立公共物品市场中的作用以及在保障提供服务中质量和公民表达的重要回应。②

（六）政府回购服务并不意味着民营化作为一种治理工具地位的下降，更不意味着要回到直接政府垄断

地方政府服务的民营化试验在20世纪80年代和90年代不断增长，但经历了20世纪90年代的发展高峰之后，发展速度放慢，还开始出现这一趋势的逆向发展。英国和澳大利亚已经废除了强制性竞标，新西兰选举的新总理重视重建内部政府服务能力，美国地方政府管理者将回购服务作为规避民营化失败的重要手段和策略。反对民营化的呼声在第三世界国家更是此起彼伏。然而，需要注意的是，重新重视政府作用并非要回到政府直接垄断；相反，民营化服务提供在美国尤其在欧洲国家仍然占有很大比例。而在美国，地方政府利用市场，但将市场结构的作用用于创造竞争、管理垄断和减少购买服务的交易费用。不过，政府的作用并不只是限于市场管理，管理者也看到了公民参与在公共服务提供过程中的重要作用。③

二　美国民营化和回购服务对民营化研究者的启示

（一）突破计划与市场二分法，在一种包容市场与计划的框架中研究民营化问题

长期以来，在有关民营化与政府购买服务的争论中，公共选择理论一直占主导地位，很少有人关注政府购买服务的动态性和混合（公私部门）

① Mildred E. Warner, *Local Government Infrastructure—The False Promise of Privatization*, The Report of The Century Foundation New Series, Century Foundation, 2009.

② Mildred E. Warner and Amir Hefetz, "Pragmatism over Politics: Alternative Service Delivery in local Government, 1992 – 2002", *The Municipal Yearbook* 2004. Washington D. C.: International City County Management Association, 2004, pp. 8 – 16.

③ Mildred E. Warner, "Reversing Privatization, Rebalancing Government Reform: Markets, Deliberation and Planning", *Policy and Society*, Vol. 27, No. 2, 2008.

性特征。[①] 民营化一直被视为一种通向市场的单行道，绝大多数研究只看到政府向社会购买服务。然而，从政府购买服务到回购服务的发展过程表明民营化发展的动态性与公共服务提供方式的混合性及多样性特征。在实践中，公共管理者已经超越了市场或计划的二元对立，而支持一种能以公共参与补充市场优势的混合立场。

政府回购服务的兴起与发展既反映当代公共部门治理模式的转变，也说明现实环境中公共服务提供的复杂性和动态性以及地方政府管理者的实用主义。在这种复杂的现实环境中，为了在地方市场的约束条件下寻求效率和民声（公民表达）的平衡，地方政府管理者既从事民营化，向社会购买服务，同时又将失败的民营化服务收回。[②] 因此，作为研究者，要想更好地理解民营化过程，必须突破将民营化视为通往市场单行道的认识误区，同时重视购买服务与回购服务问题。

（二）兼顾民营化的“前效应”和“后效应”问题

在民营化实践发展中，服务提供方式的选择更具动态性，内部提供将来会转变为服务购买，服务购买又有可能变为政府内部提供。[③] 绝大多数研究者看不到这一动态过程，一直集中研究地方政府实施民营化的实施过程，大都围绕“为何民营化”与“如何民营化”等问题展开。这仅展示了服务市场动态决策过程和民营化研究的部分图景，即民营化“前效应”问题。但是，对民营化的“后效应”问题，即如果服务民营化之后不能获得效率，或民众对民营化服务不满意时，将会发生什么？是维持民营化服务吗？还是应该将服务收回？政府回购服务的内在动力又是什么？是哪些因素影响着民营化的发展方向？等等，却没有引起足够的重视。这些“后效应”问题显然都是民营化研究不可或缺的重要问题，但却仍然是“一个几乎完全被学术界忽略了的重要研究领域”[④]，这在我国民营化研究

---

① George A. Boyne, “Competitive Tendering In Local Government: A Review of Theory And Evidence”, *Public Administration*, 2002, 76 (4): 695 – 712; Amir Hefetz and Mildred E. Warner, “Beyond the Market vs. Planning Dichotomy: Understanding Privatisation and its Reverse in US Cities”, *Local Government Studies*, Vol. 33, No. 4, 2007.

② Amir Hefetz and Mildred E. Warner, “Privatization and Its Reverse: Explaining the Dynamics of the Government Contracting Process”, *Journal of Public Administration Research and Theory*, Vol. 14, No. 2, 2004.

③ Trevor L. Brown, Matthew Potoski and David M. Van Slyke, “Changing Modes of Service Delivery: How Past Choices Structure Future Choices”, *Environment and Planning C: Government and Policy*, Vol. 26, 2008.

④ Scott Lamothe, Meeyoung Lamothe and R. C. Feiock, “Examining Local Government Service Delivery Arrangements Over Time”, *Urban Affairs Review*, Vol. 44, No. 1, 2008.

中尤其明显。显然，如果这些问题得不到充分重视，不仅不利于推动民营化理论研究，而在实践中，更是难以跟上民营化发展的步伐，因而相关研究的实践意义也就难以凸显出来。

另外，政府回购服务的兴起与发展还反映了地方政府管理者往往同时运用公共和私营部门相结合的服务提供机制，并将每一种方式应用到更加适合的服务和不同环境。因此，对民营化研究者而言，应该关注对何时私人市场最能实现效率目标，何时公共提供更加合适的理解。①

① Mildred E. Warner and Robert Hebdon, "Local Government Restructuring: Privatization and Its Alternatives", *Journal of Policy Analysis and Management*, Vol. 20, No. 2, 2001.

第九章　中国政府购买服务的最新进展与未来展望

通过对美国地方政府民营化尤其是政府回购服务问题的考察，对民营化发展有了一个较为全面的认识，并提出全球公共管理改革已经进入后民营化时代的判断。新一届中国政府将政府向社会购买公共服务作为新时期全面深化改革的重要手段。本章在对我国政府购买服务与回购服务最新进展做出审视基础上，提出后民营化时代背景下我国政府购买服务的基本方略。

第一节　中国政府购买服务的历程

政府购买服务作为市场化改革的重要组成部分，伴随中国公共服务市场化改革的出现而得以发展，但作为地方政府对公共服务改革实践的探索，政府购买服务实践最先出现于 20 世纪 90 年代中期，比国家正式实施公共服务民营化改革政策还要早。总体而言，我国政府购房服务可分为如下两个阶段（见表 9 - 1）。

一　局部试点与缓进：公共服务市场化改革的有益探索

在我国地方政府改革实践探索中，政府购买服务比国家正式实施公共服务民营化改革政策要早。早在 20 世纪 90 年代中期，我国一些经济发达城市地方政府就已经开始启动向社会力量购买公共服务的尝试。直到 2013 年我国新一届政府正式提出将政府购买服务作为新阶段我国全面深化改革重要方式和手段之前，政府购买公共服务都还处于局部试点与探索阶段①，只是我国市场化改革的一种方式，主要是各地方政府在改革实践

① 贺巧知：《政府购买公共服务研究》，博士学位论文，财政部财政科学研究所，2014 年。本小节参照了该书的部分内容。

表 9－1　　中国政府公共服务的发展历程

<table>
<tr><th rowspan="2">阶段</th><th colspan="3">典型案例/事件</th></tr>
<tr><th>年份</th><th>地区</th><th>主要内容/事件</th></tr>
<tr><td rowspan="22">1994—2011年局部试点与缓进</td><td>1994</td><td>深圳罗湖区</td><td>尝试向社会购买环卫服务</td></tr>
<tr><td>1995</td><td>上海浦东新区</td><td>委托基督教青年会管理综合性的市民社区活动中心——罗山会馆</td></tr>
<tr><td>1999</td><td>深圳</td><td>环卫清扫工作外包</td></tr>
<tr><td>2000</td><td>上海市卢湾区</td><td>民政局购买“居家养老服务”和“入住养老服务”</td></tr>
<tr><td>2002</td><td>国家层面</td><td>原中华人民共和国建设部正式颁布《关于加快市政公用行业市场化进程的意见》</td></tr>
<tr><td>2003</td><td>南京市鼓楼区</td><td>政府购买服务、社会组织运作的居家养老服务网</td></tr>
<tr><td rowspan="2">2004</td><td>上海市</td><td>委托民办非企业单位开展社区矫正人员、“失学、失业、失管”社区青少年和药物滥用人员的相关社会服务工作</td></tr>
<tr><td>佛山市南海区</td><td>狮山镇政府向辖区内民营医院购买公共卫生服务</td></tr>
<tr><td rowspan="3">2005</td><td>国家层面</td><td>国务院扶贫办、江西省扶贫办、中国扶贫基金会和亚洲开发银行共同启动“非政府组织与政府合作实施村级扶贫规划试点”</td></tr>
<tr><td>无锡市</td><td>在市政设施养护、污水处理等十多项公共事业领域实行政府购买服务</td></tr>
<tr><td>宁波市海曙区</td><td>全区 65 个社区中推广政府购买养老服务模式</td></tr>
<tr><td rowspan="4">2007</td><td>广州市</td><td>在荔湾区、海珠区开始“居家养老”政府购买服务试点，政府通过与社会组织签订合约，建立起政府按需购买服务“政府购买、民间运作”的新模式</td></tr>
<tr><td>上海市</td><td>按照“政府主导推动、社团自主运作、社会多方参与”的总体思路开展向民间组织、社会团体购买公共服务</td></tr>
<tr><td>江西省</td><td>以公共卫生服务券及教育券的方式购买公共服务</td></tr>
<tr><td>深圳市</td><td>培育社会工作机构，购买社工服务试点</td></tr>
<tr><td rowspan="4">2009</td><td>国家层面</td><td>财政部批准国家彩票公益金向中国红十字基金会救助贫困家庭白血病儿童专项基金注资 5000 万元</td></tr>
<tr><td>广东省</td><td>将三大类 17 项职能通过授权、委托及其他方式转移给社会组织</td></tr>
<tr><td>天津市开发区</td><td>委托泰达公共服务中心依托社区提供政府公共服务和行使部分公共管理职能</td></tr>
<tr><td>成都市</td><td>发布指导意见，探索建立政府购买社会组织服务制度</td></tr>
</table>

续表

<table>
<tr><th rowspan="2">阶段</th><th colspan="3">典型案例/事件</th></tr>
<tr><th>年份</th><th>地区</th><th>主要内容/事件</th></tr>
<tr><td rowspan="3">1994—2011年局部试点与缓进</td><td rowspan="2">2010</td><td>北京市</td><td>将社会组织公益行动纳入民生服务领域，投入4277万元安排300项政府购买服务项目</td></tr>
<tr><td>杭州市</td><td>下发指导意见，向社会组织购买八大类服务</td></tr>
<tr><td>2011</td><td>北京市</td><td>社工委发布《2011年政府购买社会组织服务项目指南》</td></tr>
<tr><td rowspan="11">2012年至今，全面推广</td><td rowspan="2">2012</td><td>国家层面</td><td>3月发布《中央财政支持社会组织参与社会服务项目公告》，11月，民政部、财政部联合发布《关于政府购买社会工作服务的指导意见》</td></tr>
<tr><td>广东省</td><td>出台《广东省推进政府向社会组织购买服务工作暂行办法》和《省级政府向社会组织购买服务目录》</td></tr>
<tr><td rowspan="5">2013</td><td>北京市</td><td>计划安排8000万元市社会建设专项资金，向社会组织购买500个公共服务项目</td></tr>
<tr><td>国家层面</td><td>李克强总理于7月31日主持召开国务院常务会议，专门研究推进政府向社会力量购买公共服务</td></tr>
<tr><td>国家层面</td><td>9月，国务院印发了《关于政府向社会力量购买服务的指导意见》</td></tr>
<tr><td>上海、浙江、山东等</td><td>上海、浙江、山东等地方政府先后出台了政府向社会力量购买服务的实施意见和具体目录</td></tr>
<tr><td>国家层面</td><td>11月12日，《中共中央关于全面深化改革若干重大问题的决定》提出“积极稳妥从广度和深度上推进市场化改革”，“凡属事务性管理服务，原则上都要向社会购买”</td></tr>
<tr><td rowspan="2">2014</td><td>国家层面</td><td>11月，财政部、民政部联合发出《关于支持和规范社会组织承接政府购买服务的通知》</td></tr>
<tr><td>国家层面</td><td>12月，财政部、民政部、国家工商总局联合印发《政府购买服务管理办法（暂行）》</td></tr>
<tr><td rowspan="2">2015</td><td>国家层面</td><td>3月5日，李克强总理政府工作报告中指出，“提供基本公共服务尽量采用购买服务方式，第三方可提供的事务性管理服务交给市场或社会去办”</td></tr>
<tr><td>地方层面</td><td>各级地方政府先后全面出台了政府向社会力量购买服务的实施意见和具体目录</td></tr>
</table>

中的一些积极探索。

1994 年，深圳罗湖区率先开始在环卫服务提供上进行购买尝试。为了改善环卫服务质量，罗湖区政府开始引导环卫工人成立独立的环卫公司，政府向这些公司分片区购买环卫服务。这种尝试取得了较好的效果，相比原来的环卫服务方式，向环卫公司购买服务的方式不仅节省了财政资金，服务质量也得到了明显提高。之后，罗湖区将此经验运用到了其他领域，并逐步在深圳市得到更广泛的推广。

1995 年，上海浦东新区也开始探索公共服务的政社合作方式，最初的尝试是由浦东新区社会发展局委托基督教青年会管理浦东新区罗山市民会馆。该案例被视为最早的政府向非营利组织购买公共服务的探索。在其示范下，上海在养老服务、社区矫正、禁毒康复、扶贫救济等多个领域进行了政府向社会非营利组织购买服务的探索。

之后，北京、浙江、江苏、广东等地纷纷开始开展政府购买公共服务的探索。购买的形式更加多样，例如，有的是由企业成立非营利组织来承购政府的公共服务，有的是直接由居委会等非政府组织承接政府购买，有的项目直接由企业提供等。购买领域也得到了很大拓展。校车服务、公民教育、卫生环保、政策咨询、社区服务、公共卫生等领域的尝试更为广泛。

1999 年 4 月，财政部颁布《政府采购管理暂行办法》，首次对政府采购进行规范管理，其中明确将服务采购也纳入政府采购管理中。2003 年 1 月，《中华人民共和国政府采购法》（以下简称《政府采购法》）开始正式实施，服务依然是政府采购的重要内容之一。《政府采购法》指出，采购是指以合同方式有偿取得货物、工程和服务的行为。《政府采购法》为政府购买公共服务的规范管理提供了最基本的制度规范。虽然《政府采购法》最初所指的服务主要是维修和保养服务、租赁服务、信息技术服务等非公共性的服务，但是，公共服务没有被排除在采购框架之外。随着政府购买公共服务的发展，《政府采购法》也必然要对公共服务的购买进行约束。

我国国家层面比较规范的政府向非营利组织购买公共服务，是 2005 年 12 月启动的“非政府组织与政府合作实施村级扶贫规划试点项目”，该项目由国务院扶贫办、亚洲开发银行、江西省扶贫办和中国扶贫基金会共同合作推动。在亚洲开发银行支持和指导下，该项目通过规范的招投标程序进行购买公共服务，标志着我国购买公共服务的规范化运行。之后，各地的实践开始形成比较明确的政府与社会力量合作的模式和机制，政府购买公共服务走向规范化发展。

2007年，广州市在荔湾区、海珠区开始“居家养老”政府购买服务试点。政府通过与社会组织签订合约，建立起政府按需购买服务“政府购买、民间运作”的新模式。①上海市政府按照“政府主导推动、社团自主运作、社会多方参与”的总体思路开展向民间组织、社会团体购买公共服务，形成“项目制”“招标制”等多种运作形式。社会发展局、劳动和社会保障局等政府部门是购买公共服务尤其是社会服务型公共服务的主要部门，通过与民间组织签订购买服务的协议，向社会提供公共服务。从2005年起，宁波市海曙区在65个社区中推广政府购买养老服务模式，该项目由区政府将购买服务的开支列入年度财政预算，非营利组织负责项目运作，并整合和利用社会资源，积极推行个人购买服务、企业认购服务以及社会认养服务等，形成“政府扶持、非营利组织运作、社会参与”的机制。

在国家层面上，政府购买公共服务的相关要求首先出现在行业管理与发展或具体公共服务发展规划和意见之类文件中。例如2006年财政部、国家发改委、卫生部联合下发《关于城市社区卫生服务补助政策的意见》，对政府购买城市社区公共卫生服务开展试点；2007年《关于加快推进行业协会商会改革和发展的若干意见》，明确提出建立政府购买行业协会服务的制度，由政府支付所需费用，委托行业协会开展业务活动、提供服务，所需资金纳入预算管理等。但是，当时还没有对政府购买公共服务进行统一规范管理。

各省市、各地区除了针对具体公共服务提出了社会力量购买的意见，还开始对政府购买公共服务提出整体性的指导意见和管理办法。例如，2005年，上海浦东新区政府出台《浦东新区关于政府购买公共服务的实施意见（试行）》，无锡市委下发《关于政府购买公共服务的指导意见（试行）》；2006年，北京市出台《关于政府购买公共服务指导意见》，宁波市财政局印发《关于大力推进公共服务实行政府采购的工作意见》；2007年，山东省发布《政府购买城市社区公共卫生服务指导意见（试行）》；2008年，黑龙江省发布《黑龙江省开展政府购买社区公共卫生服务试点工作实施办法（试行）》，深圳市宝安区发布《推进政府购买公共服务改革工作方案的通知》；2009年，成都市发布《关于建立政府购买社会组织服务制度的意见（试行）》；2012年，广东省政府印发实施《政府

① 张丽君：《我国政府购买服务的现状分析及对策探讨》，《财政监督》2012年第18期。

向社会组织购买服务暂行办法》，并制定了政府购买公共服务目录等。

在一些政府购买公共服务开展得比较早、发展相对比较成熟的地方，针对公共服务购买出现的问题，开始探索公共服务购买的新模式。例如，北京市通过组团模式，寻求公共服务提供中各参与主体之间的更深入合作。2010 年 7 月，北京市民政局组织召开了“政府购买社会组织公益服务项目推介展示暨资源配置大会”，安排基金会与支持性组织参会，鼓励和引导基金会与支持性组织参与到政府购买的公共服务项目中，共同为社会组织提供资金、人力和物资支持。在各类社会组织、企业与政府之间形成了一个公共服务供给的组织模式，在政府的主导和协调下，社会组织之间组团合作，政府购买组团服务。2011 年 1 月，北京又启动“文化服务民生”民办文化场馆公益服务行动项目，政府购买 16 家民办文化场馆的公益服务，并建立一个支持性组织，为这些民办文化场馆的发展提供专业性指导等。

二　全面实施与推广

总体而言，政府购买服务作为中国市场化改革的重要组成部分，伴随中国公共服务市场化改革的发展而出现。2002 年，我国正式颁布《关于加快市政公用行业市场化进程的意见》（建城〔2002〕272 号）。随之很快兴起了民营化改革热潮。但我国的民营化改革并非人们想象得那么顺利。数年之后，“公共医疗卫生、基础教育等领域的市场化改革被视为一种失败”。① 而在全国各地广泛推行的公交民营化改革更是全面受挫。② 如今，我国不少城市正掀起一股市政公用行业重归“国有化”的浪潮。③ 或许是对上一轮民营化改革受挫的回应，我国新一届政府强调要积极稳妥地推动市场化改革。党的十八大强调，要加强和创新社会管理，改进政府提供公共服务方式。李克强总理于 2013 年 7 月 31 日主持召开国务院常务会议，专门研究推进政府向社会力量购买公共服务。2013 年 9 月，国务院印发《关于政府向社会力量购买服务的指导意见》，对政府向社会力量购买服务的各方面进行规范和要求。这是国家层面对政府购买公共服务全面规范管理的标志，也是国家全面推动政府购买公共服务的标志，意味着我国政府购买公共服务开始进入全面推开与创新的阶段。

---

① 周志忍：《认识市场化改革的新视角》，《中国行政管理》2009 年第 3 期。

② 黄小伟：《十年轮回重归公益——北京公交真的姓“公”了》，《南方周末》2007 年 10 月 18 日。

③ 李克诚：《市政公用“国有化”回潮》，《南风窗》2012 年第 21 期。

《关于政府向社会力量购买服务的指导意见》将政府购买的范围、对象等进一步明确和扩大，对全国推动开展政府向社会力量购买服务提出了指导性的意见，为改革明确了方向和路径。从此，我国政府购买公共服务开展走向全面推开。在中央层面推动下，各级政府也纷纷按照指导意见的要求，对本地之前制定的实施办法、范围等进行清理，并重新扩大购买范围、建立和完善有关管理办法等。

2013 年 11 月 12 日，中国共产党第十八届中央委员会第三次全体会议通过的《中共中央关于全面深化改革若干重大问题的决定》，首次强调市场在资源配置中起决定性作用，要求通过政府向社会购买公共服务的方式，“积极稳妥从广度和深度上推进市场化改革”，“凡属事务性管理服务，原则上都要向社会购买”。① 这是我国第一次在国家战略层面提出政府购买公共服务的改革任务。此后，国务院及各省市出台的《关于政府向社会力量购买服务的指导意见》均提出，政府购买服务关键要解决好“买什么”“谁来买”“向谁买”“怎么买”和“如何买得值”等问题。②

为加快转变政府职能，推广政府购买服务，激发社会组织活力，2014 年 11 月，财政部、民政部联合发出《关于支持和规范社会组织承接政府购买服务的通知》（以下简称《通知》）。不到一个月，财政部、民政部、国家工商总局又联合印发《政府购买服务管理办法（暂行）》（以下简称《办法》），自 2015 年 1 月 1 日起施行。这是继 2013 年 9 月国务院办公厅出台《关于政府向社会力量购买服务的指导意见》一年多之后，中央有关部门再次对政府购买服务密集发力，做出顶层设计。③ 李克强总理 2015 年政府工作报告中进一步指出，“提供基本公共服务尽量采用购买服务方式，第三方可提供的事务性管理服务交给市场或社会去办”。而为了实施国家政策，各级地方政府先后出台了政府向社会力量购买服务的指导意见和具体目录。

相对于第一阶段，这一阶段的政府购买服务是由自下而上的探索试点转向自上而下的整体性推进，政府购买服务已经成为国家全面深化改革的突破口和重要手段，上升为国家重要战略，成为新一届政府推出的重拳。

---

① 《中共中央关于全面深化改革若干重大问题的决定》，《人民日报》2013 年 11 月 16 日第 2 版。

② 详情可参见国务院办公厅《关于政府向社会力量购买服务的指导意见》（国办发〔2013〕96 号）及各省市出台的《关于政府向社会力量购买服务的实施意见》。

③ 王兴彬：《做好顶层设计，加大对社会组织承接政府购买服务支持力度——访民政部民间组织管理局负责人》，《中国社会组织》2015 年第 2 期。

第二节　中国地方政府回购服务的兴起

一　总体情况：中国版政府回购服务的出现

尽管从20世纪90年代中期开始，我国不少地方在实践中就已经开始在各领域尝试向社会购买公共服务等形式的市场化改革，但我国市政公用领域（供水、供暖、供气、公交等）的大规模市场化改革源于2003年。当时的建设部于2010年12月27日出台了《关于加快市政公用行业市场化进程的意见》（建城〔2002〕272号），提出鼓励社会资本、外资参与市政公用设施的建设与经营。2003年十六届三中全会通过的《关于完善社会主义市场经济体制若干问题的决定》，明确提出对城市公用事业进行深化改革的要求。此后，原来如星星之火的市场化改革，在这一国家政策的推动下，很快成为燎原之势，迅速在全国蔓延，以政府购买服务为主要形式的市场化改革成为各级地方政府改革与发展的时尚。

在此之前，市政公用行业的市场化尝试已经零星出现了，如前文所述，从1994年开始，各地方政府便开始探索向社会购买各类公共服务。以公交领域改革为例，早在1997年、1998年，为了摆脱当时的公交运营困境，南京在国内率先推行了公交改革：打破国有企业大一统局面，引进民资、外资等资本进入公交领域，先后组建了多家公交公司。不久，南京公交走出运营亏损的困境，迎来了“爆发式增长期”。南京公交改革在当时成为全国楷模，多地政府争先效仿。

经过十多年高速发展之后，近几年，由于高油价、人力成本上升等因素，公交行业重新进入亏损周期。已进军到公交领域的民营企业、外资企业“退出”意愿越来越强。同时，南京以迎接2014年青奥会为契机，宣称“公交优先”“回归公益”等，于2012年对进入公交领域的外资、民资的股份进行全面回购和托管。之后，南京11家公交运营企业被整合为3家，公交市场又重回“国资主导”模式。曾学习“香港市场化模式”的上海，在2010年世博会之前，也出台类似举措，政府斥资重金回购公交资产。

从最初的国资“大一统”，到后来的国资、民资、外资“三驾马车”逐鹿市场，再到如今的重回“政府怀抱”，国内多个城市的公交改革似乎都在沿着相同的路径迈进。杭州、重庆、深圳、大连、烟台、中山、惠州、乌鲁木齐、乐清、桐乡、哈尔滨、无锡等，很多城市都已进行了公交国有化整合，将之前转让的或其他方式进入的社会资本进行回购。到2012年，因问题太多而几乎全部被政府重新收回。

正是鉴于民营化服务出现的种种问题，导致公众对民营化的质疑乃至否定，使公共服务民营化机制，如城市公交特许经营、城管外包、医疗、环卫与供水服务等领域引起了大规模反复与回潮。除了公交领域之外，其他领域如自来水、供暖、医疗、环卫与城管等各种领域，均发生了政府回购服务。如辽宁凤城供暖服务的回购。2012年8月，媒体报道称，疑似"失踪"数月的凤城市委书记王国强其实是"擅自离境"外逃至美国。而其"外逃"的导火索，则源于其主政凤城期间曾主导了将国有供暖企业以"白菜价"卖给了一家外资企业。然而，这家外资企业接手之后并不争气，甚至春节期间也多次停止供暖，怨声载道的当地百姓纷纷向上级投诉、上访。后来，凤城市政府决定斥巨资对此前出售给外资的供暖企业进行回购。2011年郑州市金水区城管服务购买与回购，也产生了广泛影响。深圳市政府收回外包的梧桐山隧道，谈判就耗时14年。2011年，盐田港集团以5.5亿元收购隧道公司全部股权，梧桐山隧道有限公司变为国有企业。同时，市政府将出资2.5亿元，从盐田港集团手中收购梧桐山隧道的资产，梧桐山隧道有限公司变为管理维护单位。2011年3月30日，梧桐山隧道免费通行。

二　典型案例

（一）从购买到回购：广州环卫服务的"公""私"轮回①

20世纪90年代以来，广州市的环卫服务体制经历了一个从政府专营到市场化的历程。但是，2005年以来，在广州市环卫服务的市场化改革中却出现了一些值得关注的现象，其中之一就是回购服务。相当一部分街道在经过几轮的环卫服务合同外包之后，由于承包过程中的种种原因或者出于管理效率和行政成本等问题而停止了外包，改变了由承包公司提供环卫服务的方式，采取由街道所辖的市容环境卫生监督检查所（即环监所）直接招聘环卫工人，直接提供环卫服务；还有一些街道由于承包公司所提供的环卫服务无法满足上级政府各种临时性的、突击性的检查任务，在把部分保洁业务外包的同时，又依托环监所直接雇用一支环卫队伍来提供环

① 该案例材料主要来源于黄锦荣、叶林《公共服务"逆向合同承包"的制度选择逻辑——以广州市环卫服务改革为例》，《公共行政评论》2011年第5期。

卫服务，以回应和满足上级政府的政治性要求；另外，也有部分街道对于在承包期满之后是否继续推进环卫服务市场化改革采取止步观望或犹豫不决态度。广州市环卫服务的“公”“私”轮回，既具有一定的典型意义，又颇具中国特色。

广州市A区政府2002年开始下文要求各街道进行环卫服务市场化改革，为了响应上级政府的号召，JH街在2004年开始正式启动环卫服务市场化改革，到了2006年该街道已经换了三家公司，“都是各种问题，最后没办法合作下去就解除合同。有的是到期以后没有续约，所以就解除合同”。JH街的经济状况在A区的十条街道中是排名较后的，环卫经费缺口一直很大，承包经费不足的问题严重困扰着JH街的环卫服务外包，街道无法吸引到符合资质要求的规范的大型清洁公司，参与竞标的大多是一些规模较小、资质较差的私人清洁公司。

因经费不足，2006年的公开招标就出现“漏标”情况，“漏标”之后街道找到参与投标的其中一家公司临时承包环卫服务，只签了一年的合同。2007年合同到期的时候又重新招标，当年5月1日开始由另一家公司承包，承包期到2008年4月30日满。之后由于忙于应付“创建全国卫生文明城市”（以下简称创卫），没有时间完善标书以及举办公开招标活动，街道自身也有把环卫服务收回来的强烈愿望，所以就没有继续发包，回到了“管干一体”的模式。

用JH街环监所所长话来说，“这个承包公司其实是由3个人合股成立的、比较小型的公司，私人性质”。“本来到期后应该继续招标。这时就有很多种原因，其中一个原因是当时是创卫紧张时候，没有时间招标。因为办招标要花费很多的精力，因为我又想完善每一样东西，不要出漏洞，标书里面不要出现任何遗憾。想把每一样东西做得很细致，所以花费许多时间与精力”。除了承包经费不足的问题之外，承包公司的“内部综合素质与管理方法都不妥”，有些公司“连环卫的最基本要求作业的操作流程都不知道”，“对环卫的作业一点都不认识，还没涉及过这一行业”；有些公司“不熟悉街情街况地形地貌，作业水平非常低”。

因此，在最后一个承包期间（2007年5月1日到2008年4月30日）中，即大概2007年12月，JH街道环卫承包公司运营基本处于瘫痪状态，当时的情况是工人与公司严重对立，劳资纠纷异常尖锐，居民投诉不断，工人准备罢工。JH街道环监所一方面通过做环卫工人骨干思想工作，动员环卫工人留下来继续工作，重新组建环卫队伍，由环监所直接管理。另一方面筹备经费，购买环卫作业所需要的保洁车、扫把、翻铲、垃圾铲等，迅速为组织环卫服务提供做好各方面的准备。环监所还在详细考察地段、地形以及地貌基础上，对环卫作业的地段与岗位进行重新分配与调整。经过几个月的紧张筹备，环监所顺利地把环卫服务的提供重新接收回来，组建了一支111人的环卫工人队伍，划分了管理层次，并对管理层和作业层的职责进行重新界定，JH街道的环卫服务工作得以重新恢复，回归市场化改革前的科层制供给模式。

（二）上海公交服务的购买与回购

上海市公交服务至今经历了三轮较大的治理变迁过程，意味着公交服务各主体的控制权重新配置。前两轮改革中控制权配置逐渐由政府转向市场，即主要是政府向社会购买服务。第三轮改革则主要通过政府回购服务的方式，使控制权配置重新回到政府手中。①

第一阶段，1996年第一轮改革：公交服务购买。上海公交企业在1987年时就出现了亏损，而且“乘车难”矛盾依然突出，为从根本上解决这些问题，1995年12月，上海公交实施改革，撤销了公交总公司，将其下辖的13家公司营运企业全部成为独立法人。上海公交从国有独资、独家经营转向了多元投资、多家经营的局面。这种市场化改革基本解决了“乘车难”的问题，因为引入市场竞争机制后，各企业收入得到提高，从而促使各企业开辟新线、调整线网，推进了上海公交的快速发展。政府通过公交服务购买，政府的控制权逐渐转让给公交企业。

第二阶段，2003年第二轮改革：线路特许经营。2002年，我国正式颁布《关于加快市政公用行业市场化进程的意见》。2003年十六届三中全会通过的《关于完善社会主义市场经济体制若干问题的决定》，明确提出了对城市公用事业进行深化改革的要求。这为我国正式开启市场化改革提供了政策依据，为此，上海市公交服务在2003年开始新一轮改革。主要特点是在产权结构上，从单一的国有产权向产权多元化转变。截至2007年年底，上海公交行业各类运营企业有43家，其中国有资本控股的主要有8家，占55%的市场份额；社会资本控股33家，占35%左右的市场份额；外资控股2家，约占10%的市场份额。2004年3月建设部出台《市

① 该部分内容主要参见了王欢明、吴光东、诸大建《基于合作治理的公交服务控制权配置及其对效益的影响：以上海市公交服务为例》，《管理工程学报》2014年第4期；张艳《上海推进新一轮公交改革》，《文汇报》2001年9月15日第1版；何连弟《上海公交全面启动新一轮改革：回归公益为先国有主导》，《文汇报》2009年3月29日第1版；包俊君《重回国有，上海稳步推进公交体制改革》，《人民公交》2010年第5期；陈毅影《上海公交深化改革取得显著成效》，《交通与运输》2012年第5期。

政公用事业特许经营管理办法》。在此背景下，2005 年 5 月上海市出台《上海市公共汽车和电车客运线路经营权管理规定》，要求市交通局或区县交通行政管理部门通过公开招投标或邀请招标方式授予中标经营者线路经营权。上海最多时曾有 172 家公交企业，其中民营公交超过 150 家。但通过招标获得经营权的企业，始终是以增加利润为目的，由于政府部门与公交企业之间存在非完全信息条件下的委托代理问题，政府部门没能很好地监管公交企业，政府与公交企业之间的控制权配置不合理，导致公交服务的公益性受到影响，因而自 2009 年开始，社会资本逐渐被国有资本所替代，拉开新一轮改革的序幕。

第三阶段，2009 年第三轮改革：上海市政府回购公交服务。改革后由于无序竞争引来了中心区线网密度较高，出现客流较为集中的部分路段资源分散、运能浪费，而市区边缘线网密度稀疏，部分区域公交线路配套滞后等情况。而且，因涉及企业经营利益等问题，线路调整困难重重。加上受油价上涨、人工成本提高、轨道交通大幅扩容以及优惠乘车等影响，不少公交公司的经营也面临较大的压力。

正是在这样的背景下，上海市开启公交服务的第三轮改革。新一轮改革的目的，主要解决公交服务的效率和公益性问题，既要降低成本，提高公交服务效率，又要体现公交服务的公益性特征，比如低票价、开辟人口稀少地区的线路等。作为公交服务的主管部门，上海市交通运输和港口管理局制定了《进一步深化本市公交改革的方案》，主要内容为国有资本主导公交企业发展，即本次公交改革将逐步实现骨干企业国有控股，国有资本将进一步在公交投资、建设和营运管理中的主导和支撑作用。实现浦西、浦东、郊区“一区一骨干”的相对区域规模经营，将公交企业的数量控制在 20 家左右。截至 2011 年 12 月，全市共有线路经营权资质的独立核算公交企业 32 家，其中国有企业数量占 70%，国有企业运营线路数占 90%，基本奠定了国有资本在整个公交运行体系中的基础地位，形成了保障公益性要求的产权制度。通过这一轮，上海市逐渐实现了政府对公交服务的回购，重新掌握了之前让渡给公交企业的控制权份额。

2014 年 4 月 1 日，曾是上海民营公交企业代表的汇华巴士（以下简称汇华）一年多后宣布退市，旗下所有公交线路全部由巴士集团接手。汇华退出后，市区绝大多数公交线路均由巴士和浦东公交两大国营公交集团掌握，仅在部分郊区还活跃着部分民营公交企业。上海民营公交在市场上已仅处于“点缀”作用。据统计，上海现有公交企业 34 家，去掉张江有轨电车和春秋旅游这两个“非典型”公交企业，再去掉汇华，剩余 31

家公交企业中国有企业约 20 家、民营企业约 10 家。全市 80% 以上的公交线路由两大国营公交集团运营，多数民企旗下仅 1—2 条线路，且大部分位于青浦、奉贤等郊区，仅“上服”和“盛发”两家企业有线路延伸至内环以内。①

（三）播下龙种收获跳蚤：郑州金水区城管服务的购买与回购

城管本身就颇具争议，城管外包更是如此。曾引发媒体和社会公众热议的郑州市金水区城管外包，于 2012 年 5 月 12 日寿终正寝。实行了一年多的这项“新政”，2012 年 5 月已被郑州市委、市政府正式叫停，尴尬谢幕。初衷是探索建立高效的城市管理工作机制，但实际效果完全走样的金水区城管外包，被郑州市领导批为“以暴制民、以违法制止违法”。

在此“新政”之前，“收费咪表”在郑州也曾因涉嫌违法遭遇叫停。一些业内人士认为，“城管外包”、“收费咪表”都是在探索社会管理创新，出发点良好。但播下“龙种”收获“跳蚤”，却发人深省。金水区城管服务从服务购买到回购，经历了如下几个阶段②：

第一阶段，率先试点。因人力不足等因素，2009 年，郑州市金水区考试考虑将城管业务外包给物业公司管理，以弥补城市管理的时间空隙和人力不足，探索建立解决城市管理的长效机制。金水区的城管外包始于 2009 年 10 月，由金水区花园路办事处率先推出，主要内容是把原来由政府负责的市容维护和保洁业务外包给了物业公司，政府对物业公司进行考核。

2009 年 10 月 16 日开始，郑州市金水区花园路街道办事处与两家物业公司正式交接，该办事处辖区内的市政道路清扫保洁、市容环境维护等城市管理工作将由两家物业接管，这被称为“城管外包”，也就是政府花钱买服务的城市管理模式。

为尽可能地降低风险，花园路街道办将辖区分成两个标段，经公开招标，有 8 家公司报名，最终由郑州市金顺物业和河南六合物业两个公司中标。此次城市管理市场化运作，包括道路清扫保洁、市容维护、公共外环境“四害”消杀三部分，具体承包内容包括道路清扫保洁及路面污染清

① 王赤风、通讯员、叶松亭：《“汇华”倒下追思上海民营公交》，《中国交通报》2014 年 4 月 17 日第 3 版。

② 本案例主要参见奚春山《播下龙种收获跳蚤郑州金水区“城管外包”寿终正寝》，《东方早报》2011 年 5 月 17 日；孔力《郑州“城管外包”尴尬收场》，《民主与法制》2011 年第 12 期；《郑州正式叫停“城管业务外包”》，《京华时报》2011 年 5 月 14 日；韩俊杰、张玉甫《城管执法外包“以暴制民”被叫停》，《中国青年报》2011 年 5 月 23 日。

理；维护道路等市政设施，制止占压、损害行为；管理机动车辆停放；劝导流乞人员；治理沿街立面的乱涂、乱画、乱贴、乱挂等行为；维护沿街绿化带、游园花草树木和绿化设施，制止占压和损坏行为等九项。

城管服务外包后，政府每年承担市场化运作经费 480 万元，包括固定经费和考评费两部分。固定经费按月划拨，考评费相当奖金。由花园路街道办对中标企业进行考核，根据考核结果划拨考评费，并及时反馈发现的问题。继花园路街道办率先试水后，城管外包很快在金水区推开，各街道办事处纷纷效仿。

第二阶段，遭遇尴尬。之前，花园路街道辖区的市容维护由街道办的执法中队承担，清扫保洁则由市政局下属的公司负责。花园路街道办执法人员不足 20 人，城管科有十多人，全部人员两班倒也显得捉襟见肘。通常是执法人员刚走，小摊贩就开始活动，执法人员只能对市容管理难点、乱点死盯硬守。业务外包之后，两家中标物业公司一共 374 名员工，其中 277 名保洁员，97 名巡查员负责市容维护。

但执法尴尬随之出现。一日上午，郑州市经八路与纬一路交叉口西南角的人行道上，十多名身穿“市容维护”制服或便装的物业公司员工“包围”了一个占道经营的水果摊，欲将其清理走。但摊主夫妇认为物业公司员工没有执法权和处罚权，坚持不走。双方一直对峙到晚上 9 时许，直到民警赶到现场，才最终散去。

第三阶段，暴力风波。与执法权的尴尬相比，城管外包过程中不断爆发的执法冲突乃至暴力执法，引发了社会公众更大的不满和质疑。

2010 年 4 月 24 日，外来人员齐文勋在金水区庙李镇西史赵村卖红薯。晚上 6 时多，受库存庙李镇政府委托承担城管外包任务的大连豪雅市容整治与美化工程有限公司派出员工到现场“执法”，他们二话不说，拿起齐老汉的红薯就扔。齐老汉质问时，又猛击老人的面部、耳部，引发围观群众的强烈不满，最终酿成恶性事件。

之后，金水区花园路街道办、东风路街道办、未来路街道办、南阳新村街道办辖区陆续发生类似事件，并被媒体曝光。其中影响最为恶劣的当数殴打“卖菜老农”事件。

2010 年 11 月 9 日，中牟县 70 多岁农民张会全、陈桂香老两口，赶着毛驴车来郑州卖菜。行至建业菜市场南门附近时，受托“执法”的郑州市众邦物业服务有限公司的一名员工上前呵斥，并乱摔车上的红薯和胡萝卜。张会全阻止时，遭到对方野蛮殴打。

“卖菜老农”被打后，中央电视台“今日说法”节目等多家媒体对其予以曝光。涉事的物业公司通过媒体向两位老人道歉；金水区城市管理执法局、未来路街道办事处的相关官员受到停职处分，并接受市、区两级纪检监察部门的进一步调查。郑州市法制局的统计表明，2010 年这一年，连续发生了六起物业公司人员违法粗暴不文明“执法”案件，受委托物业公司员工与群众发生多起冲突。

第四阶段，正式叫停。城管业务外包从诞生之日时，就已经存在争议。而随着暴力“执法”等现象的频发，以及被各大媒体尤其是中央电视台“今日说法”节目的曝光，城管外包的弊端也引起了郑州市主政者重视。市政府相关官员指出：按照属地管理原则，将城市管理权限下放到各区后，不能简单地将管理任务分解到街道办事处。严禁各区将执法管理权委托承包给物业管理服务公司，严禁聘用的协管员从事或变相从事行政执法工作。

2011 年 5 月 12 日下午，在郑州市举行的文明执法誓师大会上，市政府法制办自曝“家丑”，向媒体通报了 2010 年度的 20 个违法执法案例，金水区试行的“城管外包”位列其中，并被正式叫停。其主要原因包括金水区开展城市管理市场化运作，涉及城管执法委托不当，引发多起重大行政执法违法案件。问题主要有将行政执法权违法承包给物业公司；法定执法主体不作为，造成行政执法缺位；严重违反国务院《全面推进依法行政实施纲要》依法行政的基本要求；利用物业公司“以暴制民”“以违法制止违法”。

第三节　未来展望

党的十八大以来，党和国家将推进市场化改革提到了前所未有的高度，同时将政府购买公共服务作为我国全面深化改革的一项关键性举措加以推出。然而，在较早实施市场化改革的欧美国家，经历了 20 世纪八九十年代的发展高峰后，至 20 世纪末，公共服务民营化发展已经开始呈下降态势，其中不少国家还出现了民营化的逆向发展趋势。政府开始将一些不成功的外包服务收回，重新由政府自己生产或提供。而在国际金融危机冲击下，这种趋势进一步明显。近年来，以政府回购公共服务为主要形式的逆民营化成为民营化发展的新取向，成为风险重重的合同交易中市场管理的一种关键性工具。

这实际上是欧美国家对 30 多年来民营化改革进行理性反思的结果。

20世纪七八十年代以来，虽然民营化以锐不可当之势席卷全球，但伴随着各种问题的不断出现，人们开始追问民营化倡导者所做的承诺——政府购买服务能节省成本、提高效率和改进服务质量到底能不能实现？民营化究竟有没有使人民的生活变得更加美好？对这些问题的追问，使市场化改革相对成熟的欧美发达国家进入民营化反思阶段。通过对民营化的反思，人们开始重新审视市场的作用和政府功能。这意味着，较早实施民营化改革的欧美国家已经步入后民营化时代。该阶段重要特征是，欧美各国开始摆脱市场化意识形态的影响和对市场的顶礼膜拜，在公共服务供给上变得更加理性和务实；在对公共服务领域市场化作用进行反思的同时，开始回归公民权利，重新强调政府责任。其重要表现是，政府购买服务的式微与政府回购服务的兴起。政府回购服务已成为公共服务提供的常态与政府规避市场化改革风险的重要工具。

尽管后民营化时代已然来临，但这并不否定公共服务市场化改革方向。在市场化改革严重不足的我国，尤其需要利用政府购买公共服务等市场化机制推动和深化改革。在后民营化时代大背景下，认真总结他国及我国上一轮市场化改革的经验与教训，有效开展政府购买公共服务工作，成为新时期我国政府购买服务战略顺利实施的前提条件。近年来，欧美国家在公共服务提供方式的选择上是采用购买服务还是回购服务，已经摆脱了20世纪八九十年代激情过度的“信念结构”的影响，更多建立在“经验知识”的基础之上①，务实而理性地选择购买服务和回购服务。

（一）政府购买服务是手段而非目的

政府购买服务等市场化改革在很大程度上是针对政府效率不高，通过社会参与打破政府对公共产品与服务提供的垄断，解决传统公共管理模式的傲慢、低效、缺乏回应性等弊端。回购服务的兴起则是对公民需求的回应和回归。因而二者的出现都是为了给公众提供更好的服务，通过培育社会力量和提高政府自身的服务意识和能力而实现更为美好的社会。萨瓦斯指出：“民营化不仅是一个管理工具，更是一个社会治理的基本战略。”②

---

① 霍奇在《民营化绩效的国际审视》一书中指出，民营化的“信念结构”和“经验知识”之间存在显著差异：“信念结构”主要由私营部门的绩效优势、竞争优势的理论、民营化所期望的目标等组成，具有单一倾向性；而“经验知识”证明民营化改革有得有失、利弊共存，呈现出多样化和复杂性。正因为如此，需要在对民营化的“信念结构”和“经验知识”进行明确区分的基础上对民营化的效果进行审视。参见 Graeme A. Hodge, *Privatization: An International Review of Performance*, 2000。

② ［美］E. S. 萨瓦斯：《民营化与公私部门的伙伴关系》，周志忍等译，中国人民大学出版社2002年版，第350页。

这种战略，即通过对企业与第三部门等社会力量的培养，让这些力量与政府一道参与公共产品与服务的提供，从而实现弱化政府权力而打破政府对公共服务的垄断。正因为如此，民营化“根植于这样一些基本的哲学或社会信念，即政府自身和政府在自由健康社会中相对于其他社会组织的适当角色。民营化是一种手段而不是目的；目的是更好的政府，更美好的社会”。① 这才是政府购买服务等市场化手段的精髓。在我国新一轮市场化改革中，唯有深入把握公共服务市场化手段的这一精髓，改变传统的统治理念，彻底打破官僚主义作风，树立牢牢的服务意识，通过政府购买服务达到全面深化市场化改革的目的才可能实现。

（二）既要克服对市场化改革热情过度而理性不足的缺陷，又要警惕借后民营化之名阻止改革

欧美经验已经证明，政府购买公共服务并非改善政府绩效的万灵丹。因此不能热情过度而理性不足。当时英国政府曾为了使煤气领域在短期内实现民营化，不惜牺牲广大消费者的长期利益而满足少数对民营化进展有特殊影响的利益集团的利益，造成了严重后果。② 欧美国家政府回购服务的兴起，在很大程度上已表明，其政府已经走出了对市场神话的过度膜拜。民营化大师萨瓦斯也承认，造成民营化服务与内部提供差异的实质不是公营还是私营，而是垄断与竞争。③ 因此，新一轮改革将政府购买服务作为一项重要举措，并不在于其本身能改善政府绩效，更关键的是政府购买服务所倡导的对政府垄断的扬弃和对竞争的崇尚。打破以前政府在提供服务中的绝对垄断地位，培育社会与市场，让更多的社会力量有机会参与公共服务的提供，才是最重要的。另外，需要警惕借后民营化时代之名阻止改革。孙立平等的最新研究表明，与欧美发达国家相比，目前我国的市场化改革面对的是一个完全不同于当时欧美国家的环境，除了以前我国政府的总体性权力问题在上一轮改革中并没有真正解决之外，中国改革环境又出现了一种新的变化——最近十多年来，相对于20世纪80年代至90年代初而言，中国的政商关系已经发生了重要变化，出现了权力集团日益自信的时代。这一时代对政府购买服务的直接影响就是大量原本应该外包的政府服务，如今由这些权力集团垄断了，从而导致我国市场活力的严重

---

① 参见［美］E. S. 萨瓦斯《民营化与公私部门的伙伴关系》，周志忍等译，中国人民大学出版社2002年版，第350页。

② 王俊豪：《英国政府管制体制改革研究》，上海三联书店1998年版，第193页。

③ ［美］E. S. 萨瓦斯：《民营化与公私部门的伙伴关系》，周志忍等译，中国人民大学出版社2002年版，第81页。

不足。① 我国在后民营化时代启动新一轮市场化改革，可能为权力集团找到一个阻止实施政府购买服务的很好理由。因此，有必要对此保持高度警觉。从这种意义上说，我国在实施政府购买服务政策的过程中，尽管需要防右，但更需要防“左”。

（三）牢牢把握公共服务公共性本质，谨防私人资本对公共服务公共性的侵害，确保基本公共服务均等化供给

公共性和公益性是公共服务的本质属性。研究表明，欧美国家实施市场化改革以来，公共管理在目标、结构、功能、规范等方面的商业化转变严重挑战和侵蚀了公共服务的公共性与公益性，主要表现为公私差别的模糊，服务对象范围缩小，公共责任意涵的弱化，公共部门作用的淡化，以及公众信任度的降低。② 因此，在我国公共服务供给不均衡现象已经十分严重的当前，“如何在不损及社会公平的情况下，又能改善并提高资源使用的效率，乃是政府在实行民营化政策时，应深思熟虑的问题”。③ 以政府购买服务深化改革的根本目的在于通过更多的社会力量参与公共服务提供，为公众提供更多更好的服务。但必须对私人资本逐利性保持足够警惕，需要结合我国已经实施的基本公共服务均等化战略，明确划定政府购买服务的范围和方向，严格规定购买什么服务，哪些能买，哪些不能买。做到通过政府购买服务促进基本公共服务均等化提供，而不是相反。从而避免欧美国家市场化改革对公共服务公益性和公共性的侵蚀。

（四）通过购买服务和回购服务相结合方式刺激有利于社会效益的市场反应，防止对传统公共管理模式的迷恋和对市场的过度迷信

购买服务和回购服务均为当代公共管理者必须具备的管理工具。④ 后民营化时代要求，在重视政府购买服务的同时，需要关注政府回购服务，既要提高购买服务的能力，也要做好回购服务的准备。政府购买服务与回购服务机往往会同时发生的。在已经进入后民营化时代的国际大背景下，回购服务已成为政府购买服务的一个重要环节。在公共服务市场化改革的

---

① 参见孙立平《实现从反腐败到破权贵除恶政的转变》，2014 年 8 月 31 日，http：//sun - liping. blog. sohu. com/305288877. html。

② M. Shamsul Haque，“The Diminishing Publicness of Public Service under the Current Mode of Governance”，*Public Management Review*，Vol. 61，No. 1，2001.

③ 黄玉婷：《公平与效率之政策论证：以台汽民营化过程中释放偏远服务路线为个案探讨》，硕士学位论文，东海大学，2001 年。

④ Milded. E. Warner，Amir Hefetz，“Insourcing and Outsourcing：The Dynamics of Privatization Among U. S. Municipalities 2002 - 2007”，*Journal of Amenican planning Associcton*，Vol. 78，No. 3，2012.

过程中，理性的做法是政府一方面向社会购买服务，另一方面又可能将失败或公众不满意的市场化服务收回。但是，服务外包之后，回购服务并非易事，成本非常高昂。① 因此，市场化改革既要求政府掌握购买服务的方法与技能，同时需要掌握回购服务的策略与方法。即政府不仅要知道在购买服务中买什么、怎么买，同时也要做好准备并保持服务提供与供给能力，服务外包之后，如果失败了，或公众对政府购买服务不满意，要有能力和知道该怎么买回来。同时，还需要在公共服务提供这一动态过程中，通过购买服务和回购服务相结合方式刺激有利于社会效益的市场反应，既防止对市场过度迷信，又防止对改革的敷衍塞责。同时在重要领域保持一定比例的政府提供服务，以免丧失服务提供能力和回购服务能力。唯有如此，才可能为市场化改革建立安全阀，减少市场化改革的风险。

（五）防止政府购买服务过程中资本与权力结合，确保政府在公共服务提供中的主导地位和主动权

欧美国家市场化改革实践表明，民营化过程中企业俘获政府，使之成为企业利益代言人，从而成为导致民营化失败的重要因素。规制经济学政府俘获理论对此已经做充分论证。相关研究也显示，一旦产业集团通过政府俘获获得高额稳定利润，就会和政府官员结成利益共同体，即资本和权力结合而变成权力资本。这将导致国家在政府俘获陷阱中形成路径依赖，使得任何试图改变这种状况的努力都会遭到官商同盟顽强抵抗和阻挠。② 显然，这一问题需要引起高度重视。要求实施政府购买服务的过程中，加强政府俘获问题的研究和解决，尤其需要通过制度化建设，预防政府购买服务过程中企业对政府的俘获，以保持政府在公共服务提供中的主导地位，切实维护公共服务的公共性和公益性。

（六）加强制度设计和法律建设，使政府成为“精明买主”

政府向社会购买服务并不意味着对管理能力要求的降低和管理责任的减轻，强化管理并成为“精明买主”是政府购买服务获得成功的基本前提。政府购买服务在我国全面推广实施之前，政府一方面必须加强相关制度设计和法律建设，使政府购买服务的各项工作在制度和法律的框架内运行。同时在实践中加强能力建设，尤其是谈判、购买和合同管理能力，努力成为一个精明买主，这样才能“在确保政府规模和职能适度的前提下，

---

① 公共利益网报告：《民营化神话被揭破》，2013 年 5 月 2 日，http：//www. inthepublicinterest. org/node/457。

② Joel Hellman, Daniel Kaufmann, “Confronting the Challenge of State Capture in Transition Countries”, *Finance and Development*, Vol. 38, No. 3, 2001.

使自身有充足的能力，为社会提供法律、经济和公共物品提供的制度基础，为私营部门和社会组织发挥潜能提供充分的保障"①，为公众做一些好的交易，实现通过购买服务提高效率和改进服务质量的目标。

① Ronald C. Moe, "Exploring the limits of privatization", *Public Administration Review*, Vol. 47, No. 6, 1987.

附　　录

附表 1　　ICMA 调查涉及的美国地方政府服务提供的项目

提供的服务	提供的服务
公共工程/交通	**公用事业**
1. 居民固体垃圾收集	21. 公用电力经营与管理
2. 商业固体垃圾收集	22. 燃气业经营与管理
3. 固体垃圾处理	23. 公用水电计费
4. 街道维修	24. 公用表读数
5. 街道/停车场清扫	**公共安全**
6. 铲雪/铲沙	25. 预防犯罪/巡逻
7. 交通标记/标识安装与维修	26. 警察/消防沟通
8. 停车计时表的维修与收集	27. 防火/灭火
9. 树木修剪/移植	28. 紧急卫生服务
10. 公墓维护和管理	29. 救护车服务
11. 督察/行政执法	30. 交通控制/停车执法
12. 停车场和车库经营	31. 车辆托运和储存
13. 公交运输系统运营	32. 清洁督察
14. 辅助客运系统经营	33. 虫子/啮齿目动物控制
15. 机场经营	34. 动物控制
16. 供水	35. 动物收养所经营
17. 水处理	36. 日托设施经营
18. 污水集中与处理	37. 儿童福利项目
19. 污泥处理	38. 老年人项目
20. 有害物质处理	39. 医院经营与管理

续表

提供的服务	提供的服务
40. 公共卫生项目	53. 建筑和地面维修
41. 吸毒和酗酒处理	54. 建筑安全
42. 心理健康和心理障碍项目与设施经营	55. 车队管理与维修：重装备
43. 监狱/看守所	56. 车队管理与维修：应急车辆
44. 无家可归者居所经营	57. 车队管理与维修：其他车辆
45. 员工发展与就业培训	58. 工资造册
46. 福利项目的准入和合格认定	59. 税单处理
公园和娱乐	60. 税收核定
47. 娱乐设施经营和维护	61. 数据处理
48. 公园和景点维护	62. 违法税收收集
49. 会议中心与礼堂经营	63. 题录/平面图维护
文化艺术工程	64. 人事服务
50. 文艺工程经营	65. 文秘服务
51. 图书馆经营	66. 法律服务
52. 博物馆经营　**支援项目**	67. 公共关系/公共信息

注：ICMA 2002 年以前的调查所涉及的服务是 64 项，2002—2007 年调查增加了 3 项，一共为 67 项。

资料来源：International City/County Management Association，Profile of Alternative Service Delivery Approaches，Survey Data，2007，Washington D. C. .

附表 2　民营化和成本节省：对 1965—2006 年 35 项经验研究的元分析

	研究结果		
	私营部门提供 成本更低/效率更高	公共部门提供 成本更低/效率更高	公私部门之间 成本/效率无差别
供水	3	4	10
垃圾收集	6	1	11

资料来源：Germà Bel and Mildred E. Warner，*Local Privatization and costs：A Review of Empirical Evidence*，Working Paper，University of Barcelona and Cornell University，2006。

附表 3　　　各类服务的资产专用性和可测性的平均分值

服务	资产专用性	服务可测性	服务	资产专用性	服务可测性
救护车服务	3. 61	2. 43	停车场和车库经营	2. 36	2. 03
动物控制	2. 68	2. 81	公交运输系统运营	3. 35	2. 48
建筑安全	2. 24	2. 17	辅助客运系统经营	3. 50	2. 69
建筑和地面维修	2. 00	2. 20	医院经营与管理	4. 17	3. 40
儿童福利项目	3. 52	4. 08	停车计时表的维修与收集	2. 39	2. 24
违法处理收集	2. 51	2. 08	公园和景点维护	2. 33	2. 11
商业固体垃圾收集	3. 06	1. 97	工资造册	2. 36	1. 53
预防犯罪/巡逻	3. 37	3. 60	人事服务	2. 58	3. 31
数据处理	3. 14	2. 61	警察/消防沟通	3. 80	2. 59
有害物质处理	4. 22	2. 88	监狱/看守所	4. 04	3. 21
污泥处理	3. 52	2. 36	老年人项目	3. 14	3. 48
吸毒和酗酒处理	3. 63	4. 12	公共卫生项目	3. 46	3. 74
电力管理	4. 08	2. 96	公共关系/公共信息	2. 65	3. 31
紧急卫生服务	3. 91	2. 76	居民固体垃圾收集	3. 00	2. 06
应急车队管理	3. 28	2. 11	清洁督察	3. 06	2. 57
防火/灭火	3. 80	3. 24	文秘服务	1. 75	2. 92
燃气业经营与管理	4. 08	3. 00	污水集中与处理	4. 09	2. 36
重装备交通车辆维修	3. 06	2. 22	铲雪/铲沙	2. 50	2. 21
虫子/啮齿目动物控制	2. 53	2. 63	固体垃圾处理	3. 33	2. 12
督察/行政执法	2. 97	2. 72	街道维修	2. 64	2. 40
法律服务	3. 39	3. 46	街道/停车场清扫	2. 26	2. 00
公墓维护和管理	2. 37	2. 41	税收核定	2. 93	2. 87
娱乐设施经营与维护	2. 94	2. 61	税单处理	2. 31	1. 91
机场经营	4. 19	2. 96	题录/平面图维护	3. 21	2. 58
动物收养所经营	2. 80	2. 87	交通控制/停车执法	2. 59	2. 53
会议中心/礼堂经营	3. 58	2. 77	交通标志安装/维护	2. 91	2. 24
文艺项目经营	3. 00	3. 26	树木修剪/移植	2. 14	2. 36
日托设施经营	3. 36	3. 44	公用事业建筑	3. 11	2. 50
无家可归者居所经营	3. 12	3. 42	公用表读数	2. 32	2. 03
图书馆经营	3. 50	2. 61	车辆托运和储存	2. 07	1. 97
心理健康项目经营	3. 96	4. 29	供水	3. 94	2. 44
博物馆经营	3. 59	2. 85	水处理	4. 12	2. 36

注：各类服务以首个单词的先后顺序排序。

资料来源：Trevor L. Brown and Matthew Potoski，Managing Contract Performance：A Transaction Costs Approach，*Journal of Policy Analysis and Management*，Vol. 22，No. 2，2003。

附表 4　　　　　　资产专用性与可测性高的十项服务

服务	资产专用性	可测性
儿童福利项目	3. 52	4. 08
吸毒和酗酒处理	3. 63	4. 12
电力管理	4. 08	2. 96
燃气业经营与管理	4. 08	3. 00
机场经营	4. 19	2. 96
心理健康项目经营	3. 96	4. 29
医院经营与管理	4. 17	3. 40
监狱	4. 04	3. 21
公共卫生项目	3. 46	3. 74
废水收集与处理	4. 09	2. 36

资料来源：Trevor L. Brown and Matthew Potoski，Managing Contract Performance：A Transaction Costs Approach，*Journal of Policy Analysis and Management*，Vol. 22，No. 2，2003，pp. 275 - 297。

参考文献①

Adler, Moshe, "Been There, Done That: The Privatization of Street Cleaning in Nineteenth Century New York", *The New Labor Forum*, Spring/Summer 1999, pp. 88 –99.

Ballard, M. and M. E. Warner, "Taking the High Road: Local Government Restructuring and the Quest for Quality", in AFSCME (eds.), *Power Tools for Fighting Privatization*, Washington D. C.: American Federation of State, County and Municipal Employees, 2000.

Germà Bel, *Economía y Política de la Privatización Local* (*Economics and Politics of Local Privatization*), Madrid: Marcial Pons, 2006.

GermàBel and M. E. Warner, "Challenging Issues in Local Privatization", *Environment and Planning C: Government and Policy*, Vol. 26, No. 1, 2008, pp. 104 –109.

Germà Bel, X. Fageda and M. E. Warner, "Is Private Production of Public Services Cheaper than Public Production? A Meta – regression Analysis of Solid Waste and Water Services", *Journal of Policy Analysis and Management*, Vol. 9, No. 3, 2010, pp. 553 –577.

Bolton, P. and M. Dewatripont, *Contract Theory*, Cambridge, MA: MIT Press, 2005.

Bortolotti, Bernardo and Domenico Siniscalco, *The Challenges of Privatization: A International Analysis*, Oxford University Press, 2004.

Bourdeau, John A., "Has Outsoursing /Contracting out Saved Money and/or Improved Service Quality?", A dissertation submitted to the Faculty of the Virginia Polytechnic Institute and State University, 2004.

① 此处所列出的只是部分文献。主要包括在书中出现但未以脚注方式列出的文献、本书多次引用的重要文献，以及论文与著作除外的该领域的一些重要参考资料。

Brown, Trevor L. and Matthew Potoski, "Contract - Management Capacity in Municipal and Country Governments", *Public Administration Review*, Vol. 63, No. 2, 2003, pp. 153 - 164.

Brown, Trevor L., and Matthew Potoski, "Transaction Costs and Institutional Explanations for Government Service Production Decisions", *Journal of Public Administration Research and Theory*, Vol. 13, No. 4, 2003, pp. 441 - 468.

Brown, T., M. Potoski and D. van Slyke, "Changing Modes of Service Delivery: How Past Choices Structure Future Choices", *Environment and Planning C: Government and Policy*, Vol. 26, 2008, pp. 127 - 143.

Christensen, Tom and P. Lægreid (eds.), Autonomy and Regulation Coping with Agencies in the Modern State Cheltenham: Edward Elgar, 2006.

Colley, Linda Katurah and Head, Brian, "Changing Patterns of Privatization: ideology, Economic Necessity, or Political Opportunism", *International Journal of Public Administration*, Vol. 36, No. 12, 2013, pp. 865 - 875.

Denhardt, J. V. and Denhardt, R. B., T*he New Public Service: Serving, Not Steering*, Armonk, N. Y.: ME Sharpe, 2003.

Dilger. R. Jay, Randolph R. Moffett and Linda Struyk, "Privatization of Municipal Services in America's Largest Cities", *Public Administration Review*, Vol. 57, No. 1, 1997, pp. 21 - 26.

Dunleavy, Patrick, "New Public Management is Dead—Long Live the Digital Era Governance", *Journal of Public Administration Research and Theory*, Vol. 16, No. 3, 2006, pp. 467 - 494.

Eggers, William D. and J. O'Leary, *Revolution at the Roots: Making Our Government Smaller, Better, and Closer to Home.* New York, NY: Free Press, 1995.

Eggers, W. D., *Cutting Local Government Costs Through Competition and Privatization*, Los Angeles, C. A.: Reason Public Policy Institute, 1997.

Ferris, James M. and E. Graddy, "Contracting Out: For What? With Whom?" *Public Administration Review*, Vol. 46, 1986, pp. 343 - 354.

Ferris, James M., "The Decision to Contract Out: An Empirical Analysis", *Urban Affairs Quarterly*, Vol. 22, No. 2, 1986, pp. 289 - 311.

Greene, Jeffrey D., *Cities and Privatization: Prospects for the New Century*, Upper Saddle River, NJ: Prentice Hall, 2002.

Hall, David et al., Re – municipalisation in the Early Twenty – first Century, *International Review of Applied Economics*, Vol. 27, No. 2, 2013, pp. 193 – 214.

Hebdon, R. and P. Jalette, "The Restructuring of Municipal Services: A Canada – United States Comparison", *Environment and Planning C: Government and Policy*, Vol. 26, 2008, pp. 144 – 158.

Hefetz, Amir. and M. E. Warner, "Privatization and Its Reverse: Explaining the Dynamics of the Government Contracting Process", *Journal of Public Administration Research and Theory*, Vol. 14, No. 2, 2004, pp. 171 – 190.

Hefetz, Amir and M. E. Warner, "Beyond the Market vs. Planning Dichotomy: Understanding Privatisation and its Reverse in US Cities", *Local Government Studies*, 2007, 33 (4): 555 – 572.

Hefetz, Amirand Mildred E. Warner, "Contracting or Public Delivery? The Importance of Service, Market and Management Characteristics", *Journal of Public Administration Research and Theory*, Vol. 22, No. 2, 2012, pp. 289 – 317.

Hodge, G. A., *Privatization: An International Review of Performance*, Boulder, Colo: Westview Press, 2000.

Homsy, George C. and Mildred E. Warner, "Cooperative Competition: The Growing Reform", in *The Municipal Year Book* 2014, Washington D. C.: ICMA Press, 2014, pp. 53 – 65.

International City/County Management Association (ICMA), Profile of Alternative Service Delivery Approaches, *US Municipalities.* Washington D. C., 1982.

International City/County Management Association (ICMA), Profile of Alternative Service Delivery Approaches, *US Municipalities.* Washington D. C., 1987.

International City/County Management Association (ICMA), Profile of Alternative Service Delivery Approaches, *US Municipalities*, Washington D. C., 1997.

International City/County Management Association (ICMA), Profile of Alternative Service Delivery Approaches, *US Municipalities*, Washington D. C., 2002.

International City/County Management Association (ICMA), Profile of Alternative Service Delivery Approaches, *US Municipalities*, Washington D. C., 2007.

International City/County Management Association (ICMA), Profile of Alternative Service Delivery Approaches, *US Municipalities*, Washington D. C., 2012.

International City/County Management Association (ICMA), *The Municipal Year Book* 2009, Washington D. C.: ICMA Press, 2009.

International City/County Management Association (ICMA), *The Municipal Year Book* 2010, Washington D. C.: ICMA Press, 2010.

International City/County Management Association (ICMA), *The Municipal Year Book* 2014, Washington D. C.: ICMA Press, 2014.

José M. Alonso, J. Clifton and Díaz – Fuentes, "Did New Public Management Matter? An Empirical Analysis of the Outsourcing and Decentralization Effects on Public Sector Size", *Public Management Review*, Vol. 17, No. 5, 2015, pp. 643 –660.

Johnston, J. M. and A. M, Girth, "Government Contracts and Managing the Market: The Implications of Strategic Management Responses to Weak Vendor Competition", *Administration & Society*, Vol, 44, No. 1, 2012, pp. 3 –29.

Kay, J., C. Mayer and D. Thompson (eds.), *Privatisation and Regulation.* Clarendon Press, Oxford, 1986.

Kettl, Donald, *Sharing Power: Public Governance and Private Market.* Washington D. C.: Brookings Institution, 1993.

Lago – Penas, S. and J. Martinez – Vazquez, *The Challenge of Local Government Size: Theoretical Perspectives*, *Northampton.* MA: Edward Elgar Publishing, 2013.

Lamothe, Lamothe and R. C. Feiock, "Examining Local Government Service Delivery Arrangements Over Time", *Urban Affairs Review*, Vol. 44, No. 1, 2008, pp. 27 –56.

Lavery, Kevin, 1999, Smart Contracting for Local Government Services: Processes and Experience, Westport, CT: Praeger.

Levin, Jonathanand Steven Tadelis, "Contracting for Government Services: Theory and Evidence from U. S. Cities", Working Paper, Stanford University, 2005.

Linowes, David F. , *Privatization Toward More Effective Government*, Illini Books Edition, University of Illinois Press, Champaign, Illinois, 1988.

Lipset, S. M. and Meltz, N. M. , *The Paradox of American Unionism*, Cornell University Press, Ithaca, NY.

Lowery, David, "Answering the Public Choice Challenge: A Neoprogressive Research Agenda", *Governance: An International Journal of Policy and Administration*, Vol. 12, No. 1, 1999, pp. 29 –55.

Nelson, M. A. , "Municipal Government Approaches to Service Delivery: An Analysis from A Transactions Cost Perspective", *Economic Inquiry*, Vol. 35, No. 1, 1997, pp. 82 –96.

Pirie, M. , *Dismantling the State: The Theory and Practice of Privatization*, Texas: The National Center for Policy Analysis, 1986.

Putnam, Robert D. , *Our Kids: The American Dream in Crisis*, New York: Simon & Schuste, 2015.

Roland, Gérard (eds.), *Privatization: Successes and Failures*, New York: Columbia University Press, 2008.

Sager, Tore, *Democratic Planning and Social Choice Dilemmas: Prelude to Institutional Planning Theory*, Aldershot, Hampshire, England; Burlington, VT: Ashgate, 2002.

Sager, Tore, "Positive Theory of Planning: The Social Choice Approach", *Environment and Planning A*, Vol. 33, No. 4, 2001, pp. 629 –647.

Sager, Tore, "Deliberative Planning and Decision Making: An Impossibility result", *Journal of Planning Education and Research*, Vol. 21, No. 4, 2002, pp. 367 –378.

Savas, E. S. , *Privatization: The Key to Better Government*, Chatham, N. J. : Chatham House, 1987.

Savas, E. S. , *Privatization and Public – private Partnerships*, New York: Chatham House, 2000.

Savas, E. S. , *Privatization in the City: Successes, Failures, Lessons*, Washington D. C. : CQ Press, 2005.

Sclar, Elliott, *The Privatization of Public Service: Lessons From Case Studies*, Washington D. C. : Economic Policy Institute, 1997.

Sclar, E. , *You Don't Always Get What You Pay for: The Economics of Privatization*, Ithaca: Cornell University Press, 2000.

Starr, P. , *The Limits of Privatization*, Washington D. C. : Economic Policy Institute, 1987.

Mildred E. Warner, "The Future of Local Government: 21st Century Challenges", *Public Administration Review*, Vol. 70, No. 6, 2010, pp. 145 - 147.

Warner, Mildred E. "Civic Government or Market - Based Governance? The Limits of Privatization for Rural Local Governments", *Agriculture and Human Values*, Vol. 26, No. 1, 2009, pp. 133 - 143.

Mildred E. Warner, "Reversing Privatization, Rebalancing Government Reform: Markets, Deliberation and Planning", *Policy and Society*, Vol. 27, No. 2, 2008, pp. 164 - 174.

Warner, M. E. and Hebdon, R. , "Local Government Restructuring: Privatization and Its Alternatives", *Journal of Policy Analysis and Management*, Vol. 20, No. 2, 2001, pp. 315 - 336.

Warner, Mildred E. and Robert Hebdon, "Local Government Restructuring: Privatization and its Alternatives", *Journal of Policy Analysis and Management*, Vol. 20, No. 2, 2001, pp. 315 - 336.

Warner, Mildred E. and Hefetz, A. , "Rural - urban Differences in Privatization: Limits to the Competitive State", *Environment and Planning C: Government and Policy*, Vol. 21, No. 5, 2003, pp. 703 - 718.

Warner, Mildred E. and Amir Hefetz, "In - Sourcing and Outsourcing: The Dynamics of Privatization among US Municipalities 2002 - 2007", *Journal of the American Planning Association*, Vol. 78, No. 3, 2012, pp. 313 - 327;

Warner, Mildred E and Amir Hefetz, "Managing Markets for Public Service: The Role of Mixed Public/Private Delivery of City Services", *Public Administration Review*, Vol. 68, No. 1, 2008, pp. 150 - 161.

Warner, Mildred E. and J. Clifton, "Marketisation, Public Services and the City: The Potential for Polanyian Counter Movements", *Cambridge Journal of Regions, Economy and Society*, No. 7, 2014, pp. 45 - 61.

Hellmut Wollmann and Gérard Marcou (eds.), *The Provision of Public Services in Europe: Between State, Local Government and Market*, Edward Elgar, 2010.

Yijia, Jing, "Is Competitive Contracting Really Competitive? Exploring Government – Nonprofit Collaboration in China", *International Public Management Journal*, Vol. 15, No. 4, 2012, pp. 405 – 428.

Young, Susanne and M. S. Macinati, " Health Outsourcing/Backsourcing: Case studies in the Australian and Italian Health Sector", *Public Management Review*, Vol. 14, No. 6, 2012.

Tom Christensen、P. Lægreid：《后新公共管理改革——作为一种新趋势的整体政府》，《中国行政管理》2006 年第 9 期。

Tom Christensen、P. Lægreid：《超越新公共管理：平衡控制与自主的渐增复杂性》，《公共行政评论》2009 年第 1 期。

胡伟、杨安华：《西方国家公共服务转向的最新进展与趋势——基于美国地方政府民营化发展的纵向考察》，《政治学研究》2009 年第 3 期。

黄锦荣、叶林：《公共服务"逆向合同承包"的制度选择逻辑——以广州市环卫服务改革为例》，《公共行政评论》2011 年第 5 期。

［英］克里斯托弗·胡德：《公共管理改革中的三个悖论》，吕恒立译，《国家行政学院学报》2002 年第 6 期。

句华：《美国地方政府公共服务合同外包的新趋势与启示》，《中国行政管理》2008 年第 7 期。

敬乂嘉：《美国政府对民营化的管理》，载顾丽梅编《公共政府与政府治理》，上海人民出版社 2006 年版。

敬乂嘉：《中国公共服务外部购买的实证分析——一个国家转型的视角》，《管理世界》2007 年第 2 期。

汪玉凯：《美国行政改革的最新发展及其启示》，《政治学研究》1998 年第 1 期。

杨安华：《政府购买服务还是回购服务——基于 2000 年以来欧美发达国家政府回购服务的考察》，《公共管理学报》2014 年第 3 期。

杨安华：《回购公共服务：后民营化时代公共管理的新议题》，《政治学研究》2014 年第 5 期。

周志忍：《认识市场化改革的新视角》，《中国行政管理》2009 年第 3 期。

周志忍：《整体政府与跨部门协同——〈公共管理经典与前沿译丛〉首发系列序》，《中国行政管理》2008 年第 9 期。

周志忍：《当代政府管理的新理念》，《北京大学学报》（哲学社会科学版）2005 年第 3 期。

竺乾威：《从新公共管理到整体性治理》，《中国行政管理》2008 年第 10 期。

［瑞典］埃里克·阿姆纳、斯蒂格·蒙丁主编：《趋向地方自治的新理念?》，杨立华等译，北京大学出版社 2005 年版。

［丹麦］埃里克·阿尔贝克等：《北欧地方政府：战后发展趋势与改革》，北京大学出版社 2005 年版。

［美］戴维·奥斯本、彼德·普拉斯特里克：《改革政府——企业精神如何改革着公营部门》，周敦仁译，上海译文出版社 1996 年版。

丁煌：《西方行政学说史》，武汉大学出版社 2007 年版。

［美］菲利普·库珀：《合同制治理》，竺乾威译，复旦大学出版社 2007 年版。

［美］弗朗西斯·福山：《国家构建——21 世纪的国家治理与世界秩序》，黄胜强、许铭原译，中国社会科学出版社 2007 年版。

高新军：《美国地方政府治理：案例调查与制度研究》，西北大学出版社 2005 年第 2 版。

国家行政学院编译：《西方国家行政改革述评》，国家行政学院出版社 1998 年版。

［德］赫尔穆特·沃尔曼、埃克哈特编：《比较英德公共部门改革》，北京大学出版社 2005 年版。

敬乂嘉：《合作治理：再造公共服务的逻辑》，天津人民出版社 2009 年版。

［美］莱斯特·萨拉蒙：《公共服务中伙伴——现代福利国家中政府与非营利组织的关系》，田凯译，商务印书馆 2008 年版。

李宗勋：《政府委外经营：理论与实务》，（台北）智胜文化事业有限公司 2002 年版。

［美］迈克尔·麦金尼斯：《多中心体制与地方公共经济》，毛寿龙译，上海三联书店 2000 年版。

毛寿龙：《西方政府治道变革》，国家行政学院出版社 1999 年版。

［美］尼古拉斯·亨利：《公共行政学》，项龙译，华夏出版社 2002 年版。

［美］罗伯特·帕特南：《使民主运转起来》，王列、赖海榕译，江西人民出版社 2006 年版。

［澳］欧文·E. 休斯：《公共管理导论》，张成福等译，中国人民大学出版社 2007 年版。

［美］热拉尔·罗兰主编：《私有化：成功与失败》，张宏胜等译，中国人民大学出版社 2011 年版。

宋世明：《美国行政改革研究》，国家行政学院出版社 1999 年版。

[美] E. S. 萨瓦斯：《民营化与公私部门的伙伴关系》，周志忍等译，中国人民大学出版社 2002 年版。
王浦劬等：《政府向社会组织购买公共服务研究——中国与全球经验分析》，北京大学出版社 2010 年版。
魏中龙等：《政府购买服务的理论与实践研究》，中国人民大学出版社 2014 年版。
[德] 魏伯乐等主编：《私有化的局限》，王小卫等译，上海三联书店 2006 年版。
[美] 文森特·奥斯特罗姆等：《美国地方政府》，井敏、陈幽泓译，北京大学出版社 2005 年版。
杨宏山：《府际关系论》，中国社会科学出版社 2005 年版。
于军：《英国地方政府行政改革研究》，国家行政学院出版社 1999 年版。
詹中原：《民营化政策：公共行政理论与实务之分析》，（台北）五南图书出版有限公司 1994 年版。
张汝立等：《外国政府购买社会公共服务研究》，社会科学文献出版社 2014 年版。
[美] 珍妮特·登哈特、罗伯特·B. 登哈特：《新公共服务：服务，而不是掌舵》，丁煌译，中国人民大学出版社 2004 年版。
周志忍：《当代国外行政改革比较研究》，国家行政学院出版社 1999 年版。
竺乾威主编：《公共行政理论》，复旦大学出版社 2008 年版。
《中共中央关于全面深化改革若干重大问题的决定》，《人民日报》2013 年 11 月 16 日第 2 版。
国务院办公厅：《关于政府向社会力量购买服务的指导意见》（国办发〔2013〕96 号），2013 年 9 月 30 日。

后　记

本书是在笔者的博士学位论文基础上修改而成的。

在博士学位论文的写作过程中，除得到博士指导老师胡伟教授的悉心指导外，还得到很多人的帮助和指导，如得到民营化大师萨瓦斯的指点，尤其得到该领域知名学者——美国康奈尔大学 Mildred E. Warner 教授和 Amir Hefetz 博士、斯坦福大学的 Jonathan Levin 教授的鼓励与帮助。西班牙巴塞罗那大学的经济学教授 Germà Bel 更是毫不保留地将其对西班牙市政服务的调查资料赠送给我。

正是有这些帮助，才使博士学位论文的写作得以顺利进行。但是，由于政府回购服务问题在国际上还是一个崭新研究领域，很难充分占有资料，加上本人水平有限，导致博士学位论文对该领域的研究不够深入。虽然我已毕业五年有余，但博士学位论文仍然是断简残章，愧歉致极。

在国家社会科学基金和学校资助下，笔者于 2013 年 8 月至 2014 年 8 月前往美国特拉华大学灾害研究中心访问学习，进一步收集了大量的最新资料，才使研究得以进一步深化。近年来，本成果的部分内容已经在《政治学研究》《经济管理》《国家行政学院学报》《社会科学》《上海交通大学学报》（社会科学版）《中国社会科学报》等报刊发表，部分文章还被《公共行政》与《管理科学》等全文转载。这些期刊的编辑老师提出的大量中肯的意见和建议也为本成果的进一步完善发挥了重要作用，在此深表感谢。

全球公共管理改革已步入后民营化时代，其重要表现形式是政府购买服务的式微和回购服务的兴起。而我国新一届政府将政府购买公共服务作为全面深化改革的重要手段和工具，明确提出“十二五”时期，政府向社会力量购买服务工作在各地逐步推开，统一有效的购买服务平台和机制初步形成，相关制度法规建设取得明显进展，到 2020 年，在全国基本建立比较完善的政府向社会力量购买服务制度。在这种背景下，深入研究政府回购服务问题，显然可以为我国政府购买服务政策的顺利实施提供一定借鉴。可以从另一个方面提供借鉴意义这也正是本书写作的主要目的所在。因为本书虽然以美国民营化为研究对象，而关注的却始终是中国政府改革。但愿本书的出版能够起到这样的作用。

杨安华

2015 年 11 月 5 日